蘇我氏の古代

吉村武彦
Takehiko Yoshimura

岩波新書
1576

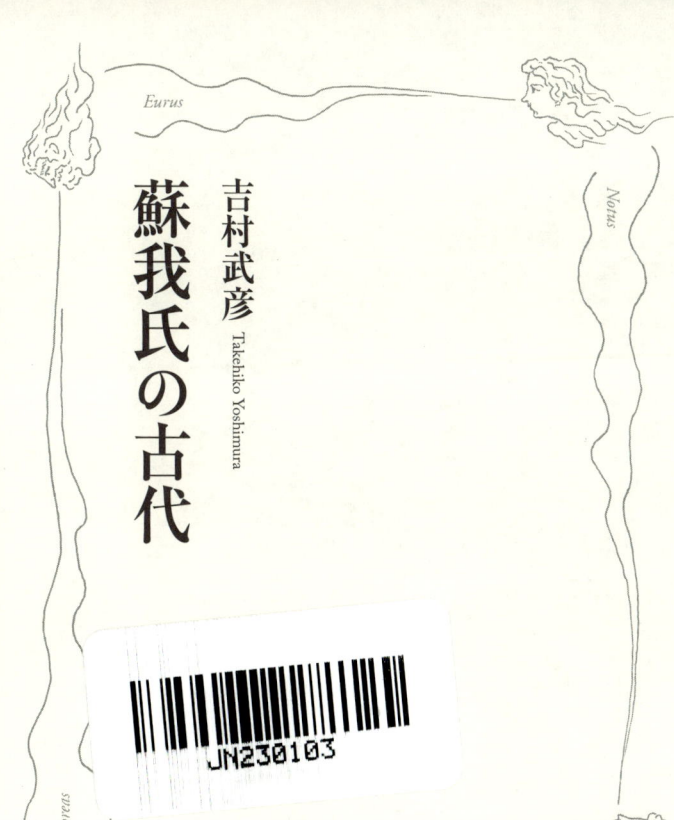

目次

目次

プロローグ——蘇我氏とは

蘇我氏は滅亡したのか

古代日本、なかでも奈良時代以前の人物のなかで、もっとも有名な人といえば、皆さんは誰を思い浮かべるだろうか。古代史ファンの方ならばさまざまな名前があがるだろうが、そのなかの一人に厩戸皇子《うまやとおうじ》（聖徳太子《しょうとくたいし》）が入るのはまちがいないものと思われる。

よく知られているように厩戸皇子は、「天皇」たる額田《ぬかた》部《べ》皇女《おうじょ》（推古《すいこ》天皇）の治世に「太子」として統治に協力した。この時期、すなわち七世紀前半は「聖徳太子の時代」と呼ばれることもある。ここで「大臣《おおおみ》」として二人に協力したのが蘇《そ》我馬子《がのうまこ》、つまり本書の主題である蘇我氏の当時の長である。このことは厩戸皇子の「伝記」と評される『上宮聖徳法王帝説《じょうぐうしょうとくほうおうていせつ》』にも「少治田宮御宇天皇《おはりたのみやにあめのしたしらしめししすめらみこと》（推古天皇）の世に、上宮厩戸豊聡耳命《かみつみやのうまやとのとよとみみのみこと》（厩戸皇子）、嶋《しま》大臣（蘇我馬子）と共に天下の政《まつりごと》を輔《たす》けて、三宝《さんぼう》を興《おこ》し隆《さかり》にす」と記されており、事実として認められる。蘇我氏は七世紀の日本で、厩戸皇子とともに、政治の舞台で活躍していたのである。

しかしながら、今でも人気のある厩戸皇子と違って、どうも蘇我氏は嫌われているようである。現代においてのみならず、八世紀に完成した史書『日本書紀』においてすでに嫌悪されているふしがある。なぜだろうか。

その大きな要因の一つは、蘇我氏の「滅亡」にまつわる一連の事件であろう。六四五年(皇《こう》極《ぎょく》四)六月一二日の「乙巳《いっし》の変」(クーデター)において、蘇我馬子の孫にあたる蘇我入鹿《いるか》が暗殺され、翌日にはその父、つまり馬子の長子である蝦夷《えみし》も自尽した。ここに馬子—蝦夷—入鹿と続いた蘇我氏本宗《ほんそう》(一族の嫡流《ちゃくりゅう》の家系)は、滅亡した。その後、中大兄《なかのおおえ》皇子(後の天智《てんじ》天皇)を中心に大化《たいか》改新《かいしん》と呼ばれる国内改革が実行され、『日本書紀』ではこれを律令《りつりょう》制的支配の端緒と位置付けている。改新で生まれた新しい統治の体制において、蘇我氏本宗はいわば「排除すべき存在」だったわけである。ここから「蘇我氏逆賊説」が生まれたものだろう。

だが、一部で「改新で蘇我氏の一族すべてが滅亡した」といわれるのは誤りである。事実はといえば、蘇我氏が滅亡したとされる乙巳の変に、入鹿の従兄弟にあたる蘇我倉山田石川麻呂《そがのくらやまだいしかわまろ》(石川麻呂と略す場合がある)が中大兄側として参画していることからもわかるように、蘇我氏の中でも本宗が滅亡しただけである。改新後、倉山田石川麻呂は右大臣となり、天智朝には蘇我連子《むらじこ》が大臣として、大友《おおとも》皇子の朝廷には蘇我赤兄《あかえ》が左大臣として務めている。けっして蘇我氏が滅びたわけではなく、むしろ以後も群臣として活躍していた。

また、後でみるように、蘇我系と評される氏族は多く、『古事記』孝元《こうげん》天皇段における建内《たけうちの》宿禰《すくね》に関わる伝承によれば、「蘇賀石河宿禰」を祖とする氏族として、蘇我臣・川辺《かわべ》臣・田中《たなか》臣・高向《たかむこ》臣・小治田《おはりだ》臣・桜井《さくらい》臣・岸田《きしだ》臣の七氏の名があげられている。このように蘇我系氏族がみな滅んだわけでもない。

ただ、改新後も群臣として働いた蘇我氏は、天智没後から壬申《じんしん》の乱にかけて、天智の子である大友皇子側についていた。そのため乱に勝利した大海人《おおしあま》皇子(天武《てんむ》天皇)即位以後は、「蘇我氏」として歴史の表舞台に出ることはほとんどなくなった。こうした経緯もあって、天智朝と大友皇子の政権における蘇我氏の活躍は以後評価されなくなり、全体として蘇我氏逆賊説がひとり歩きするようになったのではなかろうか。その後の時代においては、「蘇我」の氏名《うじな》を改姓した「石川」氏が活躍するようになる。いってみれば、「蘇我」の名前は忌避されたのである。このような現象がなぜ起こったのか、興味深いテーマである。

つけ加えれば、『書紀』は蘇我氏本宗に対し、すべての行動を否定的に記述しているわけではない。改新後に即位した孝徳《こうとく》天皇は「大化の僧尼詔《そうにしょう》」において、仏教興隆の経緯を述べ、欽《きん》明《めい》朝における蘇我稲目《いなめ》の支援、敏達《びだつ》朝における馬子の仏法信仰、推古朝における馬子の仏像製作と僧尼恭敬《きょうけい》をあげて評価している(大化元年八月癸卯《きぼう》条)。しかし、蝦夷・入鹿父子はあげられておらず、本宗家のなかでも二人への嫌悪は強いといわねばならない。

蘇我の意味と「稲目瘡」

蘇我氏が歴史の表舞台に登場するのは六世紀の宣化《せんか》・欽明天皇の時代、「大臣」とされる蘇我稲目からであろう。馬子の父にあたる人物である。一族の発祥については本書第二章に譲るとして、ここではまずその名の由来をみておこう。

そもそも蘇我氏の「蘇我」の名称は、つとに『古事記伝』が指摘しているように、地名に由来すると思われる。おそらく大和《やまと》国高市《たけち》郡曽我(蘇我)であろう(『古代地名大辞典』)。蘇我の表記は、「宗賀」(『古事記』)、「宗我」「巷奇」(『上宮聖徳法王帝説』)などもあるが、古代では、音《おん》が基本であり、表記は二の次なので、表記の違いはそれほど重要ではない。ただ「蘇《そ》」「我《が》」(どちらも中国音)と一字で一音を表していることから、古い表記のかたちであることがわかる。

それでは、この「蘇我」という地名は、どのような意味を持っていたであろうか。『万葉集』にヒントとなる歌があり、「真菅吉　宗我乃河原尓　鳴千鳥　間無吾背子　吾恋者(ま菅《すげ》よし宗我の川原に鳴く千鳥《ちどりま》間なしわが背子《せこあ》我が恋ふらくは)」(三〇八七)と詠まれている。「(ま菅よし)宗我の川原に鳴く千鳥のように絶え間がありません。あなた、私が恋しく思うことは」（新日本古典文学大系本）という意味である。

この宗我（蘇我）の地域を流れる川が、蘇我川（現、曽我川）であろう。宗我にかかる枕詞「まはよし」は、「スゲとソガという類似の音の繰り返しで、ソガにかかる。ヨシは青丹《あおに》ヨシなどのヨシに同じ」（『時代別国語大辞典』上代編）といわれている。こうした解釈を受けて、黛弘道さんは「ソガはスガで、植物の菅《すげ》」説を提起した。そして、スガは清浄・神聖な植物であって、物を浄化するという呪術的な力を有すること、ソガの地はスガの繁茂するところで、神聖な土地柄であることを意味すると指摘した（『律令国家成立史の研究』）。蘇我の地名の解釈としては、これでいいだろう。

ところで蘇我氏は、本書で説くように、古くは葛城《かずらき》氏との関係が強い。この葛城の「葛《かずら》」も植物である。「葛」とは、つる草の総称だが、つるが長く伸びるので「玉葛《たまかずら》」は「絶ゆることなく」にかかる枕詞となる（『岩波古語辞典』補訂版）。なお、のちに「四主姓《ししゅせい》」とも呼ばれる「源・平・藤《とう》・橘《きつ》」のうち、藤原氏の「藤」もつる植物で、「藤原」を「葛原」とも表記する。

また、橘《たちばな》は「コウジミカンなど食用柑橘《かんきつ》類の総称」（同前）である。このように植物の名前を氏名にすることは、つるを伸ばして巻きつきながら伸びる生命力や、決して枯れぬ常緑の木であることなど、植物の特徴・性格を一族の特徴として受け継ぐことにつながるのだろう。蘇我の名前もまた、こうした植物と関係していることは興味深い。

ちなみに「蘇我稲目」の名前の稲目については、「いなめ」と呼ばれたことは事実であるが、六世紀の前半に「稲目」というような訓読に基づく表記であった確かな証拠はない。実際に「伊奈米」(『上宮聖徳法王帝説』)や「伊那米」(「元興寺《がんごうじ》露盤銘《ろばんめい》」)と表記するものもある。語義は不確かであるが、あるいは「いなのめ」と関係するだろうか。『万葉集』に「稲目明去来理(いなのめの明けさりにけり)」(二〇二二)とあるように、「いなのめの」は「明く」にかかる枕詞である。語誌も必ずしも明らかではないが、「寐寝《いね》の目を開けるの意」とも「わらを編んで作ったむしろの目の意」ともいわれている(『古語大辞典』)。

一つおもしろいこととして、平安時代に「稲目《いなめ》瘡《そう》」と呼ばれた病気がある。『日本紀略』に「天下衆庶《てんかしゅうしょ》、疱瘡《ほうそう》を煩い、世これを稲目瘡と号《なづ》く」(長徳《ちょうとく》四年〈九九八〉七月是月条)とある。確かなことは不明であるが、『書紀』によれば、欽明一三年に百済聖明《くだらせいめい》王から釈迦《しゃか》仏金銅《ぶつこんどう》像が贈られた際、物部《もののべ》氏・中臣《なかとみ》氏との争いの結果、仏像は稲目が受けとることになった。ところが、その後「国に疫気行《おこ》りて、民夭残《たみあからしまにしぬること》を致す」ことが起こったという(『日本紀略』欽明一三年一〇月条)。「稲目瘡」の呼び名は、この事件との関係が推測されるが、後の時代の作り話であろう。

蘇我氏と大伴氏・物部氏

蘇我氏が蘇我の氏名で活躍したのは、六世紀から七世紀末までである。蘇我氏が誕生したのは六世紀初めと思われるが、それ以前の日本列島には、「氏《うじ》」が存在したかどうかは微妙である。氏の集団と同じような氏族集団は存在していたが、「氏」とは呼ばなかった。最初に「大《おお》伴《とも》氏」「物部氏」など、ヤマト王権における「職掌《しょくしょう》」を氏の名とする氏族が成立し、それと関連して蘇我氏のような、「地名」をその名とする氏が誕生したものとみられる。

先ほどあげた「大臣」の蘇我稲目以前にみられる豪族《ごうぞく》としては、『書紀』継体《けいたい》天皇紀によれば「大連《おおむらじ》」であるという大伴金村《かなむら》と物部麁鹿火《あらかひ》が、歴史の舞台に登場している。「大臣」と「大連」というのは、『日本書紀』の天皇統治期に登場する群臣から任じられる二つの最高執政官の役職である。継体紀以降は、どちらもほぼ実在すると考えていい。「臣」「連」は、政治的・社会的地位を示すものとして王から与えられる「カバネ」であり、「大臣」「大連」はそれぞれの最高位であった。おもしろいことに、「臣」のカバネを与えられ、大臣を務めるのは蘇我氏などの地名を氏の名とする氏族。一方の「連」のカバネを与えられて大連を務めるのは大伴氏や物部氏など、職掌が氏名になる「名負《なお》いの氏」と呼ばれる伴造《ばんぞう》（トモノミヤツコ）氏族である。

たとえば「大伴」という氏の名は、ヤマト王権に仕え奉る「伴《とも》」（トモとは、本人自身の労働力をもって王権に仕え奉る人）の集団を管理する氏族であることを示す。一方の物部氏は、典型的にはヤマト王権に「物」を奉る氏族集団の、中央における管理氏族ということになる。このように、伴造系の氏族は氏の名に自らの職掌を担うので「名負いの氏」と呼ばれたのである。これに対し、臣系の氏族は特定の地域に政治的基盤をもっていて、その地名を名のった氏族ということができる。その歴史的意義については、蘇我氏を対象に第二章以降でとりあげることになる。

興味深いことに、こうした豪族が居住する奈良盆地において、地図にあるように連系の氏族は盆地東側に多く、臣系氏族は西側に位置している（**図0－1**）。こうした分布図は、大まかな傾向を示すものでしかないが、大伴や物部は盆地の東南部であり、蘇我氏は南部、ほかの臣系の有力な氏族は、巨勢《こせ》・葛城・平群《へぐり》氏が盆地西部と西南部に位置している。この事実は、ヤマト王権の成立と構成を考える上で、重要かと思われる。

ともあれ、これらの氏族が、王（後の天皇）を核とするヤマト王権の朝廷を構成した。少なくとも伴造系氏族についていえば、日本における氏は、王（天皇）との「仕え奉る（仕奉《しぶ》）」関係から生じる。したがって氏名は氏族名というより、王権との政事的関係で生じる職能集団の名ということになる。これは氏族の名称が「姓《せい》」であるような中国とは、かなり異なった社会構造であった（第一章詳述）。王もまた氏族に属していた中国とは異なり、日本では、氏の名やカバネを賜与するのは王である。こうした氏姓《しせい》秩序をヤマト王権がつくったので、王自体は氏の名を称することはなかった。王は、いわば氏姓関係から超越した存在であった。

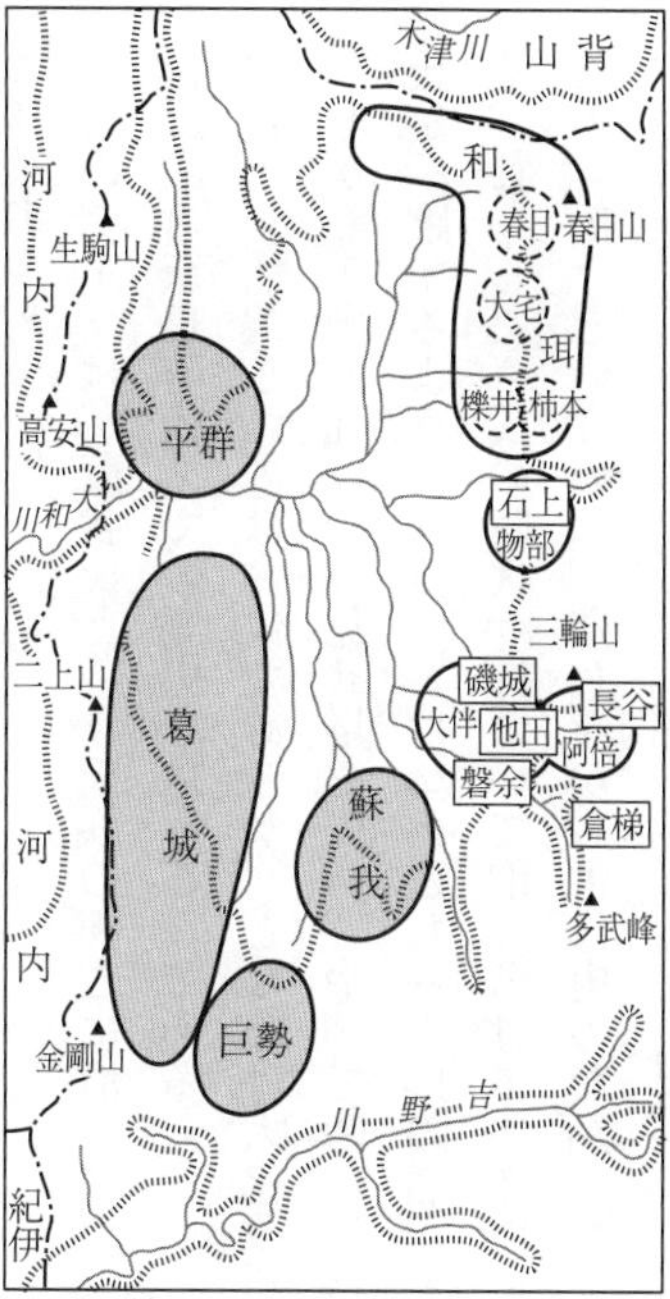

図 0-1　大和における豪族分布図
（網かけ部分は臣系氏族の居住地）

なお、ヤマト王権の王は、固有の地名を名のるなど、特定の地域と結びつく氏族とも異なっていた。むしろ王宮は、「歴代遷宮《せんぐう》」といわれるように代替わりごとに王宮とその立地をかえており、特定の地域からは超越していた。

本書のねらい

本書のテーマは、蘇我氏という氏族の興亡に沿いつつ、ヤマト王権の頃から中臣氏＝藤原氏が台頭する奈良時代までの歴史を追うことである。

蘇我氏が活躍したのは古代であるが、とりわけ大化改新以前は大きな政治的影響力を及ぼした。しかし壬申の乱以降は見せ場を失い、やがて時代は移って、今度は鎌足《かまたり》―不比等《ふひと》と続く藤原氏が活躍するようになる。とはいえどちらも氏の名がものをいう時代であったことに変わりなく、こうした「氏の時代」について取りあげていきたい。

この「氏」というのは、残念ながら古代史のなかでもなかなか理解が難しいとされ、中学・高校で最初につまずくのは、「部《べ》・部民《ぶみん》」や「氏姓」といわれている。その一因は、現在の「氏名《しめい》」「姓名」と意味するところが異なることにもあるだろう。

現在、皆さん方は、佐藤さん・鈴木さんというような氏（姓）の名と個人名を持っている。その大半は「源・平・藤・橘」などの氏ではなく、いわゆる名字《みょうじ》（苗字）である。一般に名字は、有力氏族が一二世紀ころに地名や官職を名のることから始まったといわれる。行政地名などは、七一三年（和銅《わどう》六）に、二字の嘉名を用いることになったので、二字が多い。そのため、日本人の氏名や名字は二字の漢字が多い。氏《うじ》と名字の違いとしては、氏の場合は「大伴家持（おおとものやかもち)」というように氏と個人名の間に「の」を入れて読む慣わしである。ところが、名字は「徳川家康(とくがわいえやす)」のように「の」を入れて読まない(徳川の氏は「源」である)。ただし、今日では氏に由来する場合も、「の」は入れない。このように「氏」にも歴史があり、その「氏」名のもっとも古いものの一つとして蘇我氏がある。

こうした列島における氏のあり方をふまえ、第一章では氏が成立する歴史的背景をていねいに説明することにしたい。そのため、蘇我氏のことを知りたい方は、第二章「蘇我氏の登場」から読んでいただいてもいいだろう。

一　氏の誕生——氏の名を名のる

1　王の名をめぐって——中国の史書から

日中の氏族と氏（姓）の名称

プロローグで述べたように、蘇我氏の「蘇我」は、地名に基づいた「氏《うじ》」である。日本列島では、もともと氏名《うじな》は存在しなかった。五世紀における中国との外交交渉のなかで、基本的には中国の制度にならって姓《せい》（ないし氏）を導入したと思われる。ただし、宋《そう》など中国の南朝と交流があった百済との関係も強く、中国・朝鮮両方の制度の影響を受けて成立したとみるのが正しいだろう。そもそも中国とは氏族のかたちが違うので、実態は異質な性格を持っていたといわねばならない。

中国では、共通の祖先から出た男系の血統集団である同族集団を「宗族《そうぞく》」といい、その宗族の名称を「姓《せい》」と呼ぶ。したがって、名のっている姓によって、属する集団が同族かどうかを知ることができる。こうした同姓集団は、人類学でいう「氏族(クラン)」に相当すると思われるが、中国では同姓である同一氏族の男女は、婚姻関係を結ぶことができなかった(同姓不婚)。

この姓から分かれ、政治的由来や居住地名等によって成立した血縁集団が「氏《し》」と称されるという。つまり「姓から氏」ということになる。姓から氏への分化は、『太平御覧《たいへいぎょらん》』の「人事部三　姓名」が引用する『風俗通』によれば、号(族号。たとえば唐、夏)・諡《し》(おくり名。戴《たい》、武)・爵《しゃく》(爵位。王、公)・国(国名。曹、魯《ろ》)・官(職官。司馬《しば》、司徒《しと》)・字《あざな》(生まれ順の呼び名。伯、仲)・居(居所。城、郭《かく》)・事(従事する職。卜《ぼく》、陶)・職(本来は「志」で、標識〈トーテム〉を意味するか。青牛、白馬)などに基づくという。日本の氏との比較でいえば、「事(卜、陶)」と大伴・物部・中臣・忌部《いむべ》氏などの「職業部」との類似性が興味深い。お互い職掌に基づいているからである。

ところが、秦漢《しんかん》時代以降になると、姓と氏とは混同されるようになり、ほとんど同義に用いられたという(『角川世界史辞典』)。換言すれば、姓と氏の区別が無くなったということになる。

一方の日本列島では、もともと中国と共通するような宗族は存在しなかった。そのため、「姓(氏)」を使用するようになってからも、中国とは別の性格を有していた。日中間における何より大きな違いは、王・王族の姓(氏)名のあり方である。中国では、王族も氏族から成り立っているので、隋における楊《よう》氏、唐の李《り》氏のように、皇帝にも「姓」がある。ところが日本列島では、王・王族も日本的な氏族集団と想定されるものの、氏姓秩序そのものを国王が創ったとされるので、王・王族には氏名がない。

その唯一の例外は、必ず姓と名(個人名)を名のることを求める中国との外交交渉において、五世紀の「倭《わ》の五王《ごおう》」らが「倭」を姓として名のったことである。それは後で触れるとして、ひとまず時代順に日本の「名」の事情をみていくことにしたい。

「魏志倭人伝」と『後漢書』の王名

同時代の文字史料がきわめて少ない時代において、当時の「名」のあり方を伝えるのは、中国の史書である。まず一世紀半ばの日本列島では、中国外交の対象は「倭の奴《な》国」(『後漢書』)であり、倭の中心は北九州にあった。二世紀前後には「倭国」としてまとまる政治的連合体が形成されたと思われるが、三世紀前半には邪馬台国《やまたいこく》が倭国の盟主国となった。ただし、この時期倭国で「大乱」が起こっているので、政治的連合体としては、それほど強固ではなかっただろう。

この時期の日本の「王の名」を語るのは、『魏志《ぎし》』である。歴史の流れとしては、後漢《ごかん》（中国では東漢という）の後に三国の魏が建国されたが、正史の編纂は『三国志 魏書』（略して『魏志』）の方が早く、『後漢書』はそのあとに編纂された。つまり『後漢書』は、『魏志』を参照して作られたのである。こうした事情があるので、歴史の時系列とは逆転するが、『魏志』から繙《ひもと》こう。

「魏志倭人伝」には、倭にまつわる記述の中でいくつかの人名が登場している。まず倭国女王の「卑弥呼《ひみこ》」「壱与《いよ》（台与《とよ》）」と狗奴《くな》国男王の「卑弥弓呼《ひみここ》」は王の名である。そして倭国が魏に派遣した「（大夫）難升米《なんしょうまい》」「（都市《とし》）牛利《ごり》」「（大夫）伊声耆、掖邪狗」のうち、「大夫」「都市」（市を掌る役人）は官職名であるが、「難升米」「牛利」「伊声耆、掖邪狗」は倭人の名前ということになる。

続いて「大官《たいかん》を卑狗《ひこ》といい、副を卑奴母離《ひなもり》という」（対馬《つしま》国）とあるのは人名ではなく官職名である。「卑狗《ひこ》」は後の「彦」と関連する言葉と推測され、「卑奴母離《ひなもり》」も「鄙守」の意味かと思われる。これらはすでに、語順などにおいて現在に通じる「弥生日本語」とでもいうべき言語であるが、「難升米」「牛利」「伊声耆、掖邪狗」と表記される名前の意味は、不明である。名前は、当時の言葉の意味と通じていることが想定されるが、今となっては意味のみならず、その読み方も確定できない。

当時の倭国の女王である卑弥呼は、「ひみこ」と読む。かつて「ひめこ（姫子）」説も主張されたが、男王もまた「卑弥弓呼《ひみここ》」とされていることから考えると、「姫」の意味とは結びつかないだろう。したがって、「ひみこ」の読みの方がいい。続く「壱与」の場合、「伊余国造《いよこくぞう》」「伊予国」の「伊予（余）」との関連が推測される。「台与」であれば、「豊」と関連するかと思われる。いずれも弥生日本語において、価値ある意味を含む言葉を名前としたものだろう。

『後漢書』は『魏志』を参考にしていると述べたが、『後漢書』には独自記事もある。たとえば五七年（建武中元《けんむちゅうげん》二）に、倭の奴国の朝貢《ちょうこう》記事があるが、ここには王の名は登場せず、使人の官職「大夫」しか書かれていない。この時与えられた金印が、「漢委奴国王《かんのわのなのこくおう》」印と考えられている。いっぽう、一〇七年（永初《えいしょ》元）には「倭国王の帥升《すいしょう》等、生口《せいこう》百六十人を献じ、願いて見《まみ》えんことを請う」の記述がある。『翰苑《かんえん》』所引の『後漢書』には「倭面上国王師升」などとあるので、「倭国王」「帥升」の文字が確定できない面もあるが、ここでは倭国王と解釈し、国王の名が「帥升」ないし「師升」であったことを伝えるものと捉えておきたい。「帥升」と「師升」とは、どちらかの誤記と思われるが、いずれにせよ、残念ながら確かな意味はわからない。

葛城の「襲津彦」

こうした中国の正史では、正式な外交交渉の相手である倭・倭国の代表者、すなわち国王・首長や使者の名前以外はまず出てこない。では日本の史書はどうであろうか。いわば最古級の民間の人名が誰になるのか、触れてみたい。

日本最古の史書である『古事記』『日本書紀』(「記・紀」と略すことがある)は、神武《じんむ》天皇の記述から始まるが、天皇名・王族名だけではなく、同時代の人物として「珍彦《うずひこ》(椎根津彦《しいねつひこ》)」「菟狭《うさ》津彦《つひこ》・菟狭津媛《うさつひめ》」「長髄彦《ながすねびこ》」といった名前がみえる。しかし、「記・紀」は八世紀前半に撰上された編纂物であり、そこに記されている伝承・物語に登場している人物の、実在性はきわめて低い。しかも同時代の史料からも確認できない。

これまでの研究によれば、『書紀』に記された葛城の襲津彦《そつびこ》についての伝承がもっとも信憑性がある。この人物については、(1)「葛城襲津彦」(神功皇后《じんぐう》五年条)、(2)「襲津彦」(同六二年条)、(3)「葛城襲津彦」(応神《おうじん》一四・一六年条)、(4)「襲津彦」(仁徳《にんとく》四一年条)の記事があり、(1)(2)が新羅《しらぎ》、(3)(4)が百済との外交関係の記述に登場する。なかでも(3)は秦氏《はた》の祖先伝承とされる弓月君《ゆつきのきみ》の渡来物語に登場する。この人物は(2)に関連する「百済記」の記事に「沙至比跪《さちひこ》」と書かれている人物にあたり、史料上では存在した可能性が高い。「百済記」とは、『書紀』編纂にあたり倭国に亡命した百済人が提供した史書であり、信憑性が高いからである。

「百済記」によれば、沙至比跪は新羅征討に遣わされたが、新羅の謀事で加羅国《からこく》(伽耶《かや》)を撃つという筋書きである。ここに「壬午年《じんご》」の紀年がある。壬午年は西暦三八二年にあたる。高句麗《こうくり》・広開土王碑文《こうかいどおう》(好太王碑文《こうたいおう》)によれば、辛卯年《しんぼう》(三九一)に倭国は渡海して百済・新羅を臣民にしたと記されており、当時の状況証拠の一つとなる。つまり、襲津彦は四世紀末に半島に遣わされた、実在した人物の可能性が高い。「記紀の登場人物の中で、皇室を除いてその実在のたしかな人のはじめ」である(井上光貞「帝紀からみた葛城氏」)。

ただし、この時期には葛城という氏名はまだ成立していないので、「葛城襲津彦」といわれるのは後の葛城氏の祖先とみなされたということである。葛城は、奈良盆地の葛城地域の地名であり、そこに勢力をはった氏族の一系統であるが、六世紀には没落してしまう。なお、この葛城氏と蘇我氏との関係については、第二章で述べる。

2 「倭の五王」の姓と名

「宋書倭国伝」と「倭の五王」

次に、時代を進めて、『宋書《そうじょ》』に記された倭人名をたどってみたい。中国では、魏に代わって西晋《せいしん》が国を建て、三一六年にはその西晋が滅び、五胡《ごこ》十六国時代を迎える。江南《こうなん》地方には、東晋《とうしん》が建国する（三一七年）。やがて四二〇年（永初元）、南朝の宋が建国し、南北朝時代へと進んでいく。

その翌年、倭国王の倭讃《さん》が、宋に使者を派遣した。使者の派遣は、東晋末期の四一三年以来になる。「宋書倭国伝」には、この南朝の宋と外交関係を結んだ五人の倭国王、讃・珍《ちん》・済《せい》・興《こう》・武《ぶ》の外交交渉が記述されている。先に触れた「倭の五王」である。

先述のように、中国では王も姓名（氏名）を持っているのが当然であったため、外国との交渉に際して相手にも姓と名（個人名）を名のらせるのが当然の行為であった。倭の五王はこれに応え、姓を名のったのである。国名の「倭」を姓として、個人名を付した。

「宋書倭国伝」をみると、最初の倭の五王の讃に対して「倭讃」と記し、ほかの四人には「倭」字を省略している。こうした書き方だと、「倭讃」の名称は「倭国王」の「倭」である可能性もある。しかし『宋書』の別の箇所に、その「倭」字の意味を知る手がかりがある。三人目の王である済に対し、高宗本紀《こうそうほんぎ》に「倭王倭済」と書かれているのである。この記述によって、「倭讃」と「倭済」の「倭」は、倭王の「倭」とは区別された「倭」の文字であることが判明する。こうした「倭」の用法は、高句麗国王の姓である「高」、扶余《ふよ》国王の「余」をまねたもので、倭国の国名「倭」を自らの「姓」とし、倭(姓)済(個人名)を名のっていたことがわかるのである。

この「宋書倭国伝」には、讃の四二一年から、武が遣使した四七八年(昇明《しょうめい》二)におよぶ宋との外交交渉が書かれている。この時期中国とは、倭国において新国王が即位すると宋に朝貢し、倭国王位を承認してもらう冊封《さくほう》関係にあった。冊封とは、中国皇帝が外国の王を冊書《さくしょ》を用いて封ずることであるが、倭国王は代替わりごとに冊封を求めた。こうした外交関係を結ぶにあたっては、姓を名のる必要があり、倭国王は「倭」姓を称していたのである。

これら倭の五王は、日本の史書「記・紀」ではどう呼ばれているのだろうか。倭国王の比定については、まず「記・紀」でオホハツセノワカタケル(長谷《はつせ》に王宮を構えたワカタケル)と呼ばれている王、すなわち雄略天皇が「武」を名のっていたことがわかっている。個人名「タケル」の言葉の意味をとって、一字の漢字「武」を表記したものだろう。また、タヂヒノミヅハワケ（多治比《たじひ》に王宮を構えたミヅハワケ。反正《はんぜい》天皇）が「ミヅ」の意味から「珍」と呼称された可能性が高い。このように「武」と「珍」は、個人名から「記・紀」の天皇を比定できるが、ほかの倭国王は、伝えられている王名から比定することは難しい。「宋書倭国伝」と「記・紀」系譜から想定すると、「興」が安康《あんこう》天皇、「済」が允恭《いんぎょう》天皇の可能性があるが、安康の名であるアナホと「興」の字、允恭の名であるヲアサヅマノワクゴノスクネ（朝妻《あさづま》に王宮を構えたワクゴノスクネ）の「ワクゴ」と「済」の字の関係は解釈がまだできていない。

　こののち、五世紀末以降、倭国は中国との冊封関係から離脱し、自立した外交を展開する姿勢をとる。それにより中国との外交において、もはや姓を名のる必要性がなくなったため、以後の王（天皇）たちは、どれも姓を持たない。ただし、中国側では、国王には姓名があると認識しているので、「隋書倭国伝」には倭国王について、「姓は阿毎《あめ》、字《あざな》は多利思比孤《たりしひこ》、阿輩雞弥《あへぎみ》と号す」と記されている。この「阿毎多利思比孤（アメタリシヒコ）」というのは「天上世界にみちみちている立派な男」という意味の尊称で、姓名ではない。しかし、この尊称を中国側が姓・名と分けて解釈したのである。七世紀の倭国王は、もはや外交においても姓名を名のらなかった。

五世紀に姓を名のる人々――王族と渡来系移住民

じつは「宋書倭国伝」の時代になると、王以外にも倭人が登場するようになる。当時の倭国王は本人の称号の冊封だけを求めたわけではなく、ヤマト王権の主要構成メンバーに対しても、倭国王が仮に任命した(仮授《かじゅ》という)称号の承認を要請していた。四三八年(元嘉《げんか》一五)には、倭隋《わずい》ら一三人に対し「平西《へいせい》・征虜《せいりょ》・冠軍《かんぐん》・輔国《ほこく》将軍号」を要請し、宋からその称号を認められた。この倭隋が人名である。

倭隋は宋から「平西将軍」に冊封されたと思われるが、国王と同じ「倭」姓を名のっており、王族の一員であろう。おそらく倭隋は倭国王の兄弟ないし子弟にあたる王族将軍で、この時期、西日本地域(「平西」の「西」は、近畿地方から西方地域を指す)を任されていた。こうした事実から考えると、宋は倭の五王の一族を、倭姓を称する父系の氏族と認識していたことになる。

また、倭讃は四二五年(元嘉二)、「司馬曹達《しばそうたつ》」を宋に派遣している。これは司馬の曹達のことであるが、「司馬」は職名である。当時、百済の外交使節には「長史《ちょうし》、司馬、参軍《さんぐん》」の身分が存在したが、その司馬であろう(坂元義種『古代東アジアの日本と朝鮮』)。したがって、「曹(姓)

達(名)」となる。なお司馬は、司馬遷《せん》・司馬睿《えい》のように姓となることもあるが、この場合は外交使節の身分とみる方が妥当であろう。曹は中国の姓にあり、列島の人名表記ではないので(後述)、渡来《とらい》系移住民であったと思われる。

出土史料の人名

ここで、考古学による同時代の出土史料に視点をかえ、(1)埼玉県行田《ぎょうだ》市・稲荷山《いなりやま》古墳出土の金錯銘《さくめい》鉄剣、(2)熊本県和水《なごみ》町・江田《えた》船山《ふなやま》古墳出土の銀錯銘大刀をとりあげたい(巻末二五一頁参照)。いずれも五世紀の同時代史料であるが、ともに「獲加多支鹵(ワカタケル)」(雄略《ゆうりゃく》天皇にあたる)という王の名前がみえる。(1)の金錯銘鉄剣には「辛亥《しんがい》年」とあり、西暦四七一年にあたる。両者は字体が似ているので、ヤマト王権の中心地において、共通の文字テキストを手本として作製されたかと思われる。したがって、(2)も四七一年前後に製作されただろう。

(1)の金錯銘鉄剣には、「意富比垝(オホヒコ)」からはじまり、「多加利足尼(タカリノスクネ)・弖已加利獲居(テヨカリワケ)・多加披次獲居(タカハシワケ)・多沙鬼獲居(タサキワケ)・半弖比(ハテヒ)・加差披余(カサハヨ)」を経て、「乎獲居(ヲワケ)」にいたる八人の名前がみえる。オホヒコは、『日本書紀』崇神《すじん》紀にみえる四道《しどう》将軍の一人「大彦」であろう。少なくとも五世紀後半には、オホヒコに関連する伝承が存在していたことが判明する。比垝《ひこ》・足尼《すくね》・獲居《わけ》の言葉は、尊称の意味を持っていた。名前の部分は獲加多支鹵をはじめとして、漢字の字音を利用した、いわゆる漢字仮名（仮借《かしゃ》）で書かれている。これらの名は渡来系ではなく、列島に住む在来系の人名と思われる。

一方の(2)には、「奉事《ほうじ》典曹人《てんそうにん》名无利弖《むりて》」と、「作刀者《さくとうしゃ》名伊太和《いたわ》、書者《しょしゃ》張安《ちょうあん》也」の箇所に人名がある。「无利弖」と「伊太和」は、(1)と同じような在来系人名であろう。問題は、「書者張安」の箇所である。書者は、作刀者に対応する言葉であるが、「張安」の張は、「魏志倭人伝」に記された二四七年（正始《せいし》八）の魏使張政《ちょうせい》の「張」と同姓である。おそらく渡来系移住民の「張（姓）安（名）」であろう。この張安が文字を書いたと記されている。

このように(1)(2)に登場する人名の中で、「姓」と見なせる名前を持つのは中国系の「張安」のみである。つまり五世紀の倭国では、王族と渡来系移住民しか「姓」を名のっておらず、在来系の人々には個人名しかない。いまだ「蘇我」のような氏名は、五世紀には無かったのである。

なお、その他の出土史料として、「癸未《きび》年」（五〇三）の紀年がある和歌山県橋本市・隅田八幡《すだはちまん》神社所蔵人物画像鏡が存在するが、必ずしも釈読文が確定しているわけではない（巻末二五一頁参照)。鏡の銘文には、「意柴沙加《おしさか》宮」のほか「日(「日」説もある)十大王」と「斯麻《しま》」の人名が記されている。この鏡は大阪府八尾《やお》市・郡川車塚《こおりがわくるまづか》古墳、同藤井寺《ふじいでら》市・長持山《ながもちやま》古墳等出土の画像鏡を母鏡とする仿製《ぼうせい》鏡(日本列島製作の鏡)であるが(森浩一「日本の文字文化を銅鏡にさぐる」)、銘文は独自に作製されたものである。この銘文にみられる固有名詞は、漢字仮名で書かれたおそらく列島の人物名と宮名と思われる(「斯麻」には百済人説もある)。

銘文に刻まれた「開中費直穢人今州利(「開」には「帰」説もある)」は、「開中費直」と「穢人今州利」(穢人の今州利という人物か)という、二つの固有名であろう。「開中費直」は、通説では『書紀』所引「百済本記」の「加不至費直(カフチノアタヒ)」(欽明二年七月条。『書紀』本文では「河内直」)と同じとする。その場合、「開中」の読みは字音による漢字仮名読みではなくなり、やや問題点が残る。いずれにせよ、今日、正しい読み方ができていないとしても、明白な「姓と名」というかたちでは記されていない。後の地名(河内)とカバネ(直)を合わせた名であることが注目されるが、この六世紀初頭段階ではまだ氏名の成立は微妙である。

人制という職能集団

これらの考古史料からは、「氏名」の存在はうかがえないが、じつは当時の列島社会について重要な情報が得られる。金錯銘鉄剣に「杖刀人首《じょうとうにんしゅ》」、銀錯銘大刀には「典曹人《てんそうにん》」の職名があるように、五世紀のヤマト王権は、「人制《ひとせい》」という職能ごとの集団を組織して、王権に必要な社会的分業組織を編成していたのである。

杖刀人は「刀を杖《も》つ人」の意味で武官を示す。先述したヲワケは東国から都へ出仕していたが、「杖刀人首」と記されており、杖刀人集団の首長として杖刀人全体を統括していたと思われる。一方の典曹人は、「曹《そう》を典《つかさど》る人」であり、曹(役所)を管理する文官であろう。

この「＊＊人」という言い方で示される「人制」の特徴は、何だろうか。金錯銘鉄剣では、ヲワケが杖刀人首として王権に仕え奉る(「仕奉《しぶ》」とも。鉄剣では「奉事」)根原をオホヒコとの系譜に求めている。オホヒコは四道将軍の一人「大彦」であり、大彦と系譜的につながることによって、武官のような職能を継承するかたちでヤマト王権との仕奉関係を主張していた。オホヒコは実在していたとはかぎらないが、その伝承は存在していた。こうした＊＊人という政事《まつりごと》を通した結合は、後の部民制と共通する性格であることが注目される。

このほかに人制の職名としては、『日本書紀』には「典馬《てんま》(人)」(雄略八年条)や「養鳥《ようちょう》人」(同一〇年条)がある(後述)。また、一字の漢字表記では、「宍《しし》人、湯《ゆ》人、船《ふな》人」(雄略紀)などの職名がみえる。

このうち二字表記の特徴は、漢語表現（読みとしては音読か）であることだが、訓読がないともかぎらない。だが少なくとも漢語で記された職名は、具体的な職務を示している。

興味深いことに、こうした人制の史料は、『書紀』では雄略天皇紀に集中している。『書紀』の記述は、人制の施行を雄略天皇に結びつけるものと思われるが、実際に歴史的事実として杖刀人や典曹人が存在していたことが、五世紀の「獲加多支鹵」銘を刻んだ鉄剣・大刀の存在からうかがえる。

渡来系の技術者たち

ところで、人制との関連が推測される手工業技術者が、五世紀に朝鮮半島から列島に移住してきたことを示す史料がある。『書紀』には、「陶人《すえ》」や「金人《かな》」として書かれている。ただし、その詳細は文献史料ではわからない。考古学の発掘調査によると、奈良盆地（大和）や大阪平野（河内）の遺跡に、その足跡を残している。

渡来系技術者の代表的な遺跡は、奈良県御所《ごせ》市地域の南郷《なんごう》遺跡群である（**図1―1**）。古墳時代中期（四世紀後半〜五世紀後半頃）の遺跡群であり、大型建物の祭祀《さいし》遺構のほか武器類の工房遺構や機《はた》織り具などが見つかっている。この南郷遺跡群は、大規模な手工業生産の工房であったことが想定されており、五世紀前半に形づくられ、五世紀後半がピークになる（坂靖・青柳泰介『葛城の王都　南郷遺跡群』）。

南郷遺跡群の周辺地域は、襲津彦系の葛城氏の勢力圏であり、葛城氏につながる氏族と関係していることはまちがいない。遺跡群に関連する高宮《たかみや》（旧大和《やまと》国葛上郡高宮）は、襲津彦の娘で仁徳皇后の磐之《いわの》媛《ひめ》が「葛城　高宮　我家《わぎえ》の辺《あたり》」と歌っており（『古事記』仁徳天皇段）、葛城氏の襲津彦系の本拠地であろう。遺跡群とは年代が異なるが、『書紀』の渡来系移住民の伝承は遺跡の性格を物語っている。

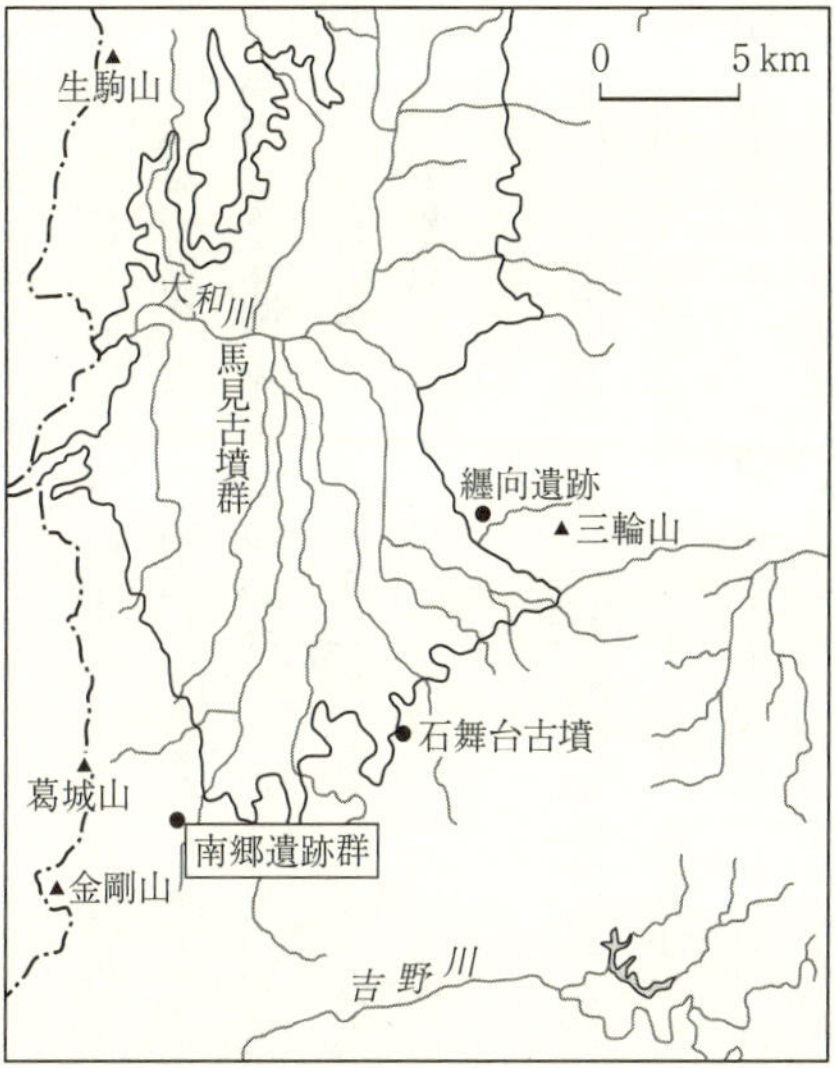

図 1-1　南郷遺跡群（奈良県御所市）

一方の大阪平野では、河内湖周辺の遺跡と陶邑窯跡群《すえむらかまあと》が注目される。ヤマト王権は朝鮮半島から渡来した技術者集団をこの地域に集住させ、河内湖周辺の開発や陶邑《すえむら》による須恵器《すえき》（後述）の大規模生産に乗り出した。

たとえば大阪府四條畷《しじょうなわて》市・蔀屋《しとみや》北遺跡の五・六世紀の集落遺跡から、馬の飼育と関連する製塩土器や馬具などが出土している。なかには半島産の馬具や、一体構造で造られた船の材料を転用した井戸枠が見つかっている（『河内湖周辺に定着した渡来人』）。馬は、四世紀末以降、半島から移住した人々とともに列島に入り、乗馬と馬文化が発展するようになる。河内湖周辺や淀川の氾濫原を牧《まき》にした渡来系移住民は、後に「河内馬飼《かわちのうまかい》」という部に組織される人々の祖先であろう。

また、『書紀』に「茅渟県《ちぬのあがた》陶邑」（崇神七年条）とみえる陶邑窯跡群（大阪府南部の泉北丘陵）では、須恵器が大規模に生産された。これらを作った移住民は、『書紀』には「新漢陶部高貴《いまきのあやのすえつくりこうき》」（雄略七年条）とあり、「新漢《いまきのあや》（今来漢人）」とも呼ばれている、新しい半島の技術・技能を持つ工人であった。須恵器とは、高温の還元焔《かんげんえん》を利用する窯を使用して焼成された硬質の焼物である。

このようにヤマト王権は、大和地域には高度な技術を使う生産工房、河内地域には須恵器・鉄器の大工房を配置し、これらを担う人々が、「陶人」「金人」と呼称されていた。同時に彼らが、「新漢陶部高貴」とも呼ばれていたことは、半島系移住民を介して、新たな部の組織が誕生していたことを示唆している。

3　大伴氏と物部氏――「職能」を名のる氏

人制から部民制へ

五世紀には同時代史料にみえる「杖刀人・典曹人」などのほか、『書紀』雄略紀に「養鳥人」や「典馬(人)」などの記事があることは、すでに述べた。いずれも職掌を漢語で表記する、人制の職能集団である。

『書紀』によれば、雄略一〇年九月条にみえる「養鳥人《トリカヒ》」(トリカヒは古訓点)の記述は、筑紫《つくし》の水間君《みぬまのきみ》が献上したという養鳥人である。この養鳥人は、ヤマト王権の六世紀代における社会的分業組織、部民制の「鳥養《とりかい》(飼)」につながる存在である。この時代になると、基本的に「鳥を養う」という日本語順で「鳥養」と表記し、「トリカヒ」と読む。

一方の、雄略八年二月条の「典馬《うまかい》(人)」の記事は、高句麗から新羅に支援に来ていたという軍士が、本国に新羅の典馬(人)を随伴したという記述。したがって、倭国のことではないが、「典馬〈典馬、此云于麻柯比《ウマカヒ》〉」という注記があり、「馬養(飼)」との関連が書かれている。この

「典馬、此云于麻柯比」という注記は、「典馬」という人制の用語が、すでに『書紀』編纂段階で訓読されていたことを示している。「養鳥人《トリカヒ》」の古訓点の読みも、典馬（人）と同じように、編纂段階ではすでに訓読されていただろう。ただし、『書紀』編纂時の読みが、五世紀代にまでさかのぼるかどうかは疑問である。

同時代史料の金錯銘鉄剣や銀錯銘大刀をみてみると、どちらの銘文も、正しい漢文で書かれており、杖刀人・典曹人も漢語表記である。いっぽう、人名や地名の固有名詞は、「獲加多支《わかたけ》鹵《る》」や「斯鬼《しき》宮」というように仮借（漢字仮名）の表記である。こうした比較によれば、漢語表記の言葉は、当時は日本語読みとは違う読み方をされていた可能性が高いと思われる。ただし、今のところそれを断定する材料もない。

念のため他の史料もみておくと、三世紀の「魏志倭人伝」には、すでに述べたとおり「大官を卑狗《ひこ》、副を卑奴母離《ひなもり》」というように弥生日本語で書かれた職名と、「大夫難升米《なんしょうまい》」「都市牛《ご》利《り》」という「大夫」「都市」（市を掌る役人）のような漢語表記の職名とが混在していた。こうした漢語表記を伴う新たな職名の出現は、従来の職務組織ではまかなえなくなった管理システムの発生を推測させる。ただし、大夫の語は、倭の奴国が五七年（建武中元二）に後漢に派遣した使者が自称しており（『後漢書』東夷伝倭条）、中国との外交交渉の必要性から使われたのであろう。

五世紀の「宋書倭国伝」によると、武（ワカタケル、雄略天皇）はその上表文で「開府儀同三司《かいふぎどうさんし》」を名のり、役所を開設することができる武官（開府）の職名を自称した。これもまた中国に向けて、倭国の政治体制を強調したものである。実際にも、倭国から宋に派遣された「司馬曹達」の「司馬」という官職名が、これに該当しよう。

結局のところ、人制の読みがいつから訓読されたかは確定できない。しかし「養鳥人」が「トリカヒ」と読まれたのは、明らかにのちの部民制における「鳥養部」と職掌が共通するからであり、人制から部民制へと系譜的につながっていることはまちがいない。じつは、人制史料が多い雄略一一年条に「鳥官《とりのつかさ》の禽《とり》、菟田《うだ》の人の狗《いぬ》の為に嚙《く》はれて死ぬ。天皇瞋《いか》りて、面《おもて》を黥《きざ》みて鳥養部としたまふ」という記述がある。これは部民制への途を示す記事であるが、「鳥官」が「養鳥人」を意味するのであれば（日本古典文学大系本頭注）、まちがいなく人制から部民制への移行を示している。

「名負いの氏」の誕生

このように職能集団であった人制から部民制がつくられたのであれば、職掌を名に負う名負いの氏もまた、この部民制に付随して生まれたことになる。この部の制度は、従来の研究によれば朝鮮諸国の部、特に百済の部制に影響されて成立したと指摘されている。そのプロセスは必ずしも明瞭ではないが、少なくとも半島の制度を学んで列島の部民制が誕生したことは確かである。

人制は、杖刀人・典曹人などの特定の職能集団を組織し、列島の支配・統治を行なう分業体制である。この人制を受け継いだ部民制でも、建部《たけるべ》（軍事的職務に従事する部）・丈部《はせつかべ》（王宮での警備などをする軍事的部か）や史部《ふひとべ》（史戸。文筆関係に従事する職能集団）など、国家的統治に必要な種々の職能に関して、特定の部が設定されていった。

なお、八世紀の律令制下においても、鍛部《かぬちべ》・甲作《よろいつくり》など軍事関係の生産者集団が品部《しなべ》・雑戸《ざっこ》として再編されている。このように列島の支配・統治に必要な特定の職能集団の組織化は、五世紀の人制、六世紀の部民制、律令制下の品部・雑戸制というように、各歴史段階で実施されていったのである。

訓読氏名の成立

人制から部民制が発展したとして、その「部」が「氏の名」となり、「名負いの氏」となった時期は、いつ頃なのであろうか。五世紀の金錯銘鉄剣や銀錯銘大刀には、渡来系移住民の「張安」を除いて、在来系の住民に氏の名はみえない。五〇三年と推測されている隅田八幡神社所蔵人物画像鏡に記された「開中費直」「今州利」の名称も、すでに述べたように、個人名を伴う確かな氏の名ではない。今日のところ、確実な同時代史料として存在する氏の名を示した銘文は、島根県松江市の岡田山一号墳出土鉄剣の「額田部《ぬかたべ》臣」である。それまでは、氏の名はみられない。

『書紀』継体九年(五一五)二月条によれば、「百済本記」に「物部至至連《もののべのちちのむらじ》」がみえる。「百済本記」も「百済記」と同じく『書紀』編纂時に、亡命百済人が提供した「史書」であり、一定の信憑性がある。この記事が正しければ、継体朝には「物部氏」と表記される氏が確実に存在したことになる。

継体紀の「百済本記」にある他の人名は、「久羅麻致支弥《くらまちきみ》」(継体三年二月条)、「意斯移麻岐弥《おしやまきみ》」(継体七年六月条)というように、漢字仮名表記である。また、欽明二年(五四一)七月条にも「加不至費直《カフチ》・阿賢移那斯《あけいなし》・佐魯麻都《さろまつ》」というように、漢字仮名表記の名が登場するが、これは同時代史料とは必ずしもかぎらない。しかし欽明五年二月条にみえる「百済本記」には、訓読表記の「津守連《つもりのむらじ》」「河内直《かふちのあたい》」という名が記載されている。ここから考えておそらく物部のような訓読に基づく表記の仕方は、欽明朝には成立していたであろう。こうしたことから、訓読の氏名の成立は、六世紀前半ということでいいだろう。特定の職能を中心とした氏族、「名負いの氏」の誕生である。

物部氏と大伴氏

忌部《いむべ》・中臣《なかとみ》や鳥養など、いわゆる「職業部」といわれる部民と関係する氏で、こうした名負いの氏の代表格が、物部氏と大伴氏となる。

興味深いことに、物部は「物(もの)」、大伴は「伴(とも、人)」と、両方ともどちらかといえば一般的な物・人を対象とする部を管轄する氏である。その前身に「物人」などの「＊＊人」が存在したのかどうか、はっきりしない。むしろ特定の職務に従事する人制とは、異なっていた可能性が高い。

これまでの研究史をふりかえると、物部氏は部民制の成立とともに、氏が成立したと指摘されている(篠川賢『物部氏の研究』)。同時に、各地に部民の物部が存在することから、物部は地域を限らず広範囲に設定されていたことがわかる。だが、この設定が部民制の成立とともに実施されたのか、すでに人制の段階でその前提となるような制度があったのか、残された史料からは必ずしも明らかではない。ただ読みについては『万葉集』では、「物部」を「もののふ」と読むが、『書紀』には「モノ、ヘノ」の訓点もあり（崇神即位前紀）、「もののべ」と読んでさしつかえないだろう。

物部氏は、基本的には「物」を貢納する（当時の言葉では「タテマツル」）氏である。その「物」は本来、精霊・霊魂などを意味する物（魂）と思われ、おもに軍事・警察や刑罰、および神事をつかさどる。神事との関係は、物部が扱う「魂」にあるが、軍事・警察は武器・武具のような物との関係であろう。これに対し大伴氏は、王権に仕奉する「人（トモ）」を供給する氏族である。両氏とも、人制から部民制への転換期に際し、部民制の成立とともに物部・大伴氏として誕生した公算が高い。

それでは、大伴・物部氏以外の氏族はいかがであろうか。『書紀』の神話に興味深い話がある。皇孫《すめみま》・天津《あまつ》彦彦火瓊《ひこひこほのに》瓊杵《にぎ》（ホノニニギ）が天降る際、神器《じんぎ》となる八《や》坂瓊《さかに》の曲玉《まがたま》・八《や》咫鏡《たのかがみ》・草《くさ》薙剣《なぎのつるぎ》を与え、中臣の上祖《とおつおや》の天児屋命《あめのこやね》、忌部の上祖の太玉命《ふとたま》、猨女《さるめ》の上祖の天鈿女命《あまのうずめ》、鏡《かがみ》作《つくり》の上祖の石凝姥命《いしこりどめ》、玉作《たますり》の上祖の玉屋命《たまのや》の五部《いつとも》の神を付き従わせたという（神代第九段一書第一）。ここには中臣氏・忌部氏・猨女氏・鏡作氏・玉作氏の上祖の神がみえ、ホノニニギとともに降臨させたというのである。

つまり祭祀関係の業務に携わる伴造を従わせたのであるが、これは、伴造が王権に仕奉するという臣従関係にあることを、降臨譚のなかで語らせたものである。『書紀』本文ではなく、一書であることにやや問題が残るが、古い伝承であることはまちがいない（阿部武彦『氏姓』）。このように職能関係の部民（職業部）を管理する伴造系の氏族は、氏名に記された職能によって王権に仕奉する名負いの氏であった。

大伴家持「族に喩しし歌」

名負いの氏の特徴を示すものとして、時代は降るが、『万葉集』に大伴家持《やかもち》が「族《やから》に喩《さと》しし歌」を詠んでいる。長文になるが、重要なので全文を掲げておきたい。

ひさかたの　天《あま》の門《と》開き　高千穂《たかちほ》の　岳《たけ》に天降《あも》りし　皇祖《すめろき》の　神の御代《みよ》より　はじ弓を　手《た》握り
持たし　真鹿児矢《まかごや》を　手挟《たばさ》み添へて　大久米《おおくめ》の　ますら健男《たけお》を　先に立て　靫《ゆき》取り負《お》ほせ　山川
を　岩根さくみて　踏み通り　国求《ま》ぎしつつ　ちはやぶる　神を言向《ことむ》け　まつろへぬ　人をも和《やわ》
し　掃《は》き清め　仕へ奉りて　あきづ島　大和の国の　橿原《かしはら》の　畝傍《うねび》の宮に　宮柱　太《ふと》知り立てて
天の下　知らしめしける　皇祖の　天の日継《ひつぎ》と　継ぎて来る　君の御代御代　隠《かく》さはぬ　明《あか》き心

を　皇辺《すめらへ》に　極め尽くして　仕へ来る　祖《おや》の職《つかさ》と　言立てて　授けたまへる　子孫《うみのこ》の　いや継ぎ継ぎに　見る人の　語《かた》り次《つぎ》てて　聞く人の　鑑《かがみ》にせむを　あたらしき　清きその名そ　おぼろかに　心思ひて　空言《むなこと》も　祖《おや》の名絶《なた》つな　大伴の　氏と名に負《お》へる　ますらをの伴《とも》　(四四六五)

である。さらに短歌として

磯城《しき》島の　大和の国に　明《あき》らけき　名に負ふ伴《とも》の男《お》　心努《つと》めよ　(四四六六)

が記されている(釈読文は、新日本古典文学大系本)。

歌の要点は、「受け継いで来た大君の御代ごとに、隠れなき忠誠心を皇室に示し尽くして、仕えて来た先祖以来の役目である」ことを継承し、「かりそめにも先祖の名を絶つな、大伴氏の名を負うているますらおたちよ」ということになる(同前)。つまり、歌の語句「皇辺に　極め尽くして」とは、天皇の側に日夜、仕え奉って尽くすこと。それが、「仕へ来る　祖の職」と歌われるように、祖先から御代御代に代々受け継がれてきた、名に負う「大伴」の職となる。したがって短歌も「いっそう心を研ぎ澄ますべきだ。昔から高潔な一族として負うて来た大伴の名であるから」(同前)という意味内容である。

このように名負いの氏とは、王から授与された氏の名にあらわされた職を、氏名を持つかぎり王に仕奉するような氏族ということである。

この歌の制作の意図は、歌の左注に「右、淡海《おうみ》真人《まひと》三船《みふね》の讒言《ざんげん》に縁《よ》りて、出雲守《いずものかみ》大伴古慈斐《こしび》宿禰、任を解かる。ここを以て家持此の歌を作る也」とある。時に七五六年(天平勝宝《てんぴょうしょうほう》八)六月一七日。『万葉集』によれば、五月一〇日、淡海三船の讒言によって古慈斐が出雲守を解任されたことをうけ、一族に対して喩した歌となる。

ただし、『続日本紀』には「出雲国守従四位上大伴宿禰古慈斐・内竪《ないじゅ》淡海真人三船、朝庭《みかど》を誹謗《ひぼう》して、人臣の礼无《な》きに坐《つみ》せられて、左右衛士《えじ》府に禁《きん》せらる」と記され、古慈斐・三船ともに罰せられて左右衛士府に禁固されたという。しかし、三日後には詔で赦免されている。両者には、明らかに矛盾がある。

七五六年五月一〇日は、聖武太上天皇《しょうむだいじょう》が五月二日に没して八日目、三関《さんげん》(鈴鹿《すずか》・不破《ふわ》・愛発《あらち》関)が固関《こげん》(封鎖)され、いまだ朝廷周辺に政治的危機感が漂っていた時期である。この矛盾については多くの議論があるが、「捕らえられたのは二人でも、三船のみは刷雄《よしお》(従二位大納言藤原仲麻呂《なかまろ》の息子)との関係などから不問に付され、それを家持は同族古慈悲(斐)に同情して三船が讒言したものと解したのではなかろうか」（岸俊男『藤原仲麻呂』）の説を、紹介するに留めておきたい。

ちなみに古慈斐は、家持の曽祖父馬飼《うまかい》（長徳《ながとこ》とも）の弟吹負《ふけい》（小吹負《おふけい》）の孫である。家持より、二、三歳年上といわれている。

伴造系氏族とカバネ

プロローグで少し触れたが、物部氏や大伴氏は、「連」のカバネ（姓）を有していた。「連」の読みであるムラジは、「群主（ムレアルジ）の意」（阿部前掲書）とも「ムラ（村）ジ（主）の意か」（『岩波古語辞典』補訂版）ともいわれているが、確定することは難しい。

カバネは基本的に氏の社会的地位を表すので、機能としては、その氏が持つ政治的立場の差違を示すことになる。このカバネは、大化前代から存在したことはまちがいないが、その成立プロセスを示す史料には恵まれていない。ただし、先述の岡田山一号墳出土鉄剣銘文「額田部臣」の語句によって、六世紀前半には氏（額田部）とカバネ（臣）が成立していたことが判明する。

かつては多くのカバネが存在していたが、六八四年（天武一三）の八色《やくさ》の姓《かばね》（真人《まひと》・朝臣《あそみ》・宿禰・忌寸《いみき》・道師《みちのし》・臣・連・稲置《いなぎ》の八種類）の制定によって、新しい身分秩序が定まったとされる。こうして、皇親であるかどうかや出自の家柄、中央・地方氏族の別による秩序が明白にされていく。

物部氏と大伴氏の特徴といえば、「大連《おおむらじ》」に就いたことであろう。六世紀以降、大連の地位に就いた氏族は、物部氏と大伴氏の二氏しかいない。これら中央の物部連・大伴連氏は、物部・大伴部などの部民を管轄する伴造氏である。物部や大伴部などの部民は、各地におかれ、地方では在地首長がこの部を管理する中間の伴造氏として、部の仕奉・貢納の仲介となって活動した。ヤマト王権を構成するメンバーとして、これら伴造全体を、中央にいる物部氏や大伴氏が管理していたのである。

二　蘇我氏の登場

1　葛城氏と蘇我氏

蘇我氏と葛城

さて本章より、いよいよ蘇我氏を取りあげる。本節ではまず、蘇我氏として歴史に姿を現す前段階に関係があったと想定される、葛城一族を話題にしたい。第一章で述べた、国王以外で実在した可能性がある初めての人物、「襲津彦《そつびこ》」を祖先にもつ葛城氏である。蘇我氏が、葛城氏との血縁関係にあることはまちがいないので、葛城氏に関する蘇我氏の言動から検討を始めたい。

七世紀前半のことになるが、『日本書紀』において、蘇我馬子が推古天皇に向かって「葛城県《あがた》は、元臣《もとやつかれ》が本居《うぶすな》なり。故《かれ》、其の県に因りて姓名《かばねな》を為《な》せり」と称し、葛城県を領有地として要求する記述がある（推古三二年一〇月条）。県（アガタ）とは、大化前代において、ヤマト王権の直轄地的性格が強い行政的区域である。この要求に対し、自ら蘇我系を自認する推古は拒否したが、実際に、「蘇我葛木（葛城）臣」という氏名の伝承も存在する（『聖徳太子伝暦』）。馬子は、自分の生まれた葛城の地名を受け継いでいることを強く主張していた。

また、馬子の息子蝦夷においても「己《おの》が祖廟《おやのまつりや》を葛城の高宮《たかみや》に立てて、八佾《やつら》の儛《まい》」を舞ったという（皇極元年是歳条）。八佾の儛とは、八列八人の六四人が方形に並んで行なう儛で、天子しか催せない儛である。この儛を祖廟を建てた葛城の高宮で実施したことは、葛城との強い関係を示すものである。これら蘇我馬子・蝦夷二代にわたる専横行為については後述するが、ここでは蘇我氏が葛城の姓名を名のり、葛城を出身地と主張していたことを強調しておきたい。

この葛城という地域は、大和国のどこに位置するのであろうか。奈良時代の大和国には、**図2―1**のように葛上郡《かずらきのかみぐん》と葛下郡《かずらきのしもぐん》がある。元は一つの葛城郡（七世紀には評《こおり》）だったと思われるが、葛城という地名を名のる氏族にとって、この地域との関係は強いものがある。かつての葛城は、葛上郡と葛下郡に挟まれた忍海《おしぬみ》郡、そして葛下郡の東北部に位置する広瀬郡を含んでいた（『角川日本地名大辞典』、『葛城氏の実像』）。忍海郡は、飯豊《いいとよ》王女が執政した宮を「葛城忍海之高木角刺宮《つのさしのみや》」(『古事記』清寧天皇段《せいねい》)というので、葛城の一部であったことはまちがいない。広瀬郡については、ほかの史料がなく必ずしも確証はないが、葛上郡・葛下郡と忍海郡、そして広瀬郡の四郡を合わせた地域が、旧葛城郡(評)となる。ちなみに『日本書紀』には「葛城下郡」(天武一三年是年条。大宝令《たいほうりょう》の知識で「郡」と潤色)、『続日本紀』には「葛上郡」(文武《もんむ》四年一一月壬寅《じんいん》条。同)がみえるので、すでに大宝令以前の評制の時期に分割されていたと思われる。

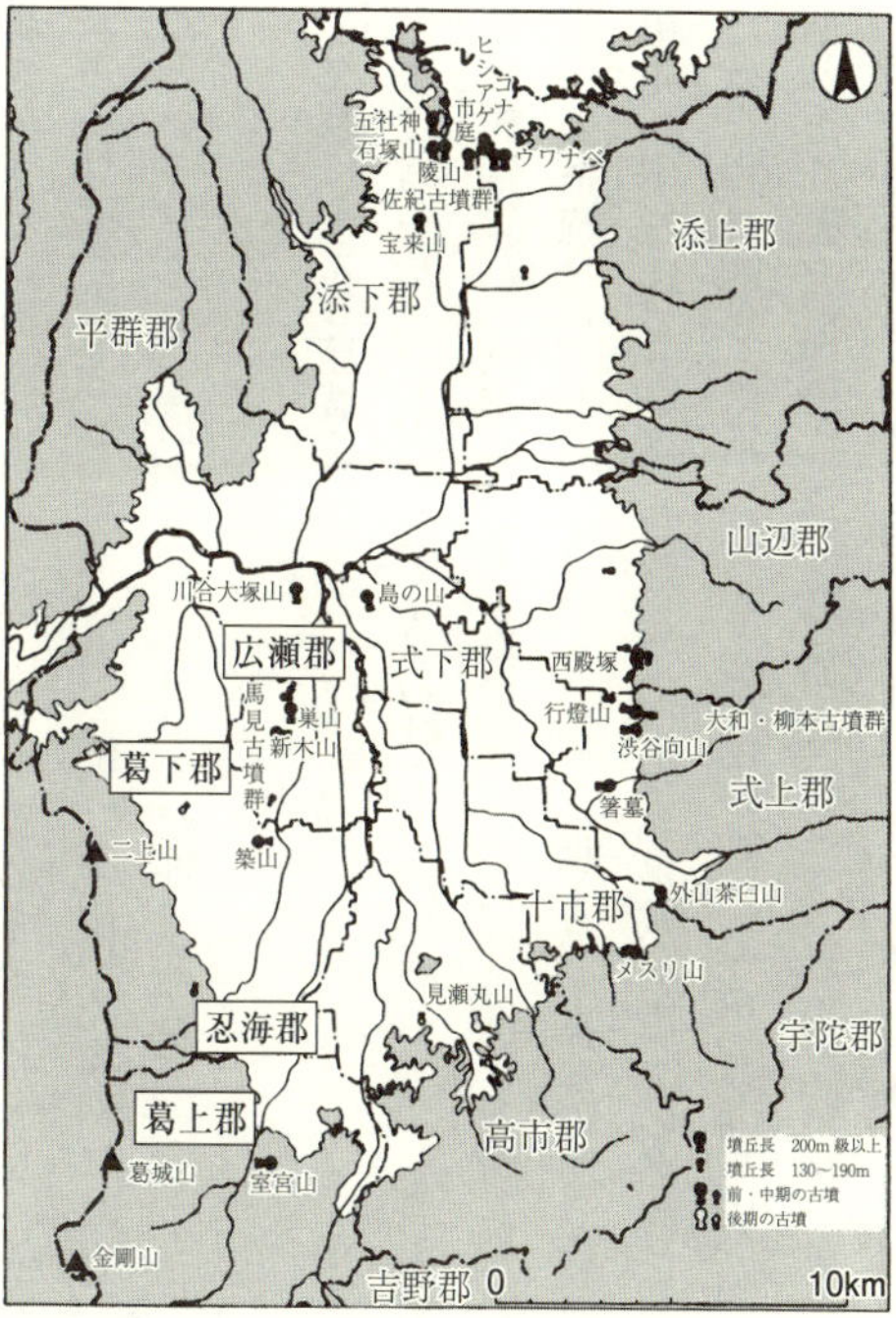

図 2-1　奈良盆地における大型古墳の分布と郡域

なお、『日本書紀』には葛城の地名起源譚として、「高《たか》尾張邑《おわりのむら》に、土蜘蛛《つちぐも》有り。その為人《ひととなり》、身《むくろ》短くして手足長し。侏儒《ひきひと》と相類《あいに》たり。皇軍《みいくさ》、葛《かずら》の網を結《す》きて、掩《おそ》ひ殺しつ。因《よ》りて改めてその邑《むら》を号《なづ》けて葛城と曰ふ」とある（神武即位前紀己《き》未《び》年二月辛亥《しんがい》条）。ここでは「葛の網」を用いた事件にもとづいて、地名が「葛城邑」と変わったという。この「葛」は、つる草の総称である。

文献にみえる葛城氏

蘇我馬子が「本居」とする葛城の氏族について、まずは文献史料から検討しておこう。『新《しん》撰姓氏録《せんしょうじろく》』（八一五年〈引仁《こうじん》六〉に撰進された氏族に関する書）によれば、葛城氏には二系統があった。第一の系統は左京皇別《こうべつ》（皇別とは天皇・皇子の子孫と称する氏族）にある葛城朝臣《あそみ》で、葛城襲津彦を祖先とする氏である。ただし、この「葛城朝臣」の名称は、ほかの史料にはでてこない。ここでは、六八四年（天武一三）の「八色の姓」によって朝臣が賜姓《しせい》された氏族の大半が、「臣」姓であったことを指摘するにとどめたい。

第二の系統は、河内《かわち》国神別《しんべつ》（神別とは天津神《あまつかみ》・国津神《くにつかみ》の子孫と称する氏族）にみえる葛木（葛城）直《あたい》で、高魂命《たかむすびのみこと》五世孫の剣根命《つるぎね》を祖先と称する氏である。『日本書紀』神武二年条に「剣根といふ者を以《も》て、葛城国造《かずらきのくにのみやつこ》とす」とみえる。また、『先代旧事本紀』（平安時代初期に編纂された古代の史書）の国造本紀には「橿原《かしはら》朝の御世に、剣根命を以て初めて葛城国造となす」とあるので、葛城国造系の葛城直氏がいたことになる。

　このように葛城を名のる氏族には、襲津彦を祖先とする系統と、葛城国造系との複数系統があったにもかかわらず、両者が葛城を名のるのは、ともに葛城地域に居住していたことに起因していると思われる。

　ところで葛城氏とヤマト王権との関わりはというと、系譜（**図2－2**）にあるように、襲津彦の娘磐之媛《いわのひめ》が仁徳《にんとく》天皇と結婚し（『古事記』、『書紀』履中《りちゅう》即位前紀）、履中・反正《はんぜい》・允恭《いんぎょう》の三天皇を生んでいる。また、葛城円《つぶら》の娘韓《から》媛は雄略《ゆうりゃく》天皇と結婚し、清寧天皇を生む。なお、履中の「皇妃《みめ》」の黒《くろ》媛は、襲津彦の子葦田宿禰《あしたのすくね》の娘である（履中元年七月条。ただし、即位前紀では黒媛の父は羽田矢代宿禰《はたのやしろ》とあり、系譜には異伝がある）。このように葛城氏は、娘を天皇の后妃（キサキ）とし、生まれた子どもを天皇とする外戚の地位にあった。

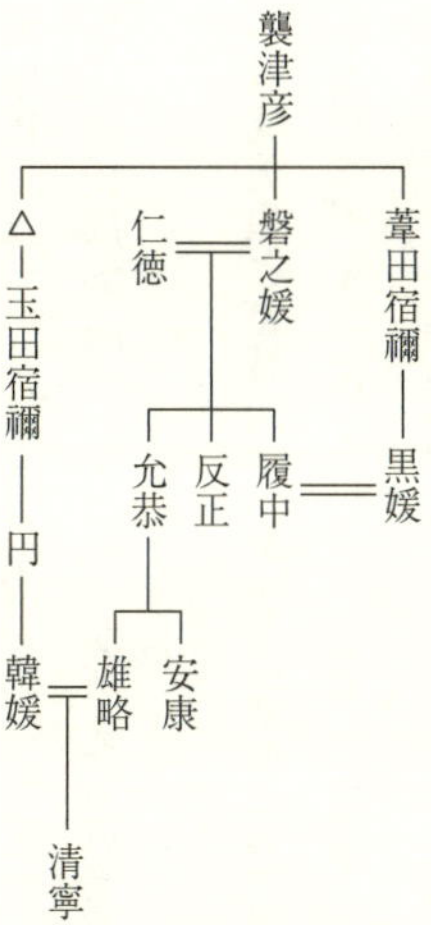

図2-2　葛城襲津彦の系譜

　この時期の王位には、いまだ直系継承などの慣習はないと思われるが、襲津彦の子孫のなかにも葦田宿禰と玉田宿禰の二系統を想定する指摘もある（後述、五二頁）。少なくとも葛城氏には、このように複数の系統氏族がおり、直接血縁関係のない擬制的関係を含めると、多様な氏族構成であることが考えられる。

雄略天皇と葛城氏――襲津彦系葛城氏の衰退

『日本書紀』によれば、允恭天皇は、忍坂大中姫《おしさかのおおなかつひめ》を皇后とし、木梨軽《きなしのかる》皇子・名形大娘《ながたのおおいらつめ》皇女・境黒彦《さかいのくろひこ》皇子・穴穂《あなほ》天皇（安康《あんこう》）・軽《かる》大娘皇女・八釣白彦《やつりのしろひこ》皇子・大泊瀬稚武《おおはつせのわかたける》天皇（雄略）・但馬橘《たじまのたちばな》大娘皇女・酒見《さかみ》皇女の九人の男女をもうける。允恭のあとは、安康天皇が即位するが、父（大草香《おおくさか》皇子）を安康に殺された眉輪《まよわ》王によって、刺殺されてしまう。

安康刺殺の知らせを受けた雄略天皇は、ただちに兄たちを疑って武装し、八釣白彦皇子を殺す。また、詰問をうけた境（坂合）黒彦皇子は、眉輪王とともに葛城円《つぶら》大臣の宅へ逃げ込んでしまう。雄略に宅を囲まれた円大臣は、娘の韓媛と「葛城宅七区《いえななところ》」の献上を申しでるが、雄略に断られ、最後には焼き殺された。

さらに雄略は、安康がみずからの没後の即位を望んだという、葛城氏を母とする市辺押磐《いちのべのおしは》皇子（履中天皇の子）を狩猟に誘い、射殺する。こうして雄略は、兄を含めた政敵を殺してしまった。このような皇位継承に関係する葛城氏の伝承は、どのように考えたらいいのであろうか。

井上光貞さんは、これらを帝紀(『書紀』の原史料の一部)に伝えられた史実に由来する出来事と考えた。そして雄略が、葛城円大臣と市辺押磐皇子という葛城系の勢力を滅ぼすことによって、天皇に即位したことを重視する。さらに、葛城氏の勢力を打倒した雄略の武力は、軍事的伴造の大伴氏と物部氏であると指摘する。こうした経緯は、「大王家が畿内氏族との連合から、軍事的伴造に支えられる軍事的専制への転移を含蓄するものであった」と評価した。大伴氏と物部氏が持ちだされるのは、この伝承と両氏との関係ではなく、帝紀のほかに大伴氏と物部氏の家記に基づいた伝承からだとする。これらの史料に登場する人物で、大伴室屋《むろや》と物部目《め》は実在した可能性があり、この二人が雄略即位後に大連に任命される『書紀』の記事を重視する。このような経緯から、大伴氏と物部氏とは、雄略朝の軍事力を担ったという(「雄略朝における王権と東アジア」)。ただし厳密にいえば、この時期にはまだ「氏」は成立しておらず、その前身にあたる氏族集団である。

井上さんの研究によって、雄略天皇紀の変動を整理すると、(1)葛城氏がみえなくなる、(2)大伴・物部氏ら、後に「連」のカバネをもつ伴造系氏族が現れる、(3)ヤマト王権は畿内の氏族連合から専制化への途を歩むことになる。つまり、(1)葛城氏の衰退とともに、(2)大伴・物部氏が登場したと井上さんはみている。私の意見では、(1)と(2)の両者に相互関係を認めることは、半分は正しい。しかし、葛城氏が衰退すると結論づけることには疑問がある。大和地域には大倭《やまと》国造のほか、葛城国造が存在していたからである。厳密にいえば、葛城氏全体ではなく、襲津彦系の葛城氏が衰退したことになる。このように考えなければ、六世紀といわれる国造制の成立は説明できなくなる。

つまり、『書紀』の雄略紀で衰退したとされるのは、襲津彦系の葛城氏であって、直《あたい》のカバネを称する葛城国造系の氏族ではない。その葛城氏は、葛城の高宮を本拠としていた。雄略が政敵としたのは、襲津彦系であって、葛城国造系の葛城直氏ではなかった。井上さんの見解には、この視点が不十分である。なお、雄略天皇のころから王権が専制化するのは事実であるが、大伴・物部氏の後に登場する蘇我氏の評価については、残念ながら、井上さんが急逝され、論及せずに終わってしまった。

井上さんの研究を、やや詳しく紹介しすぎたかもしれない。しかし、外戚として振る舞った襲津彦系の葛城氏が衰退し、大伴・物部氏といった伴造系の氏族が台頭する事実は、重要な変化である。もともと、大和地域においては、地名を集団名とする氏族とヤマト王権との連合的結びつきが強かった。いわば「豪族連合」という形態である。それに伴造系という、ヤマト王権の社会的分業を担う氏族集団がとって代わるようになった。つまり、王権の構成メンバーが変化した。この画期は、ヤマト王権の専制化を示すメルクマールとなる。そして気になるのは、雄略紀に記事がない蘇我氏の動向である。

馬見古墳群——葛城氏の奥津城か

次に、考古学の方面に話を拡げていきたい。葛城氏と関係があるとみられている、馬見《うまみ》古墳群の問題である。葛城氏の奥津城《おくつき》(墳墓)とも評されている馬見古墳群は、奈良盆地西側のほぼ中央に位置し、葛下郡と広瀬郡にまたがる馬見丘陵に点在する。令制の広瀬郡を旧葛城評とする考えでは、馬見古墳群は葛城地域に所在する古墳群である。

ところが、和田萃《あつむ》さんは別の考えを指摘する。その主張はこうである。葛城地域の神社名で、葛木坐一言主《かずらきにいますひとことぬし》神社のように葛城(葛木)を冠する式内社《しきないしゃ》(『延喜式《えんぎしき》』にみえる神社)は、葛上郡・忍海郡と葛下郡(後の北葛城郡)の一部にある、また「記・紀」にみえる葛城高岡宮・葛城掖上《わきがみ》宮・葛城室之秋津嶋《むろのあきづしま》宮などの宮号のあり方から、古代の葛城は「金剛・葛城山山麓から二上山の山麓に及ぶ範囲」(**図2—1**参照)という。つまり馬見古墳群は、その南部の一部しか葛城の地域ではなくなってしまう(「紀路と曽我川」)。どちらの説が、正しいのであろうか。

一つ大切なことは、ここで論じている古代の葛城は、一〇世紀初頭の『延喜式』の神社の場

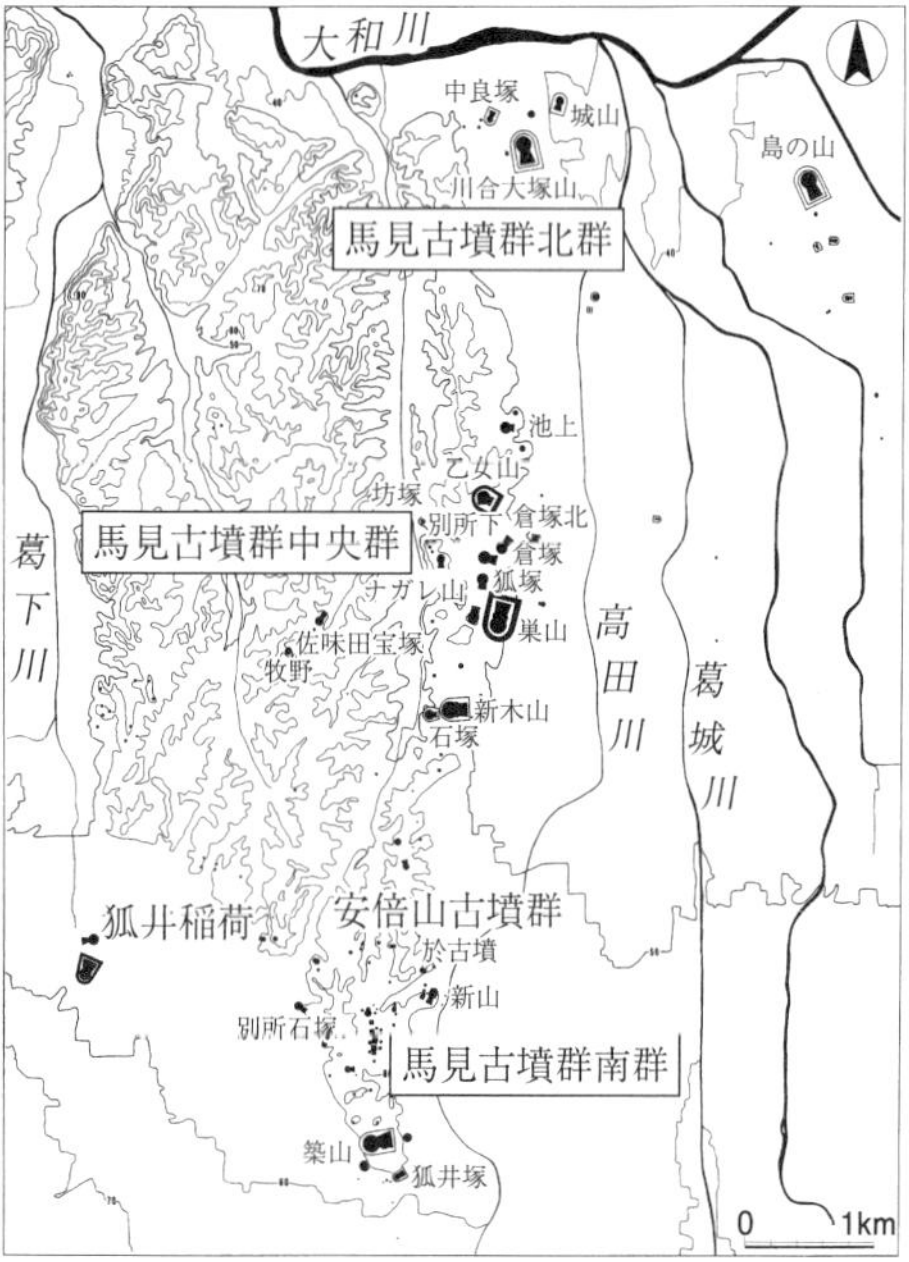

図2-3　葛城北部における古墳の分布

所ではなく、古い時期の土地だということである。すでに塚口義信さんも指摘しているように、神功《じんぐう》皇后の母は葛城高額《たかぬか》媛。神功皇后が実在しなかったとしても、「葛城高額」は、「葛城」地域の「高額」の土地を指している。これは律令制下の葛下郡高額郷であろう（「馬見古墳群と葛城氏」）。つまり北葛城の葛下郡も古くから葛城であった。

　また、塚口さんは襲津彦の子孫を玉田宿禰系と葦田宿禰系の二つに分ける。玉田宿禰系は葛城南部に居住し、忍海郡や葛上郡を拠点としたこと、葦田宿禰系は葛城北部の葛下郡・広瀬郡を根拠にしていたことを指摘する（**図2−1**参照）。大まかにみれば、襲津彦系が二系統に分かれることはまちがいなく、葛城氏には多様な系統があったが、煩雑になるので指摘にとどめよう。

馬見古墳群自体は、**図2－3**にあるように、北群（川合大塚山古墳群《かわいおおつかやま》）・中央群（巣山古墳群《すやま》）・南群（築山古墳群《つきやま》）の三群に区分けすることができる。ただし、たとえば島の山古墳《しまのやま》を北群にいれるのかどうかなど、周辺の古墳（古墳群）との関係をめぐる古墳群の評価には、研究者の間で種々の議論がある。ここではとりあえず、馬見丘陵を中心とし、葛城に居住する豪族の奥津城として考察を進めることにしたい。

馬見古墳群の特徴

一般的には、大規模な古墳は在地豪族の首長墳の可能性が高い。したがって、馬見古墳群における各群の特徴をつかむことで、葛城地域の豪族の一般的動向を知ることができる。これらの古墳群は、葛城各地の有力な地域的政治集団によって形成されたと考えられるからである。最初に、白石太一郎さんによる、馬見古墳群を含む葛城地域の大型古墳の編年表をみてみよう（**図2－4**）。このグループ分けにそって説明していきたい。

馬見古墳群では、まず四世紀前半ころに（1期）、南群の地域に前方後方墳である新山古墳《しんやま》が出現した。葛城には箸墓古墳《はしはか》のような出現期の古墳が見当たらず、一時期遅れて古墳が造られ

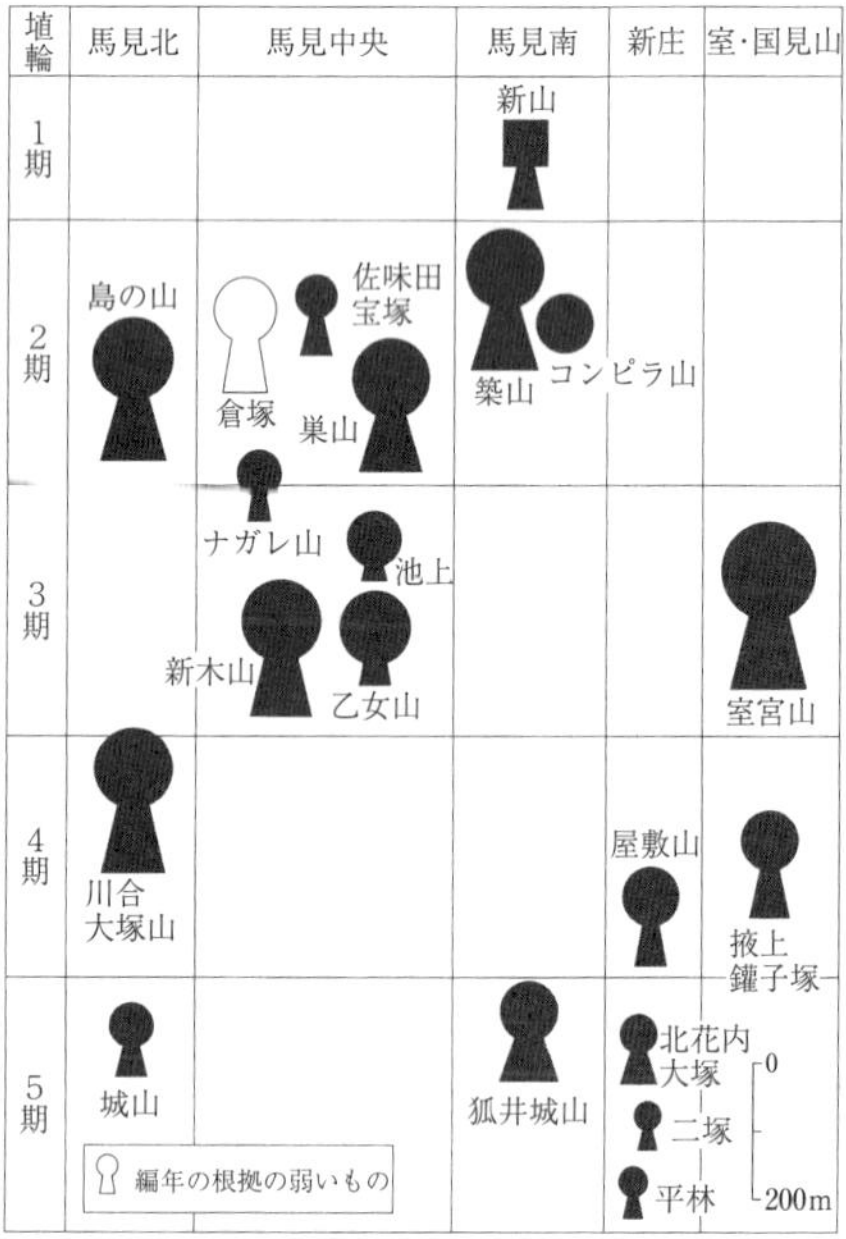

図2-4　葛城地域における大型古墳の編年

るのが特徴である。ついで四世紀中葉から後半にかけて(2〜3期前半)、築山古墳とコンピラ山古墳。中央群には佐味田《さみだ》宝塚《たからづか》古墳、そして巣山古墳が現れる。巣山古墳などは、ヤマト王権の盟主墓に匹敵する規模の古墳であり、葛城の政治集団がヤマト王権の重要な位置をしめるようになったことがわかる。その後、四世紀後半から五世紀にかけては(3期)、最大級の室宮山《むろのみややま》古墳が造営される。

そして、北群の川合大塚山古墳、掖上鑵子《かんす》塚《づか》古墳、屋敷山古墳と続く(4期)。最後は、五世紀末〜六世紀初頭(5期)の狐井《きつい》城山《しろやま》古墳の築造となる。六世紀中葉になると、中小首長の墓しかみられない。以上が、この地域の特徴である。

白石さんは、葛城地域には五つほどの有力な政治集団があり、それらが連合して「葛城政権」と呼ぶべき地域的首長連合が存在したと考えている。また、大型古墳の地域的移動は、葛城氏の盟主が葛城各地の政治集団の間を移動したことを示すと推定している。確かに、葛城氏は多様な系統の氏族集団に分かれており、おそらく墓域も異にしていたと思われる。ただし、首長連合の盟主に、葛城における五集団ほどの有力首長が交替で就いたかどうかは決められない。なぜなら、少なくとも襲津彦系の葛城氏は衰退したが、国造系の葛城直氏においては、ヤマト王権との政治的関係が続いていたからである。盟主とはっきり位置づけられる首長が存在したとすれば、ヤマト王権との関係はもっと違ったものになっただろう。葛城地域を統括するような葛城氏が存在していたかどうかも不明確であり、むしろ複数系統の葛城を名のる氏が存在したとみた方がいい。

現在のところ、各系統の葛城氏が居住していた場所は不明であり、葛城氏の各集団と各古墳群を結びつけるような史・資料はない。そのため、文献史上の考察と考古学研究とを直接結びつけるようなことは避けた方がいい。しかし、大局的に述べるならば、こうした五群グループの特徴のうち、馬見古墳群の南群と中央群の大型古墳の動向から、襲津彦系の葛城氏との関係を推測することができる。彼らが雄略天皇の攻撃にあって敗れたことと、新木山《にきやま》古墳以降、この地域に大型古墳が築造されなくなる現象とは一致するからである。

ところで、『書紀』では顕宗《けんぞう》・武烈《ぶれつ》天皇陵の所在地を、ともに葛下郡の傍丘磐杯《かたおかいわつき》丘陵、『古事記』では顕宗陵を「片岡之石坏《いわつき》岡上」、武烈陵を「片岡之石坏岡」とする。この記述に信憑性があれば、天皇陵古墳が葛城に造営されたことになる。また、六世紀末に没したとされる押坂《おしさかの》彦人大兄《ひこひとのおおえ》(『延喜式』では成相《なりあい》墓。広瀬郡に所在する牧野《はくや》古墳か)や、その子茅渟《ちぬ》王(片岡葦田墓。葛下郡)の墓が北葛城に想定されている。これらの墓は、襲津彦系の南葛城ではなく、北葛城に位置することが特徴である。北葛城が葛城国造系だとすれば、ヤマト王権との政治的関係から築造されたとも想定できる。

葛城県・葛城国造と蘇我氏

蘇我馬子は、既述したように、推古天皇に対し「葛城県は、元臣が本居なり。故、其の県に因りて姓名を為せり」と述べ、葛城県を要求した。ここに掲げられた葛城県と、蘇我氏を直接結びつける史料は、ほかにはみえない。馬子が、「本居」と主張したことには、どのような意味があろうか。

「本居」には「ウフスナ」の古訓点があり、「生まれた土地。産土」を意味する。ここから、馬子は葛城で誕生した、つまり馬子の母は、葛城の地に住む女性であった可能性が高い。なぜなら、当時の婚姻は男性が女性のもとに通うことが多く、しかも女性は自らの住居で出産するのが通例だからである。馬子の母は、葛城に居住する葛城氏の一族であったのだろう。つまり、馬子の父の稲目が葛城氏の娘と結婚したことになる。稲目以前における蘇我氏と葛城氏の関係の有無にかかわらず、少なくともここで、稲目と葛城氏との絆がつくられた。馬子が葛城を自らの「姓名」としたことは、「蘇我葛木(葛城)臣」という氏名の伝承から推測される。いずれにせよ、蘇我氏の葛城への強い執着心の証しである。

さて、葛城県は大和六県《むつあがた》の一つである。大和六県とは、『延喜式』の祝詞《のりと》に記されている高市《たけち》・葛木(葛城)・十市《とおち》・志貴《しき》・山辺《やまのべ》・曽布《そふ》県。律令制下の郡の名称と対照すれば、高市(高市郡)・葛木(葛上、葛下、忍海、広瀬郡)・十市(十市郡)・志貴(式上、式下郡)・山辺(山辺郡)・曽布郡(添上、添下郡)が、それぞれ対応する。これ以外に、大和国には平群《へぐり》郡・宇智《うじ》郡・吉野《よしの》郡・宇陀《うだ》郡が存在する。県と郡とが同規模であるのかどうかは不明であるが、少なくとも六県は、郡名と多く共通することが特徴である。

この葛城県の成立事情については、詳細は不明である。ただし、その事情を示唆する史料として、先述の、雄略天皇から嫌疑をかけられた葛城円が贖罪《しょくざい》として申し出た、「葛城宅七区」

がある（雄略即位前紀）。「宅（家）七区」とは、七カ所の居宅のことであろう。この記述は、『古事記』では「五処屯宅《いつところのみやけ》」と記され、「いわゆる五村の屯宅は、今の葛城の五村の苑人《そのひと》そ」とみえる（安康天皇段）。『書紀』と『古事記』の違いの理由は、必ずしも明らかではないが、『古事記』の「屯宅」という表記からは、王権との強い関係が想定される。「苑人」は、五世紀における人制《ひとせい》と関係する。『倭名類聚抄《わみょうるいじゅうしょう》』に、大和国忍海郡に「園人郷《そのひとごう》」があるとされるが、忍海郡は本来葛城評なので、その後身にあたるだろう。また、職員令に記された園池司《えんちし》の官司《かんし》の「園戸《そのへ》」と関係する。園戸は、天皇・皇親のための食料を生産する集団である。

こうした経過からみれば、葛城の地の中でも蘇我氏が進出できたのは、没落した襲津彦系の地域しかない。つまり、襲津彦系葛城氏の没落後、おそらく稲目の前後に、蘇我氏が葛城の一部地域に政治的勢力を培い始めたものと推測される。しかしながら、王権にとっては直轄地に等しい「県」の地域に対する蘇我氏支配は、とうてい承認できるものではなかった。

ところで、先述した襲津彦系ではない葛城国造系の葛城直氏はどうだったか。欽明一七年七月条によれば、蘇我稲目が吉備《きび》に派遣される際（後述）、葛城山田直瑞子《やまだのあたいみつこ》が田令《たづかい》として随伴している。また、用明《ようめい》天皇の嬪《みめ》として葛城直磐村《いわむら》の娘広子《ひろこ》がいて、それなりの存在感がある。磐村は六八三年（天武一二）九月には連姓、六八五年六月に忌寸《いみき》姓となっており、葛城直系は、衰退することなく活躍したとみてよい。歴史的にみれば、襲津彦系が没落した後、その支配地であった「葛城宅七区」が葛城県として編成されたかと思われる。その前後に、蘇我氏の葛城への関わりが始まったのではあるまいか。

蘇我氏の出身地については、次節でとりあげたい。

2　蘇我氏の系譜をたどる

蘇我氏の出自と朝鮮半島

葛城氏との関係はわかったとして、それでは蘇我氏自身の出自はどのようなものだったか。『尊卑《そんぴ》分脈《ぶんみゃく》』(一四世紀後半に成立した諸氏の系図)の蘇我氏系図をもとに考えてみたい(**図2―5**)。

この系図の中で、ほぼ実在が確かめられ、大臣としても活躍したのは、稲目である。しかし、その前に満智《まち》―韓子《からこ》―高麗《こま》の三代が記されている。そして稲目以後と以前とで特徴的な違いは、名前のつけ方である。満智・韓子・高麗が異国を思わせる命名であるのに対し、稲目・馬子・蝦夷・入鹿は、動植物ないし夷狄《いてき》から名づけられている。あたかも蘇我氏のあり方が変化した

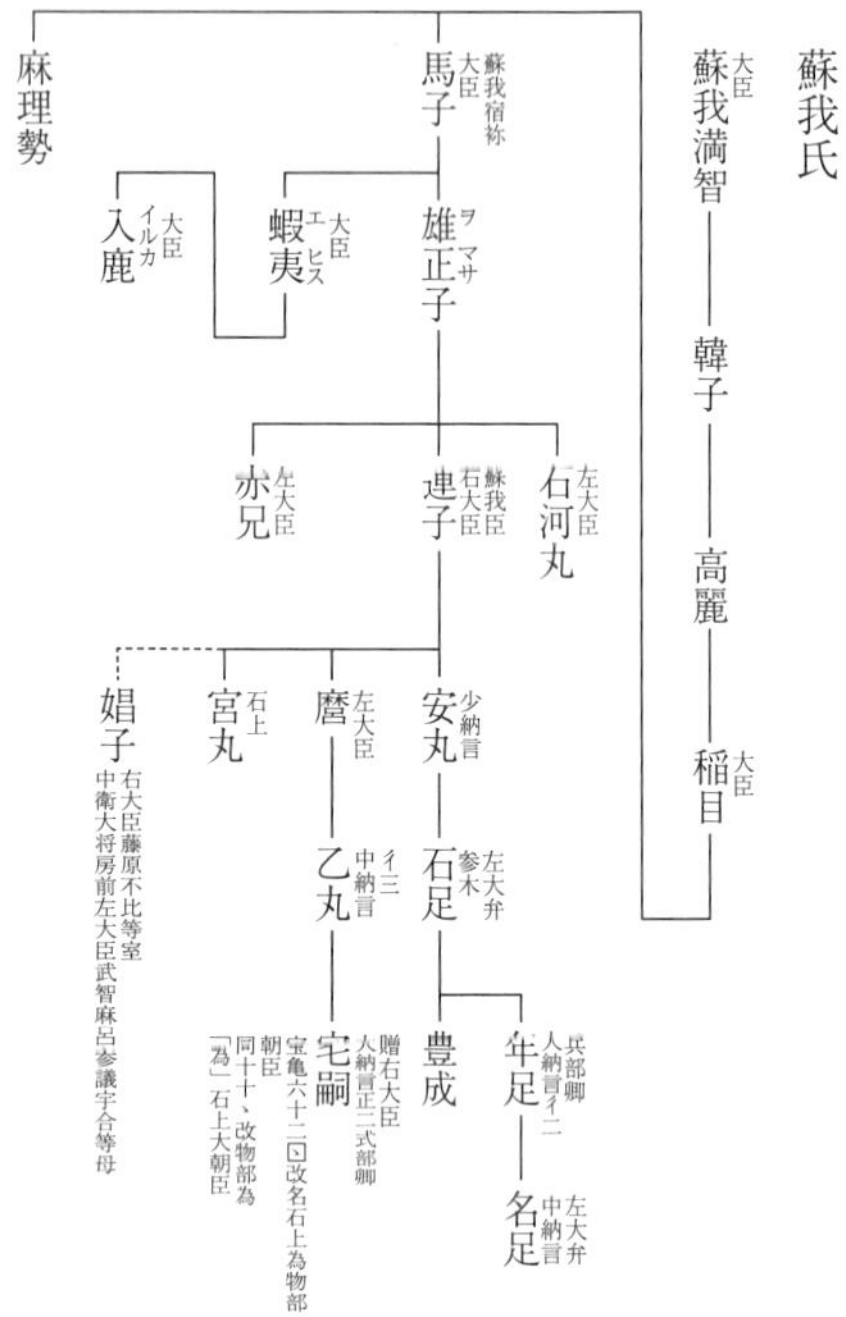

図2-5　蘇我氏の系譜(『尊卑分脈』による)

ような印象である。

まずは稲目以前の三代の、名前の特徴をとりあげたい。満智以降の三名のうち、直接的に朝鮮半島との関係があるのが、韓子と高麗である。韓子については、『日本書紀』継体紀における吉備《きび》韓子那多《なた》利《り》という人物の注記として、「大日本《おおやまと》の人、蕃《となりぐに》の女を娶《めと》りて生めるを韓子とするなり」と書かれている(継体二四年九月条)。これによれば、倭国の男子と韓地域の女子との間に生まれた子を「韓子」と呼んでいる。ただし、高麗人・百済人・任那《みまな》人・新羅人を「諸韓人等」と呼ぶこともある(応神七年九月条)。いずれにせよ韓の地と関係が強い。次代の高麗については、『書紀』の「高麗」(高句麗)の表記と同じであり、ずばり国名を個人名に使用していたことになる。

また、もっとも古い満智については「百済記」に記されている百済の高官「木満致《もくまんち》」（応神二五年条）と同一人物とみる説もある。この説は、個人名の「満智」と「満致」が一致することを重視するが、満智（満致）が百済人とすると、その子が韓子、そして孫が敵国の高麗の名前になることは説明がつかない。しかも、改姓して蘇我氏を名のる理由も不明である。

しかし、満智という名は、百済人の名として木満致のほか、天智元年六月条に達率万智《だちそちまち》がみえ、半島の人名を参照して、名づけられた可能性はある。あるいは異国的名前へのあこがれであろうか。その満智が半島ないし渡来系移住民の女性と結婚して、韓子をもうけることも想定できる。女性が高句麗系であれば、韓子の子を高麗と名づけてもおかしくない。しかし諸事情を考えあわせると、蘇我氏が、韓の地や高句麗から来た移住民ということは考えにくい。

系譜と伝承をたどる

満智については、『書紀』履中二年一〇月条に、「磐余《いわれ》に都つくる。是の時に当りて、平群《へぐり》木菟《つく》宿禰・蘇賀満智《そがのまち》宿禰・物部伊莒弗《もののべのいこふ》大連・円《つぶら》〈円、此をば豆夫羅《つぶら》と云ふ〉大使主《おおみ》、共に国事《くにのこと》を執《と》れり」と記されている。『書紀』で大臣・大連となる平群氏、蘇我（蘇賀）氏、物部氏、（葛城）

円があげられている。しかしこれは後に活躍する伏線としてあげられたものと評価されており(日本古典文学大系本注)、必ずしも史実ではない。

ところが、満智は『古語拾遺《こごしゅうい》』(八〇七年に斎部広成《いむべのひろなり》が撰上)雄略天皇条にも登場する。そこに「更に大蔵《おおくら》を立てて、蘇我麻智(満智)宿禰をして三蔵〈斎《いみ》蔵・内《うち》蔵・大蔵〉を検校《しら》しめ、秦《はた》氏をして其の物を出納せしめ、東《やまと》・西《かふち》の文《あや》氏をして其の簿を勘《かんが》へ録《しら》さしむ」と書かれている。ここには大蔵の設置と管理、部下の秦氏と東・西文氏という渡来系移住民を使って三蔵を管理するシステムの開始が叙述されている。

この話は、おそらく秦氏の伝承に基づく記事であろう。そのため、直接には関係がない蘇我氏がここに記載されていることは、秦氏に伝わった蘇我氏についての何らかの事実を伝えている可能性がある。ただし、『古語拾遺』では、斎蔵は神武天皇の時に設けられ、忌部《いむべ》氏がその職に就いたという記述がある。しかしこれは忌部氏が、初代天皇の神武天皇の時代から職務に関わってきたことを誇張するものであり、斎蔵の話も史実とは判断できない。この記事から読み取ることができるのは、蘇我氏が渡来系移住民を利用し、出納・帳簿などの新しいクラの管理を開始したという伝承の存在であろう。蘇我氏、なかでも蘇我倉氏系の性格を示唆する記事である。

韓子については、雄略九年三月条にある、新羅に派遣される将軍の一人、蘇我韓子宿禰と同じ人物と思われる。戦いを含む外交関係・交渉に活躍していたとすれば、「韓子」の性格とも合う。ただし、韓子の父が雄略朝に活躍したとすれば、その子の韓子が将軍として活動することは年齢的には不可能である。何らかの作為が加わっている。

最後の高麗については、「紀氏家牒《きしかちょう》」（平安時代初期までに編纂された紀氏の家系に関する記録）に「系図に伝へて曰く、蘇我稲目宿禰は、蘇我石河宿禰の玄孫、満智宿禰の曾孫、韓子宿禰の孫、馬背《うませ》宿禰〈亦高麗と曰ふ〉の子」と書かれている。つまり蘇我稲目宿禰は蘇我石河宿禰の玄孫であり、馬背宿禰が高麗の別名と記している。高麗についての別の系譜である。この記載が正しいとすれば、蘇我氏の一系図には、蘇我石河宿禰が記されていたことになる。ところが、『尊卑分脈』や『公卿補任《くぎょうぶにん》』は、こうした系図を参照することなく、蘇我石河宿禰を引かずに満智から始めている。また馬背の記述もない。蘇我石河宿禰の名称は、何らかの理由で後に付加されたのであろう。

蘇我石河宿禰と石川氏

この蘇我石河宿禰とは、いったいどのような人物なのであろうか。この人物を解明する手が

表2-1　建内宿禰の系譜(『古事記』孝元天皇段による)

波多八代宿禰	波多臣・林臣・波美臣・星川臣・淡海臣・長谷部君の祖
許勢小柄宿禰	許勢臣・雀部臣・軽部臣の祖
蘇賀石河宿禰	蘇我臣・川辺臣・田中臣・高向臣・小治田臣・桜井臣・岸田臣等の祖
平群都久宿禰	平群臣・佐和良臣・馬御織連等の祖
木角宿禰	木臣・都奴臣・坂本臣の祖
久米能摩伊刀比売	
怒能伊呂比売	
葛城長江曽都毗古	玉手臣・的臣・生江臣・阿芸那臣等の祖
若子宿禰	江野財臣の祖

かりは、『古事記』孝元天皇段における建内《たけうち》宿禰の系譜である。建内宿禰の子は男七名・女二名と多くを数えるが、それぞれ各氏族の祖として記されている。一覧表にすれば、**表2―1**となる。

この系譜によれば、蘇我(蘇賀)石河宿禰は始祖の位置にあり、蘇我臣の祖先としてあげられている。また、葛城長江曽都毗古《ながえそつびこ》とは兄弟関係である。蘇我氏と葛城氏とは、同族関係として扱われている。

蘇我石河宿禰を知る素材として参考になるのが、「石川朝臣年足《としたり》墓誌」である。この墓誌によれば、石川朝臣年足は「武内宿禰命子宗我石川宿禰」の一〇世孫の子という。石川朝臣は、六八四年(天武一三)に石川臣から改姓された(『書紀』天武一三年一一月戊申《ぼしん》条)。『続日本紀』の年足薨卒《こうそつ》伝には、後岡本《のちのおかもと》朝(斉明《さいめい》朝)の大臣大紫蘇我臣牟羅志《むらじ》(連)の曽孫とあるように（天平宝字六年九月乙巳《いっし》条）、石川氏は元は蘇我臣であり、蘇我倉氏系の氏族であった。

また、『日本三代実録』元慶《がんぎょう》元年（八七七）一二月二七日条には、石川朝臣木村《きむら》の言として「始祖は大臣武内宿禰の男宗我石川、河内国石川別業に生まれ、故に石川を以て名とす。宗我の大家《おおやけ》を賜はり居とす。因《よ》って姓宗我宿禰を賜はる」と記されている。つまり、石川朝臣氏の始祖が宗我石川（蘇我石河）とされ、河内の石川別業に生まれたので、その居地を氏名にしたという。別業とは「なりどころ」で、農業など生業を管理する田家・田荘《たどころ》と同じである。別業は、「蘇我田家《なりどころ》」（舒明《じょめい》即位前紀）など複数の場所にあったと思われる。そして、石川氏は宗我（蘇我）の大家（本拠地の家）を与えられて居住したので、宗我宿禰を与えられたとされている。

このように蘇我臣から改姓した石川朝臣は、居地である河内の石川を氏名としているのである。そのうえで、宗我（蘇我）の大家を与えられ、蘇我氏を名のったという。この経緯を理由として、石川の地から蘇我へ移住したとする説もでている。しかし、事実はどうであろうか。実際は、その逆であろう。歴史的にいえば、蘇我氏から石川氏へと改姓が行なわれ、石川の名称の説明と権威付けのために、蘇我への改姓が持ちだされたのだろう。

したがって、石川朝臣の出自が石川にあることは事実だが、本来の蘇我氏の本拠地を主張するものではない。しかも、宗我石川宿禰が実在した確かな証拠もない（加藤謙吉『蘇我氏と大和王権』)。この石川は、蘇我氏のなかでも蘇我倉麻呂《くらまろ》(雄当《おまさ》)を祖とする蘇我倉氏が本拠としていた。その蘇我倉氏系が、七世紀末に石川氏に改姓する(志田諄一『古代氏族の性格と伝承』)。『尊卑分脈』の蘇我氏系図は、石川氏を中心に書かれており、すでに没落した馬子―蝦夷―入鹿と続いた蘇我氏本流は、傍系の位置に置かれている。

なお、『書紀』敏達一三年是歳条には、「馬子宿禰、また石川の宅にして、仏殿を修治《つく》る。仏法の初、ここより作《おこ》れり」とある。この石川は河内ではなく、大和国高市郡と考えるのが妥当である(日本古典文学大系本ほか)。

蘇我氏の本拠と「蘇我」

それでは蘇我氏の本拠地は、どのような場所になるのだろうか。これまでの説を『日本古代氏族人名辞典』でみれば、蘇我氏の本拠地候補は次のようになる。

(1)大和国高市郡曽我(現、奈良県橿原《かしはら》市曽我町)
(2)大和国葛上郡(現、奈良県御所市一帯)
(3)河内国石川郡(現、大阪府富田林《とんだばやし》市東半と南河内郡の一帯)

(3)の河内の石川に求める説は、既述したように、石川氏に改姓されてから出てきた後代の説の可能性が高く、元来の本拠地とは限らない。(2)の大和の葛城説は、馬子による主張で、馬子の生誕地を意味しているが、それは逆に氏族の本拠地ではないことを示すであろう。それでは、残りの(1)でいいのだろうか。

ここで、あらためて建内宿禰系譜をみていただこう。蘇賀（蘇我）石河宿禰を祖とするのは、蘇我臣・川辺臣・田中臣・高向臣・小治田臣・桜井臣・岸田臣である。すべて臣《おみ》姓（カバネ）であることに加え、これらの氏名は、実際の本拠地かどうかは問題があるにせよ、奈良時代の大和国関係では、川辺（十市郡川辺郷）・田中（高市郡田中宮）・小治田（高市郡小墾田宮）・桜井（高市郡桜井豊浦《とゆら》宮）・岸田（山辺郡岸田村）、河内国では高向（錦部郡高向村）・桜井（河内郡桜井郷、石川郡桜井宮）など、すべて地名に根ざしている氏名である。したがって、蘇我も地名からきていると考えてよい。

ちなみに建内宿禰の子と称する人名にも、次に記すように地名が多い。波多《はた》（高市郡波多郷）・許勢《こせ》（高市郡巨勢郷）・平群《へぐり》（平群郡平群郷）・木《き》（平群県紀《き》里〈「紀氏家牒」〉）・久米（高市郡久米郷）・葛城（葛上、葛下郡）である。ただし、怒能《のの》、若子《わくご》は見あたらない。本居宣長『古事記伝』

には、「怒能」を地名とするが不詳である。「若子」(幼児の意味)は純粋に人名であろう。いずれにせよ、基本的には地名である。

このように理解していけば蘇我は地名であり、大和国高市郡曽我(蘇我)をあてることになる。曽我の地には、宗我坐宗我都比古《そがにいますそがつひこ》神社がある。『新抄格勅符抄《しんしょうきゃくちょくふしょう》』によれば、八〇六年(大同元)に「宗我神」がみえる。なお、宣長もこの説を主張しているが、その根拠を必ずしも明示していない。

なお、一部に稲目のころに河内の石川から大和入りしたという説がある。稲目以降が高市郡曽我に居を構えたとする考え方はいい。ただし、河内の石川本拠地説は、先述のように、改姓した石川氏が持ちだしたもので、稲目以前の本拠にすることは無理だろう。

建内宿禰伝承の意味

このように、『古事記』孝元天皇段の建内宿禰系譜に蘇我氏が連なることは、どのような意味をもつだろうか。

この系譜の主眼点は、建内宿禰を祖とする同族系譜だということである。ただし、建内宿禰は、景行《けいこう》・成務《せいむ》・仲哀《ちゅうあい》・応神・仁徳天皇に「大臣」などとして仕えたとされる。『公卿補任』

には、「在官二百四十四年、春秋(年齢)二百九十五年」(仁徳天皇条)と伝える。在官・年齢からみて、実在した可能性がない忠臣といわねばならない。

おさらいになるが、その子九人が実際の同族という確かな証拠はないものの、そのうち七名(怒能が地名であれば八名)が地名を名のり、また二七の子孫のうち、二五氏が臣姓の氏である。蘇賀石河宿禰の子孫にかぎれば、七氏すべてが臣姓の氏となる。つまり、地名を名のる地域の豪族が、建内宿禰に繫がり、同族系譜を構成していることになる。

しかし重要なことは、この系譜に連なる、地名を名のる臣系氏族が、この系譜を自らが天皇に仕え奉る根拠としていたことである(拙著『日本古代の社会と国家』)。地名系の臣氏は、名負いの氏とは異なり、自らの姓に天皇への仕奉内容である職能を名のることはない。建内宿禰系譜に連なり、建内宿禰のように天皇に仕奉することで、忠臣であることを示したのである。

この事実は、七三六年(天平八)における、葛城王の橘《たちばな》宿禰賜姓を求める上表文から確認できる(『続日本紀』天平八年一一月丙戌《へいじゅつ》条)。上表文において、葛城王の母である贈従一位県犬養《あがたいぬかいの》橘宿禰三千代《みちよ》が、天武(浄御原《きよみはら》朝廷)から持統《じとう》・文武《もんむ》・元明《げんめい》天皇(藤原大宮)の四代にわたり、「君に事《つか》へて命を致し、孝を移して忠を為《な》せり。夙夜《しゅくや》(朝晩)労を忘れ、累代《るいだい》力を竭《つく》せり」と、天皇に仕えてきたことを強調し、橘姓の継承を要請している。

このとき持ちだされたのが、『古事記』孝元天皇段に記された建内宿禰の「君に事《つか》ふる忠を尽して、人臣の節《せつ》を致しき。創《はじ》めて八氏（多数の氏のことか）の祖と為《な》りて、永く万代の基を遺《のこ》せり。此より以来、姓を賜ひ氏を命《おお》せり。或は真人《まひと》、或は朝臣《あそみ》。源は王家に始まり、流れて臣《しん》氏《し》に終る」という事例であった。このように建内宿禰は、奈良時代前半においてさえ、天皇への仕奉と賜姓の由緒とされていた。この場合、対象となったのは母親の「橘」姓であり、地名とは異なるが、「橘は実さへ花さへその葉さへ枝《え》に霜降れどいや常葉《とこは》の木」（『万葉集』一〇〇九）とあるように「霜が降ることがあっても、決して枯れぬとこしえに常緑の木」であることを強調する。

蘇我氏の諸族とは

さて、この系譜によれば、蘇我氏の諸族のあり方が判明する。諸族というのは、「蘇我氏《そがのうじ》の諸族等《やからども》悉《ことごとく》に集《つど》ひて、嶋大臣《しまのおおおみ》の為に墓を造り」（『書紀』舒明即位前紀）、「（馬子）大臣、八腹臣《やはらのおみ》等（多数の支族の意味）を引き率《い》て」（推古二〇年二月条）とあるような、蘇我氏の同族のことである。「八腹臣」からは、多くの同族が想定されるが、系譜では以下のとおり（下段は推定の本拠地）。

川辺臣氏　大和国十市郡川辺郷
田中臣氏　大和国高市郡田中宮
小治田臣氏　大和国高市郡小墾田宮
桜井臣氏　大和国高市郡桜井豊浦宮、河内国河内郡桜井郷・石川郡桜井宮
岸田臣氏　大和国山辺郡岸田村
高向臣氏　河内国錦部郡高向村

このほか『新撰姓氏録』における蘇我氏の後裔として、次の氏がある。

田口臣氏（左京皇別上）　大和国高市郡（檜前郷）田口村
箭口《やぐち》臣氏（左京皇別上）　大和国高市郡の飛鳥京付近か
久米臣氏（右京皇別上）　大和国高市郡久米郷
御炊《みかしき》朝臣氏（右京皇別上。朝臣以前は臣か）　本拠は不明

さらに、蘇我氏の複姓（「蘇我境部」のように、「蘇我」と「境部」の二つの姓〈氏〉をもつ氏を、学術

用語で複姓という）からみて、

　境部臣氏（蘇我境部臣）　　高市郡軽付近か（加藤謙吉説）

を付け加えることができる。これらが、同族と称される蘇我氏の一族である。彼ら同族は、大和国高市郡に居住しているものが過半数であり、蘇我氏の本拠が大和地域にあることを傍証している。

なお、こうした地名を氏名とすることは、その土地に対する支配・統治と密接な関係がある。たとえば、『新撰姓氏録』には、⑴廬原公《いおはらのきみ》氏に関して「廬原国を以て、給ひき」（右京皇別下）、また⑵大戸首《おおへのおびと》氏に対して「河内国日下《くさかの》大戸村に御宅《みやけ》を造立《た》て、首《おびと》として仕へ奉《まつ》行りき。より て大戸首の姓を賜ふ」（河内国皇別）という記載がある。⑴の廬原公は廬原国、⑵の大戸首は大戸村を支配・統治する役割を通じて、王権に仕奉することを求められていた（須原祥二『古代地方制度形成過程の研究』）。いずれも廬原国と大戸村という「国」・村の単位であることが注目される。

こうした行政的単位と氏族による支配・統治のシステムは、『播磨国風土記《はりまのくにふどき》』にもみることができる。飾磨《しかま》郡条における伊和里《いわのさと》と伊和君氏、巨智《こち》里と巨智氏、揖保《いいぼ》郡の少宅《おやけ》里と少宅氏、桑原《くわはら》里と桑原村主《すぐり》氏との関係などである。

各氏族が地名を負うということは、その地域に対する支配・統治という職務を任されることを意味する。だが、これらの地名の多くは、比較的狭い範囲である。同じ地名を名に負うといっても、国・郡と郷・里レベルとでは、当然ながらその支配・統治という中味が異なっていた。

3　列島の開発と蘇我稲目

蘇我稲目と那津官家

蘇我氏登場の背景が整理できたところで、いよいよここから、蘇我氏の個々の人物を取りあげていきたい。一番目は、蘇我稲目である。

稲目が『日本書紀』に登場するのは、宣化《せんか》天皇の時代。宣化即位後、大伴金村《かなむら》と物部麁鹿火《あらかひ》の大連再任とともに、稲目の大臣任命が記されている。『書紀』では初見記事である。じつはこのように稲目が歴史の舞台に現れるのは、いささか唐突かとも思われるのだが、その理由を述べる前に、まずは宣化紀における、稲目の足跡を追っておきたい。どのような人物であるのか、アウトラインを知っておきたいからである。

宣化紀には大臣就任のほか、宣化元年五月条の記事しかみられないが、蘇我氏の将来の活動を暗示する話が記されているので、まずここから検討しよう。その話とは、国内の非常用と海外の賓客用に、食糧備蓄のため新たに筑紫《つくし》の那津《なのつ》の口《ほとり》に官家《みやけ》を修造し、(1)河内国の茨田《まんだ》郡の屯倉《みやけ》、尾張《おわり》国の屯倉、新家《にいのみ》屯倉、伊賀国の屯倉の穀を運ばせる。そして、(2)筑紫・豊《とよのくに》・肥《ひのくに》の屯倉の穀も、那津の口に建物を建て集積する政策である。この方針の実施に際し、稲目に命じて、尾張連に尾張の屯倉から穀を運送させたという。

この記述は、同時代史料によって確かめられない。また、後の時代の中国の典籍からの引用や当時には存在しない「郡」字などの修飾があり、記事を疑問視して後世の知識による潤色とする説もある。史実に関係することなので、少し詳しく検討を加えたい。

那津とは、福岡県の博多湾に面する港で、古くは「魏志倭人伝」にみえた奴国の所在地。つまり奴(那)の地にある港(津)である。旧筑前国那珂《なか》郡中島郷(現、福岡市博多区)で、そこに官家を修造した(言葉の意味は修理であるが、この場合は新造の可能性もある)。

官家は「みやけ」(百済系の史料に弥移居《みやけ》)と読むが、一連の記述のなかで、同じ「みやけ」と読む「官家」と「屯倉」の文字が区別して使用されており、「みやけ」としての機能・役割が異なっていたといわれる。その違いからみて、官家と屯倉が同地域に建設されることはありえない。「みやけ」とは、字義としては「御宅《みやけ》（特定のヤケ）」のことであり、宅を中核とする施設で、第一義的にはヤマト王権の政治的拠点を意味する。クラ（倉、蔵）を設置し、農業を含む生産経営の施設が「屯倉」となる。

一方の「官家」は、何らかの官衙《かんが》（役所）的施設を併置していると思われる。那津官家の場合、宣化元年条からみれば、外交的施設と国内の政治的・経済的拠点の役割を果たすということになる。先の文章からみると、(1)畿内とその周辺、および(2)九州の屯倉からの穀の運送が、那津官家の修造に結びついている。

一部に、畿内周辺からこの那津まで、当時の技術で重い穀を運ぶのは難しいという説もある。しかし、古墳時代の五世紀末から六世紀に、阿蘇《あそ》ピンク石（暗赤紫色の石）が、奈良・大阪・滋賀に運ばれ、舟形石棺や家形石棺に加工されている。すでに四・五世紀には、有明海沿岸で製作された舟形石棺が、岡山・香川・兵庫・大阪・京都に運ばれていた（『日本考古学事典』）。たとえ稲穀が重たかったにせよ、水上交通で運搬するのは問題なかっただろう。

ちなみに、那津官家と後の大宰府《だいざいふ》との関係は、いかがであろうか。少なくとも官家が拡大して、大宰府になるということはありえない。屯倉・田荘の廃止をうたった大化改新や、白村江《はくそんこう》の敗戦など、官家をめぐる歴史的背景はその後も変化しており、その結果、外交上の必要性のため大宰府が設置された。とはいえ、六世紀前半において、那津官家がその時代なりに外交の役割を果たしたことはまちがいない。

屯倉支配の特徴

このように那津官家を捉えれば、稲目の役割は何だろうか。『書紀』の記事によれば、那津の口の官家に稲穀を運搬する指示・命令系統は、

主管者	運搬担当者	穀を支出する屯倉
宣化天皇	阿蘇君	河内国茨田郡の屯倉
蘇我大臣稲目	尾張連	尾張国の屯倉
物部大連麁鹿火	新家連	河内国志紀郡(黛弘道説)の新家屯倉
阿倍臣(大夫)	伊賀臣	伊賀国の屯倉

となっている。

注目すべきは、主管者が天皇とはかぎらないことである。天皇中心の政治体制であれば、宣化がすべて命令するだろう。しかし、右の表で明らかなように、主管者には天皇のほか大臣・大連・大夫がいる。このように彼らに運搬を担当させたことは、各氏族と屯倉との密接な関係を推測させる。つまり天皇のヘゲモニーというより、朝廷全体の利害を優先した指示だったことがわかる(黛弘道『律令国家成立史の研究』)。これが、宣化朝の時期における屯倉支配の特徴である。

運搬担当者は、茨田の屯倉を除いて、尾張連—尾張の屯倉、新家連—新家の屯倉、伊賀臣—伊賀の屯倉というように、在地の屯倉を管理する在地首長であった可能性が高い。こうした在地首長たちが、特定の氏族に結びついていたのである。なお、茨田の屯倉と阿蘇君との関係は不明であるが、宣化の父継体天皇は茨田連小望《おもち》の娘関媛《せき》と結婚して三人の娘をもうけた。宣化と茨田の屯倉の関係は想定でき、宣化が阿蘇君氏に命じたものだろう。稲目と尾張連氏との関係については、尾張連草香《くさか》の娘目子媛《めのこ》は、即位以前の継体天皇と結婚し、安閑《あんかん》・宣化天皇を生んでおり、その尾張氏は、『古事記伝』(巻二二)をはじめとする史料によれば、葛城邑(もと高尾張邑)を本拠地としたという。この説が正しければ、葛城の地を介して蘇我氏と尾張氏との関係を読み解くことになるが、ただ不確かな面もあり確定はできない。ともかく、那津官家に稲穀を運ぶのは、天皇だけではなく大臣・大連・大夫を介して実施された。

ここで、これらの主管者の特徴を考えるために、少し時代が進んだ欽明・敏達紀における白《しら》猪《い》屯倉の経営に関する記述と比較してみたい。次の三記事である。

(1)蘇我大臣稲目・穂積磐弓《ほづみのいわゆみ》臣らを遣《つかわ》して、吉備《きび》の五郡に、白猪屯倉を置かしむ。
(2)蘇我大臣稲目らを備前の児嶋《こじま》郡に遣して、屯倉を置かしむ。
(3)蘇我馬子大臣を吉備国に遣して、白猪屯倉と田部《たべ》(農業従事者)とを増益《ま》さしむ。

これらの記述には、「郡」字があるなど、明らかに後代の潤色がある。しかしながら注目すべきは「遣して」とあること、つまり屯倉の設置などに、天皇が直接指示して稲目・馬子らを派遣していることで、そこは宣化紀の記事とは明白に違っている。つまり、屯倉の運営についても、天皇の主導権が増しつつある様子がうかがえる。

このような視点から『書紀』宣化紀を見直すと、外交に関しては、「天皇、新羅の任那に寇《あたな》ふ(侵害する)を以て、大伴金村大連に詔《みことのり》して、その子磐《いわ》と狭手彦《さでひこ》を遣して、任那を助けしむ」とあることがわかる。この記事では国内における屯倉への穀の運搬とは異なって、明らかに天皇が外交権を行使していることがわかる。

継体から欽明へ

宣化紀の記事は四年で終わりをつげ、次に欽明天皇が即位する。この時代の歴史的背景を知るため、まずは「記・紀」によって継体から欽明朝までの歴史を概観しておきたい。

仁徳系の武烈天皇には子がいなかったので、武烈没後、「応神五世孫」を称する継体天皇が即位した(図2－6)。継体元年(五〇七)に河内の樟葉宮《くずは》(現、大阪府枚方市《ひらかた》楠葉)において、である。継体の父は近江出身、母は三国《みくに》の坂中井《さかない》出身(現、福井県坂井市)である。

即位後、継体は継体五年に山背の筒城《つつき》(現、京都府綴喜《つづき》郡)、一二年に弟国《おとくに》(旧、山城国乙訓《おとくに》郡。現、向日《むこう》市・長岡京市付近)に遷都した。そして、継体二〇年になり、ようやく大和の磐余《いわれ》(旧、大和国磯城《しき》郡。現、桜井市付近)に玉穂《たまほ》宮を設けた。異伝(一本)によれば、継体七年に大和に入ったというが、こちらが事実に近いかと思われる。大和入りが遅れた理由は、継体の大和入国に敵対する勢力がいたためであろう。

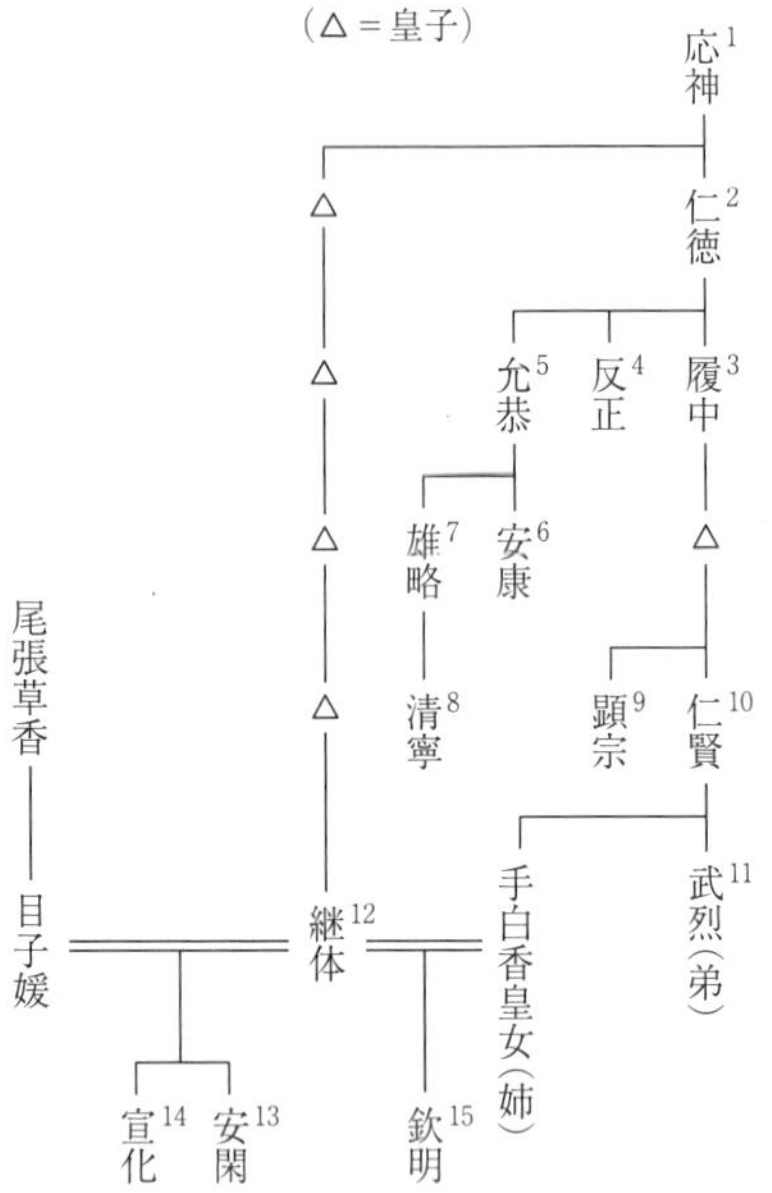

図2-6 継体天皇の系譜(数字は即位順)

この継体の実在について疑問がでるのは、継体の没年に異伝が多いからである(**表2―2**)。『書紀』本文は、「百済本記」にみえる「日本の天皇および太子・皇子、倶《とも》に崩薨《かむさ》りましぬといへり」という伝聞記事で、「辛亥年《しんがい》」(継体二五年〈五三一〉)を没年とする。この場合、継体は「譲位《じょうい》」ののち没したにもかかわらず、安閑元年(五三四)まで二年余の空位期間が生まれてしまう。また、天皇と太子が没したということが事実であれば、何らかの政変も想定される。政変を指摘する説では、これを「辛亥の変」という。ただし、政変が起こった可能性は低い。なお、『書紀』異伝(或本)では、継体二八年が没年である。ところが、『古事記』の没年干支は、「丁未年《ていび》」で、継体二一年にあたり、ここにも食い違いがある。

また、『上宮聖徳法王帝説』『元興寺伽藍縁起』では、欽明元年は辛亥年(『書紀』のいう継体没

表 2-2　継体没年と欽明朝（記＝『古事記』，紀＝『日本書紀』，帝説＝『上宮聖徳法王帝説』，縁起＝『元興寺伽藍縁起』）

西暦	干支	書紀紀年	帝説・縁起	喜田貞吉説		記　事
525	乙巳	継体19		継体19		
6	丙午	20		20		紀－磐余に遷都
7	丁未	21		21		記－継体没，紀－筑紫君磐井の反乱
8	戊申	22		22		紀－磐井斬殺
9	己酉	23		23		
530	庚戌	24		24		
1	辛亥	25	（即位）	25没	（即位）	百済本記－天皇・太子・皇子没
2	壬子		欽明元		欽明元	
3	癸丑		2		2	
4	甲寅	安閑元	3	安閑元	3	紀或本－継体没，武蔵国造の争い
535	乙卯	2	4	2没	4	記－安閑没，紀－屯倉の設置
6	丙辰	宣化元	5	宣化元	5	
7	丁巳	2	6	2	6	
8	戊午	3	7	3	7	帝説・縁起－仏教公伝
9	己未	4	8	4没	8	
540	庚申	欽明元	9		9	紀－大伴金村失脚
1	辛酉	2	10		10	紀－「任那復興」協議
2	壬戌	3	11		11	
3	癸亥	4	12		12	

年）の翌年にあたる壬子《じんし》年（五三二）になる。これらによれば、安閑・宣化天皇の統治期間が無くなってしまう。そのため欽明天皇と安閑・宣化天皇による「二朝並列説」も出ている（喜田貞吉説）。この喜田説を発展させた林屋辰三郎さんは、筑紫君磐井《いわい》の反乱・武蔵国造の争いや全国的な屯倉設置、「辛亥の変」を取りあげて「内乱説」を提起している。

しかし、真の継体陵である今城塚《いましろづか》古墳と新池窯跡《しんいけかまあと》の発掘調査の成果によれば、継体没後に、殯《もがり》と関係する古墳祭祀が行なわれており、内乱状態を想定できる状況ではない。このように、欽明即位には異伝があって断定が難しいが、少なくとも即位した欽明は、前世代からの大臣であった蘇我稲目を再任したものと思われる。

欽明天皇と蘇我氏

この欽明に対し、稲目は早くから接触していたようである。即位前から、娘の堅塩媛《きたし》と小姉《おあね》君とを欽明の妃とし、多くの子どもを生ませていた。つまり欽明即位までに、蘇我氏は天皇の外戚の地位にあって、政治的影響力を行使した。どうして、このような稲目と欽明との絆ができたのだろうか。

この謎を解くカギは、継体の子どもの世代の即位にある。すでに述べたように、継体は即位以前に、尾張連草香の娘目子《めのこ》媛と結婚し、勾《まがり》大兄(後の安閑天皇)と檜隈高田《ひのくまのたかた》皇子(後の宣化天皇)が生まれていた。継体の即位には、『書紀』によれば、大伴氏の主導的働きがあったという。しかし継体は応神五世孫ではありながら、前代の天皇と直接の血縁にはなかった。そのため、即位後、前王朝との関係において正統性を求め、仁賢《にんけん》天皇の娘手白香《たしらか》皇女と結婚した。女系で王統譜につながったのである。そして、男子(幼名は伝わっていない)が誕生した。後の欽明天皇である（**図2－7**）。

このように安閑・宣化は尾張氏腹の天皇であり、引き続き大伴金村が大連として政治を主導した。こうした状況で、安閑・宣化と欽明との間に、「確執・対立が生じて」いた。そのため、欽明と蘇我稲目との政治的提携が急速に進み、姻戚関係が進んでいったという（熊谷公男「蘇我氏の登場」）。欽明は、稲目の娘堅塩媛との間に七男六女、小姉君との間に四男一女をもうけている。こうして蘇我氏は、欽明との強い絆を結んでいった。

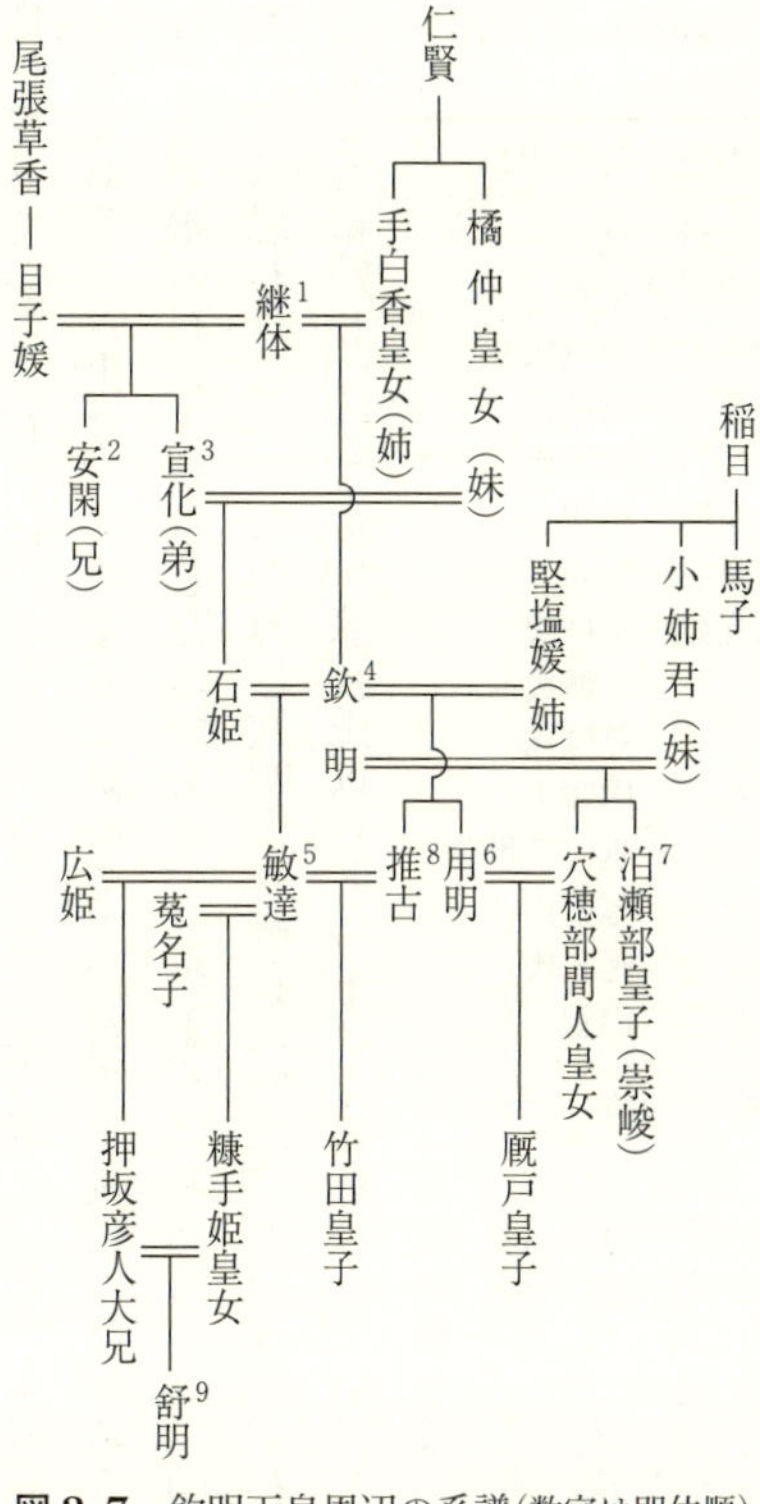

図2-7　欽明天皇周辺の系譜（数字は即位順）

この安閑・宣化と欽明との対立を強調しすぎると、前述した「二朝並列説」となる。ただし、欽明は宣化の娘石《いし》姫とも結婚して、間に生まれた敏達天皇を即位させている。石姫は、宣化と仁賢天皇の娘 橘仲《たちばなのなか》皇女との間に生まれた、継体にとっては姪である。宣化は、父の継体に続いて、仁賢の王統につながろうとした可能性が高い。欽明は、その娘の石姫と結婚したのである。このように考えると、二朝並列となるほどの対立があつたとは思われない。ちなみに欽明は、蘇我氏の娘二人のほか、石姫の妹二人、春日日抓臣《かすがのひつめのおみ》氏の娘とも結婚しているが、蘇我氏以外との子どもの数は少ない。しかも、大連の大伴氏と物部氏の娘とは、婚姻関係を結んでおらず絆は弱い。こうした経緯をみると、欽明の意図は、安閑・宣化時の主導者である大伴氏にかえ、新興の蘇我氏に依拠することにあっただろう。

蘇我氏とその後の天皇との関係でいえば、**図2－7**にみられるように、堅塩媛の子からは用明と推古、小姉君の子からは崇峻《すしゅん》天皇を即位させている。蘇我腹の天皇が三人も誕生したのである。

表2-3　応神以降の天皇の母と，その地位・出自

天皇	母	母の地位	母の出自
応神	気長足姫	仲哀皇后	皇親
仁徳	仲姫	応神皇后	皇親
履中	磐之媛	仁徳皇后	葛城氏
反正	磐之媛	仁徳皇后	葛城氏
允恭	磐之媛	仁徳皇后	葛城氏
安康	忍坂大中姫	允恭皇后	皇親
雄略	忍坂大中姫	允恭皇后	皇親
清寧	韓媛	雄略元妃	葛城氏
顕宗	荑媛		葛城氏
仁賢	荑媛		葛城氏
武烈	春日大娘	仁賢皇后	内親王
継体	振媛		垂仁７世孫
安閑	目子媛	継体元妃	尾張氏
宣化	目子媛	継体元妃	尾張氏
欽明	手白香皇女	継体皇后	内親王

（注）皇親・内親王は律令法の用語

このように氏族が天皇の外戚としての位置を占めることは、蘇我氏から始まったわけではない。ほぼ実在が確かめられる応神天皇以降、蘇我氏の時代より前にもすでに、天皇と王族である異母姉妹との結婚も存在していた。しかし、こうした近親婚で生まれた子どものうち、この時期、天皇になった者はいない。意外と有力氏族出身者の娘の生んだ皇子が、天皇の位についた例が多かった。

次に、あらためて応神以降、後継者の天皇を出産した后妃を調べてみると、**表2－3**のようになる。一五名のうち、六名が葛城氏、二名が尾張氏である。つまり内親王・皇親以外が半数を超える。稲目は、葛城氏や尾張氏の例にならい、娘を天皇と結婚させたことになる。しかし、単に踏襲したというより、稲目はおそらく意識的に政治的戦略をもち、王権への「介入」を強めていったとみなければなるまい。「介入」というより、「みうち入り」とでも呼ぶべきであろうか。

欽明朝における稲目

即位にあたって、欽明天皇は、当初、「余《おのれ》、幼年《としわか》く識浅《さとりすくな》くして、未だ政事《まつりごと》に閑《なら》はず」という理由で、代わりに安閑皇后の春日山田《かすがのやまだ》皇女の名をあげ、いったん皇位を断ったという（欽明即位前紀)。しかし、最終的には群臣の推挙を受けて即位した。ここで問題となるのは、「幼年」という言葉である。その時、欽明は三一歳であったから、現在の感覚では幼年ではない。

だが古代では、即位時における適性年齢が現在とは異なる。古代の天皇即位時の年齢を調べると、欽明以前では継体五八歳、安閑六六歳、宣化六九歳である。欽明以降では、敏達三五歳、用明四六歳、崇峻四五歳、推古三九歳。若くて三十歳代後半であり、三一歳では早い。したがって、『書紀』に記された「幼年」の語感は誤解されがちであるが、当時の適齢期としては物足りなかったことは否めない。『書紀』のとおりに解していいだろう。

なお、先述した「継体・欽明朝の内乱」説によれば、継体が五三一年に没して、その年に即位した欽明は二二歳ということになる。さらに年齢が若くなり、当時の慣行からみてその即位は不可能と思われる。

欽明は、磯城嶋《しきしま》(大和国磯城《しき》郡。現、桜井市金屋《かなや》付近)に王宮を構えた。『書紀』では磯城嶋金刺《かなさし》宮という。欽明の和風諡号は「アメクニオシハラキヒロニハ」、天と地(国)を威力をもって晴らす(開く)という美称をもつ「広庭」という名前である。当時の貴族たちには、欽明朝は支配・統治の範囲が拡がった時代として認識されていたのだろう。

それでは、欽明朝において、稲目は外戚としてどのように活躍したのであろうか。その後代への影響力を示すものの一つは、稲目の居宅である。百済の聖明王から仏教が公式に伝わった折、稲目は受け入れることを主張した。その時の記述に、仏像を小墾田《おはりだ》（小治田）家に置いたこと、また向原《むくはら》家を寺としたことが書かれている（欽明一三年一〇月条。後の豊浦寺の前身）。ちなみにこの寺は、日本最古の寺院となる。

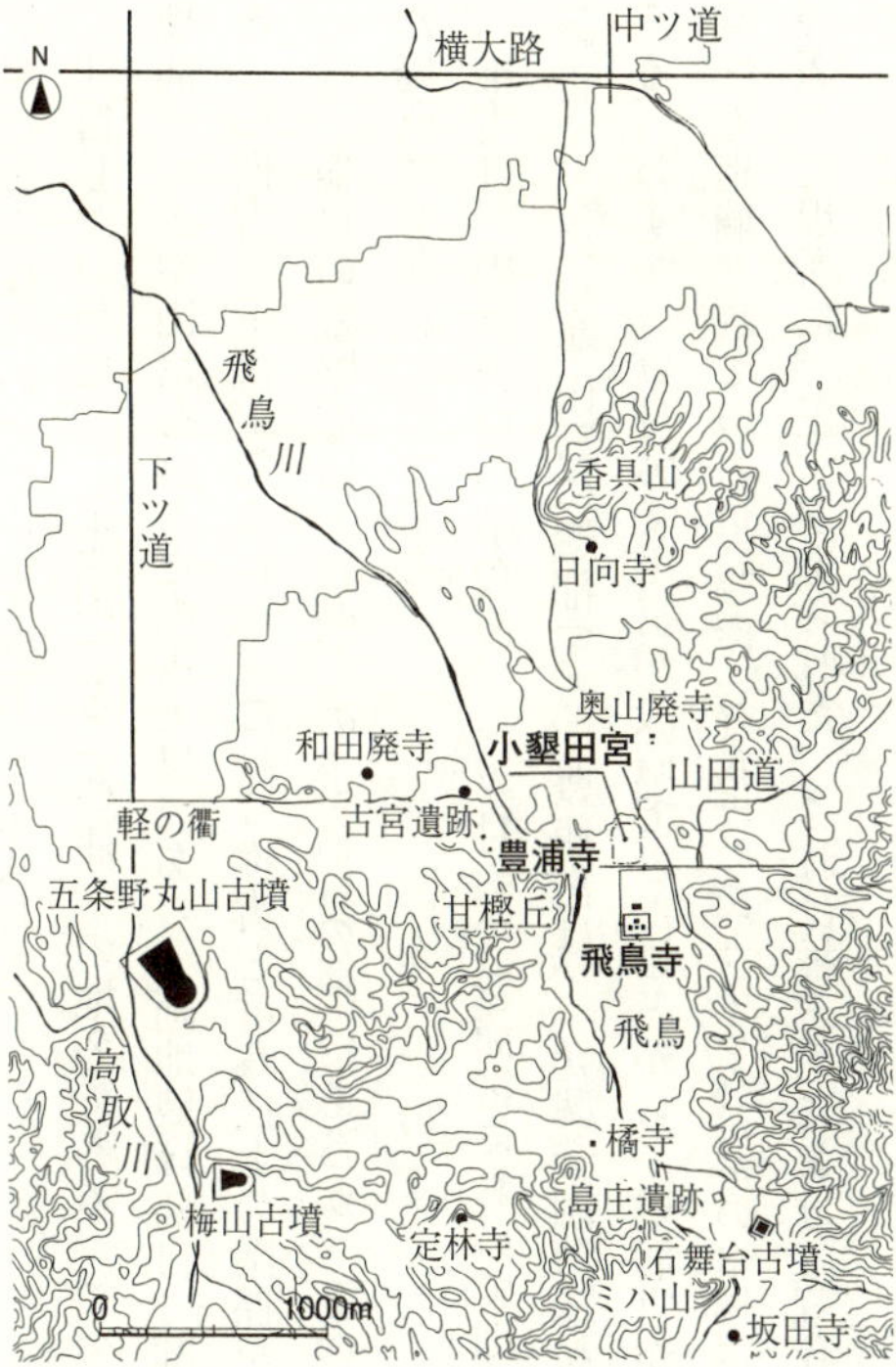

図 2-8　小墾田と豊浦

この記事が事実だとすれば、稲目は地図にあるように（**図2—8**）、比較的近接している小墾田（飛鳥寺の北方か）と向原（今の向原寺付近の地。向原寺の下層に豊浦寺の遺構がある。豊浦寺は、豊浦宮を改造）に邸宅を構えていたことになる。このほか、軽曲殿《かるのまがりどの》（現、橿原市大軽町付近）に妻を住まわせている（欽明二三年八月条）。

注目したいのは、「小墾田」と「豊浦」の地名である。この地名で思い浮かぶのは、ずばり豊浦宮と小墾田宮を営んだ推古天皇である。両地域は稲目の邸宅が所在した場所であったが、そこに推古の王宮が営まれた。これは推古と蘇我氏との関係を示唆する重要な事実である。推古は、稲目の娘堅塩媛と欽明との子（稲目の孫）であるが、その王宮もまた、稲目が邸宅を構えた場所におかれたのである。

推古は、崇峻天皇の暗殺後、一カ月強で豊浦宮において即位している。そして、六〇三年（推古一一）に小墾田宮に遷都する。豊浦宮は、『元興寺伽藍縁起』に「佐久羅韋等由羅宮《さくらいとゆら》」とみえる。わずか一カ月強で王宮が設置できたことから、豊浦宮が祖父の邸宅の一部を継承した可能性も指摘されている（大脇潔「蘇我氏の氏寺からみたその本拠」）。いずれにせよ、稲目が邸宅を設置した場所に、王宮が造られた。これは推古朝における蘇我氏の政治的影響力を直接的に示すものである。

稲目の経済的・政治的手法

先に見たように、宣化紀では、稲目が主管者として、尾張連に尾張国屯倉から那津官家へ穀を運ばせた。欽明紀になると、稲目自らが吉備に出向いて白猪屯倉と児嶋屯倉を設置し、名簿方式を利用して田部《たべ》を田戸《たへ》という形態に編成して管理し、屯倉経営を行なった。

この宣化紀と欽明紀の記述の差異は、既述したように、ヤマト王権の命令系統が質的に変化したということを示す。宣化紀における命令系統では、宣化は朝廷を構成する一員にすぎなかった。しかし、欽明朝では天皇が群臣に命令を下し、政務を執行する唯一の存在として稲目・馬子に指示を与えている。この『書紀』の記述の違いは、そのまま認めていいだろう。

欽明が蘇我氏に与えた役割は、稲目・馬子を白猪屯倉などの現地に派遣し、農業経営の拠点とすることである。と同時に、児嶋屯倉（児嶋には、津と客館の施設があった）には港湾施設も整備させた。蘇我氏は、中小の渡来系氏族を従え、屯倉を動かしてヤマト王権の財政基盤を拡大・強化した。その具体的方法は、以下のとおりである。

白猪屯倉は農業経営の拠点であるが、屯倉に付置された田地の農耕に従事する耕作民を、まず田部という部民に編成した。そして、名籍《なのみふた》（文板のこと、ふだ。木簡に書かれた名簿か）に田部の名前を記入し、その名簿を使って各人に公租公課（租税）を負担させるような仕組みである。

稲目が派遣された時点で、田部の編成からはすでに十数年が経過しており、当時の名簿に漏れている者も多く、公租公課を課す名簿としては不十分になった。そこで稲目は、新たに田戸として戸別に編成し、各家族集団を掌握できるようにし、これを新しい屯倉経営の管理方式にした。この経営管理に直接あたったのが、渡来系移住民の白猪膽津《いつ》である（欽明三〇年条）。

このように蘇我氏は、屯倉の耕作者を名簿で管理する近代的仕組みを導入した。また、敏達三年（五七四）条には、馬子大臣を白猪屯倉に派遣して、屯倉を拡充し田部を増加させたとの記事もみえる。このように大臣自らが現地の屯倉に赴くのが蘇我氏の行動の特徴である。

4　仏教の導入と馬子

仏教の伝来

稲目から馬子の代の蘇我氏に関して、もう一つ重要なトピックとなるのが、仏教の受容である。

仏教は百済から伝えられた。百済は、漢江下流域の漢山城（ソウル付近）において興ったが（**図2−9**）、北方の高句麗の南進策によって、朝鮮半島を南下せざるをえなかった。錦江上流の熊津《ゆうしん》城（四七五年。忠清南道公州）、同中流域の泗沘《しひ》城（五三八年。同扶余《ふよ》）と遷都している。百済国王の武寧《ぶねい》王が五二一年、聖明王が五二四年に、中国南朝の梁《りょう》の皇帝から「百済王」として冊封された。

五四一年（大同《だいどう》七）には、梁に使者を派遣し、その見返りとして「涅槃《ねはん》等経義・毛詩《もうし》博士、並《ならびに》工匠・画師等」を要請している（『梁書』諸夷伝）。このように百済は梁と文化的交流をもち、

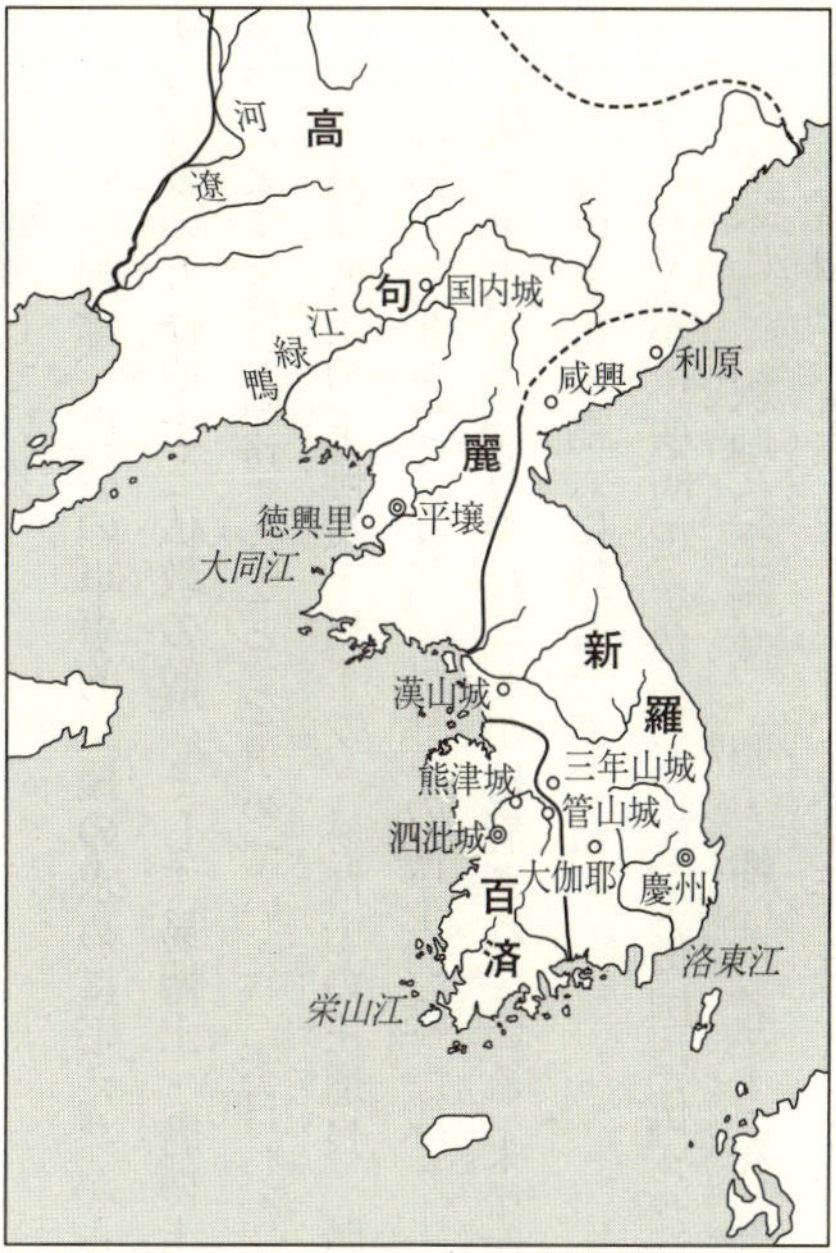

図 2-9　朝鮮半島地図（5 世紀前後）

仏教や儒教の移入に積極的であった。五二三年に没した武寧王の陵は、南朝の仏教文化の影響が強い。

さらに百済は、高句麗と対抗するため、倭国に軍事的な支援を求めていた。『書紀』には「救《すくい》の軍《いくさ》を乞《こ》ふ」（欽明八年条）、「救の兵を求請《う》けて」（同一三年条）、「軍兵を乞《もう》す」「請《もう》す所の軍」（同一四年条）、「救の兵を乞す」（同一五年条）とあるように、倭国からの兵士の派遣

を何度も要請している。

一方の倭国は、百済の軍事的支援の求めに応えながら、列島の文明化を遂行するため、百済から儒教の五経博士《ごきょうのはかせ》と仏教の僧、そして易《やく》博士・暦《こよみ》博士・医《くすし》博士・採薬師《くすりかりはかせ》・楽人たちの上番《じょうばん》（倭国に来て交替で勤務すること）を求めていた。来日したのは、五経博士の段楊爾《だんように》（継体七年条）、同じく五経博士の王柳貴《おうりゅうき》・馬丁安《めちょうあん》、易博士の王道良《おうどうりょう》、暦博士の王保孫《おうほうそん》、採薬師の潘量豊《はんりょうぶ》・丁有《ちょうう》陀《だ》ら（欽明一五年条）である。これらの博士の姓「段・王・馬・潘・丁」から、じつは彼らは中国南朝・梁の人々であったことが指摘されている（末松保和『任那興亡史』）。このように倭国は、百済からの文化の輸入に熱心であった。

こうしたなか、聖明王が仏教を正式に倭国に伝えた（仏教公伝）。『書紀』には、欽明一三年（五五二）条に、「釈迦《しゃか》仏《ぶつ》金銅像一軀《はしら》・幡蓋《はたきぬがさ》若干・経論《きょうろん》若干巻を献る」と記されている。ただし、『上宮聖徳法王帝説』では、戊午《ぼご》年（五三八）の記述として、「仏像・経教・僧等を度《わた》し奉《まつ》る」と書かれている。つまり仏教の伝来については、五三八年説と五五二年説がある。だが両説とも同じ欽明朝に伝わったとしており、欽明朝伝来説は事実であろう。

仏教受容をめぐる蘇我氏の動き

『日本書紀』によれば、この仏教公伝に際し、欽明天皇は「西蕃《にしのとなりのくに》の献《たてまつ》れる仏の相貌《かお》端厳《きらぎら》し。全《もは》ら未だ曽《かつ》て有《あ》らず。礼《うやま》ふべきや不《いな》や」と、その対応を群臣に諮問した。大臣の蘇我稲目が賛同したが、大連の物部尾輿《おこし》と中臣鎌子《かまこ》らの群臣は反対であった。その結果、欽明は、仏教受容の意思を表明した稲目に仏像を与えることにしたという。既述したように、稲目は向原の家（現、明日香村豊浦）を寺にした（八七頁）。

このように『書紀』には、仏教導入をめぐって欽明朝以来、代々の天皇が群臣に諮問する記述がある。稲目の時は仏教の受け入れ後、疫病が流行したという理由で、中臣氏らによって仏像は難波堀江《なにわのほりえ》に棄てられ、寺は焼亡した。

次の敏達天皇は、「仏法を信《う》けたまはずして、文史《しるしふみ》（文章と歴史）を愛《この》みたまふ」（敏達即位前紀）とあるように、仏教導入には否定的であった。その一方、百済に派遣した大別《おおわけ》王や難波吉士《なにわのきし》木蓮子《いたび》らを通じて、百済国王から「経論若干巻、あわせて律師《りっし》・禅師《ぜんじ》・比丘尼《びくに》・呪禁師《じゅごんのはかせ》・造仏工・造寺工、六人」（敏達六年条）、「弥勒《みろく》石像一軀《はしら》」「仏像一軀」（同一三年条）が、敏達に贈られている。

稲目の子である馬子が、この仏像を引き取り、仏殿を造って信心したという。また、善信尼《ぜんしん》らを出家させ、その尼を崇敬し石川宅に仏殿を造ったという。『書紀』には、「仏法の初《はじめ》、これより作《おこ》れり」と書かれている（敏達一三年是歳条）。その後、国内では疫病（天然痘か）が流行したというが、自らの病気の回復を願った馬子が、敏達から特に許されて、精舎で仏法を崇めたと記されている。

ついで即位した用明天皇は、病気にかかり、「朕《われ》、三宝《さんぽう》に帰《よ》らむと思ふ。卿《いまし》たち議《はか》れ」（用明二年四月条）と群臣に審議を求めた。ここに崇仏派の馬子と廃仏派の大連物部守屋《もりや》・中臣勝海《かつみ》との対立が、公然化するようになった。その結果、後述するように、双方の争いとなり、物部本宗家は滅ぼされた。用明は、「仏法を信《う》けたまひ神道《かみのみち》を尊びたまふ」と書かれている（用明即位前紀）。

以上のように、天皇は代替わりごとに、仏教の受容の是非を群臣に諮問している。なぜだろうか。じつは新天皇の即位ごとに、群臣を任命するかたわら（再任を含む）、仏教の受容や新羅遠征などの重要政策について、群臣に審議を求めるのが当時の慣行であったからである。当時のヤマト王権の政事のあり方である（川尻秋生「仏教の伝来と受容」）。

それでは、なぜ蘇我氏は仏教を受け入れたのだろうか。その理由を『書紀』にみると、稲目が述べたという「西蕃《にしのとなりのくに》の諸国、一《もはら》に皆礼《うやま》ふ。豊秋日本《とよあきづやまと》、豈独《あにひと》り背《そむ》かむや」（欽明一三年一〇月条）という主張が、本質を突いていると思われる。中国文明圏の周縁にある列島の文明化において、半島諸国の文化に追いつくには仏教の導入は必要という認識であった。蘇我氏の周辺にいる渡来系移住民の意識とも、共通したものであっただろう。抽象的にいえば、新興氏族として東アジア諸国から学んだ蘇我氏の見識である。

一方の物部・中臣氏は「我が国家《みかど》の、天下に王《きみ》とましますは、恒《つね》に天地《あまつやしろ》社稷《くにつやしろ》の百八十《ももあまりやそ》神《かみ》を以て、春夏秋冬、祭拝《まつ》りたまふことを事《わざ》とす。方《まさ》に今、改めて蕃神《あたしくにのかみ》を拝《おが》みたまはば、恐るらくは国神《くにつかみ》の怒《いかり》を致したまはむ」（同前）と述べている。守旧的立場そのものであり、蘇我氏のような開明的立場ではない。政治状況は、旧来の共同体的秩序を守る諸勢力と、新興の有力氏族・首長とのせめぎあいとして理解できる。在来の社会秩序への新しいうねりが、仏教の受容をめぐる氏族の争いとして現れたことになる。

敏達朝の馬子

仏教伝来をめぐっては、すでに敏達・用明朝にまで及んでしまったが、話をもどして、欽明から敏達への皇位継承の事情を確認しておこう。

継体朝に大伴金村が「任那四県」をめぐって失脚して以来、中央の政局では、旧来の守旧派物部氏と、欽明天皇に接近した蘇我氏との争いが顕著になってきた。五七一年（欽明三二）、欽

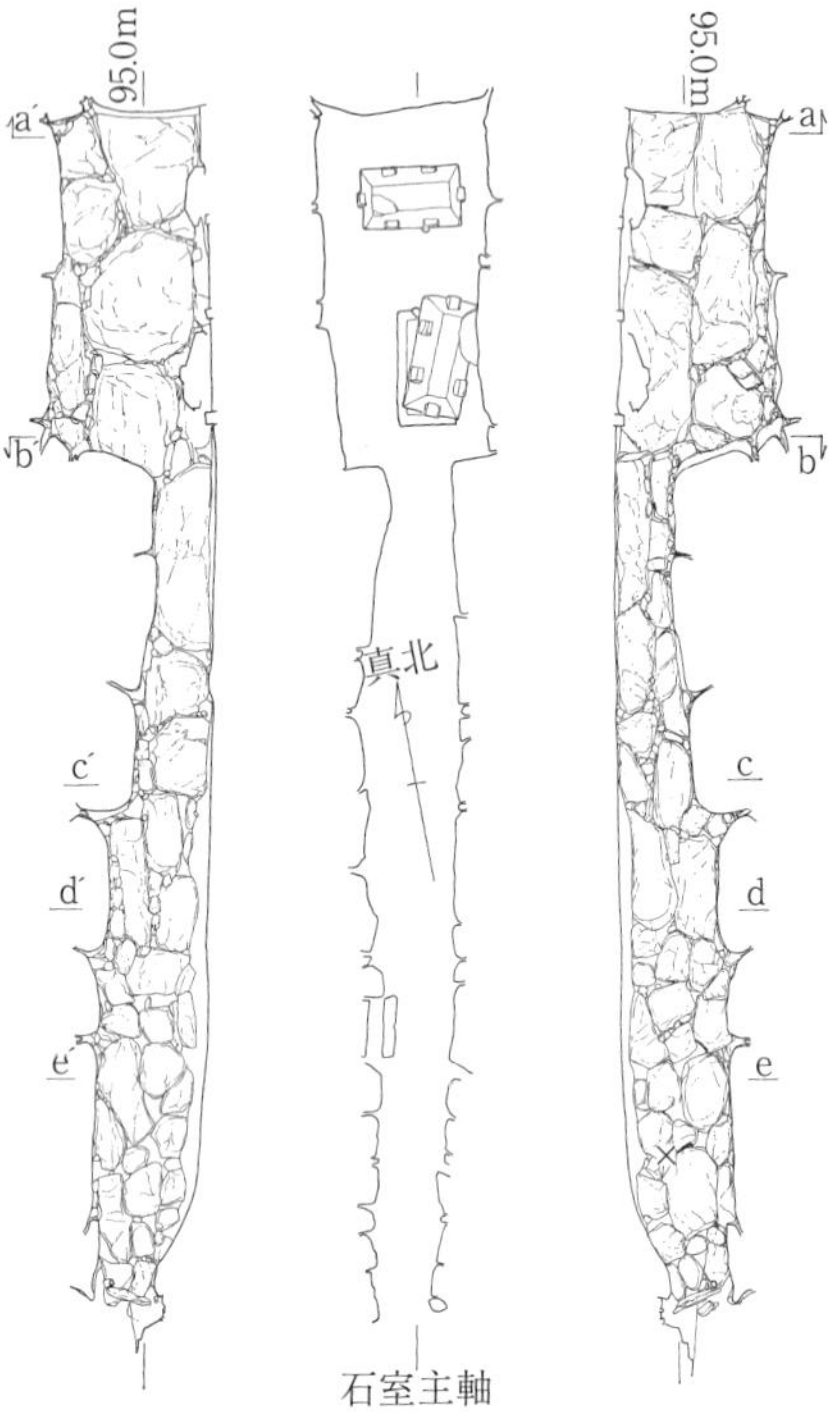

図2–10　五条野丸山古墳図面（『書陵部紀要』による）

明は敏達に対し、「任那復興」の遺詔を残して死亡した。遺体は檜《ひの》隈坂合《くまのさかい》陵に葬られた。この欽明陵には、堅塩媛が改葬されている（推古二〇年二月条）。陵墓は五条野《ごじょうの》（見瀬《みせ》）丸《まる》山《やま》古墳であろう。

この陵墓について、一九九一年、偶然に一般市民が開口部から入った横穴式石室を撮影した写真が公開された。全長は二八・四メートルを数え、日本最大級の石室となる。石室内には二つの石棺《せっかん》があり、『書紀』の記述どおりである。手前の石棺（棺蓋全長二・八九メートル、幅一・四一メートル）が欽明、奥の石棺（棺蓋全長二・六四メートル、幅一・四四メートル）が堅塩媛の可能性が高い。手前の欽明の石棺の方が大きい（**図2–**

10)。古墳は、墳丘長三一八メートルの長大な前方後円墳であり、奈良盆地では最大である。陵墓の墳型と規模からみて、欽明朝の時期が何らかの時代の転換点を示唆しているようだ。ただし、古墳の築造を六世紀末葉とする説もあり、欽明陵と確定しているわけではない。

新たに即位したのは敏達天皇で、先述のように、「仏法を信けたまはずして、文史を愛みたまふ」と記されている人物である。『書紀』には敏達の「仏法を断《や》めよ」(敏達一四年三月条)の詔がみえる。即位後に物部守屋を大連に再任し、大臣には新たに蘇我馬子を任用した。大連の地位は、大伴氏の失脚後は物部氏が単独で担っていた。

なお、『書紀』敏達元年条に、興味深い記事がある。敏達は即位後、皇子と大臣に命じて、外交施設の相楽館《さがらか》(山背国相楽郡《そうらく》)に滞在中の高句麗使を呼び、その国書と調物《みつきもの》を受け取ったという。この皇子は敏達の子押坂彦人大兄と思われ、大臣はいうまでもなく馬子である。

高句麗の国書は馬子に預けられ、文筆を業務とする史《ふびと》(文人《ふびと》)らに読ませたところ、大和・河内の史は読み解くことができず、百済系移住民である船史《ふねのふびと》の祖王辰爾《おうじんに》が読解できたという(敏達元年五月条)。『書紀』には、この国書は烏の羽に書かれていたと伝えており(烏羽の表)、外交文書の漏洩を防ぐ技術かと解される。それはともかく、外交関係を蘇我氏が担当していることに注目したい。

「嶋大臣」の馬子

蘇我馬子は「嶋大臣」と呼ばれ、その由来は没伝に「大臣薨《みう》せぬ。よりて桃原《ももはら》墓に葬《はぶ》る。大臣は稲目宿禰の子なり。性《ひととなり》、武略有りて、また弁才有り。以て三宝を恭《つつし》み敬《いやま》ひて、飛鳥河《あすかがわ》の傍《ほとり》に家《いえい》せり。すなはち庭の中に小《いささか》なる池を開《は》れり。よりて小なる嶋を池の中に興《つ》く。故、時の人、嶋大臣と曰ふ」と記されている(推古三四年五月条)。『書紀』編者の人物評であるが、好意的に書かれているのが特徴である。

没伝によれば、馬子の性格は「武略」(軍事的な戦略)にすぐれ、「弁才」(弁舌の才能)に長じていた。そして、仏教を深く敬っていたと記されている。「飛鳥河傍」は、現飛鳥川の畔であろう。家の庭に小嶋の浮かぶ池があり、嶋大臣と呼ばれていたことがヒントになって、飛鳥川に近接する明日香村島庄《しまのしょう》が馬子の家と想定されている。『万葉集』にも、「嶋の宮勾《まがり》の池の放《はな》ち鳥人目に恋ひて池に潜《かず》かず」(一七〇)、「嶋の宮上《かみ》の池なる放ち鳥荒《あら》びな行《ゆ》きそ君いまさずとも」(一七二)などと歌われている。嶋宮(嶋の宮)は、馬子の邸宅が継承された宮であるが、「勾の池」「上の池」とあるように、複数の池が存在していたようだ。

島庄には島庄遺跡があり、発掘調査が行なわれている。遺構は三時期に分けられており、第一期は七世紀の第1四半期である。この第一期が馬子の邸宅の時期で、飛鳥河傍の家の一部にあたる。この時期から、一辺四二メートルの方形池が発掘されている。池の周囲には、幅一〇メートルの外堤が回っている。ただし、池の中には嶋は存在しない。方形池の築造時期と、馬子の時期とは符合する(亀田博『日韓古代宮都の研究』)。しかし、小嶋が見つかっていないので、『書紀』の記述とは必ずしも一致しない。苑地のことを「嶋」と呼ぶので、小嶋がなくとも「嶋大臣」と呼んでさしつかえないというが(亀田博説)、厳密にいえば、馬子の邸宅とはまだ確定していない。今後の発掘調査の進展を期待したい。

なお、馬子の邸宅は、馬子の没後、舒明の母糠手姫《ぬかて》(嶋皇祖母命《すめみおやのみこと》)や吉備姫王(吉備嶋皇祖母命)らが住み、やがて草壁《くさかべ》皇子の「嶋宮」として営まれた。このように継続して営まれたので、島庄遺跡は七世紀第2・3四半期(第二期)の舒明・皇極・斉明朝、第4四半期(第三期)の草壁皇子の嶋宮の時期に区分されている。『万葉集』の歌は、草壁皇子を詠んだ歌である。

馬子の居住地とみなされる場所としては、これ以外に石川宅(敏達一三年是歳条。石川精舎とすれば、現、橿原市石川町か)、槻曲家《つきくま》(用明二年四月条。場所は未詳)があるが、嶋大臣と通称されていることから考えれば、多くは飛鳥河傍の家に住んでいたと思われる。

三　発展と権勢の時代

1　推古女帝の即位

額田部皇女の立后

五七五年（敏達四）一一月、敏達の皇后広姫が没した。翌年三月、額田部皇女が新たに立后する。初めての蘇我系の皇后である。額田部皇女は後に推古天皇として即位後、「今朕《われ》は蘇何《そが》（蘇我）より出でたり。大臣はまた朕《わ》が舅《おじ》たり（今、私は蘇我より出ており、大臣はまた私のおじでもある）。故《かれ》、大臣の言《こと》をば、夜《よい》に言《もう》さば夜《よ》も明《あか》さず、日《あした》に言さば日《ひ》も晩《くら》さず、何《いずれ》の辞《こと》をか用ゐざらむ」（推古三二年一〇月条）と述べており、本人も蘇我系の出自であることは明確に意識していた。

額田部皇女は二男五女を生んでいるが、気になるのは男子ではなく、むしろ女子の方である。五女のうち菟道貝鮹《うじのかいだこ》皇女は厩戸皇子（聖徳太子）、小墾田《おはりだ》皇女は押坂彦人大兄、田眼《ため》皇女は息長《おきなが》足日広額《たらしひひろぬか》天皇（舒明天皇）と結婚している。厩戸皇子は用明天皇の長子、彦人大兄は敏達の長子、そして舒明は彦人大兄の長子であり、いずれも次に天皇に即位する可能性が高い男性であった。厩戸と彦人は皇子のまま逝去したので、最終的に天皇となったのは舒明一人とはいえ、用意周到な配偶者選びだった。

立后の翌年、五七七年（敏達六）に「私部《きさいべ》」が設置された。それまでは、個々のキサキ（后妃）のために、宮名を冠した名代《なしろ》（たとえば春日山田皇女のための春日部《かすかべ》）が設置されていた。こうした名代にかわり、キサキ全般を資養する部として設定されたのが、私部である。各地の私部を、在地首長たる私部首《おびと》などが管理するシステムとなる。こうした制度ができたことは、キサキの地位の安定化とともに、後宮組織の整備とも関連しているだろう。私部が設置されて、キサキの地位にふさわしい政治的・経済的力を身につけていったと思われる。推古に始まり、皇極（斉明）、持統と、七世紀の女性天皇は、いずれも先帝のキサキであったことの背景として考えられる。

敏達殯宮での争い

五八五年（敏達一四）八月、病気の敏達が死亡した。すぐに殯宮《もがりのみや》が設けられた。殯とは死亡したあと、特別の建物である喪屋《もや》において、埋葬するまでに行なわれる喪葬儀礼のことで、天皇の喪屋などを殯宮という。天皇の殯宮儀礼《ひんきゅう》は、一～二年続くことが多い。なお、九月には用明天皇が即位している。

この敏達の殯に関して、『書紀』敏達紀には、注目すべき出来事が二つ書かれている。一つは、殯宮における馬子と守屋の誄《しのびごと》に関連する仕草である。敏達一四年八月条から引用しよう。

馬子宿禰大臣、刀《たち》を佩《は》きて誄《しのびごと》たてまつる。物部弓削《ゆげ》守屋大連、𤠔然《あざわら》而咲ひて曰はく、「猟箭中へる雀鳥の如し」といふ。次に弓削守屋大連、手脚搖き震《わななふる》ひて誄たてまつるは馬子宿禰大臣、咲《わら》ひて曰はく、「鈴《すず》を懸《か》くべし」といふ。是に由りて、二の臣《ふたりおみ》、微《ようやく》に怨恨《うらみ》を生《な》す。

この時期の誄は、単なる故人への偲ぶ言葉ではなく、「己が先祖等《おやたち》の仕へまつれる状《かたち》を挙げて」（持統二年一一月条）行なうものであった。馬子は蘇我氏、守屋は物部氏が王権へ仕奉した次第を述べたことになる。天皇への仕奉のあり方を述べることは、忠誠度を示すだけではなく、王権への関わりを表すので、敏達没後の政治状況への意思表示ともとれる。いずれにしても、蘇我氏が、物部氏よりも先に誄していることは、蘇我氏の力が物部氏より上まってきたことを示唆している。

さて、引用部分からわかるように、蘇我氏と物部氏とでは、誄を述べる時の仕方が異なっていたようで、その氏族の特徴がでた。馬子は猟《しし》(獲物の獣)を獲る大きな矢で射られた雀のようだと笑われ、守屋は手足を震わせて誄したので、鈴をかけると鳴るような仕草であったという。たがいに滑稽な仕草であったので、嘲笑したということであろう。馬子は「雀鳥の如し」といわれているところをみると、小柄な人物であったのだろう。

これより以前、馬子は守屋の妹と結婚していたようで(皇極二年一〇月条)、二人の間には、融和していた時期もあった。『書紀』では、誄の結果として二人の間に「怨恨」が生まれたとするが、むしろ以前から心中にあった対立が、誄によって公然化したのではあるまいか。

もう一つは、殯宮の場における穴穂部《あなほべ》皇子の行動である。その事情は、同じ敏達一四年八月条に詳しいので、引用してみると、

三輪君逆《みわのきみさかう》は、隼人《はやと》をして殯《もがり》の庭に相距《ふせ》かしむ。穴穂部皇子、天下《あめのした》を取らむとす。発憤《むつか》りて

称《ことあげ》して曰はく、「何《なに》の故《ゆえ》にか死《す》ぎたまひし王の庭《みや》に事《つか》へまつりて、生《たいらか》にます王の所《みもと》に事へまつらざらむ」といふ。

と記されている。

穴穂部皇子は、欽明と小姉君(馬子の妹)との間に生まれ、後に弟の泊瀬部《はつせべ》皇子(崇峻《すしゅん》天皇)が即位しているように、有力な皇位候補者であった。ところが、群臣の推挙などのプロセスを無視して、即位しようとしたらしい。敏達一四年条には、「天下を取らむとす」とあるが、用明元年五月条では、敏達皇后(後の推古)を奸《おか》そうとして、殯宮に入ろうと試みたとある。敏達皇后と性的関係を持ち、皇后の推戴《すいたい》で即位が可能と考えたのであろうか。

ところが、殯宮を防衛していた三輪逆らに阻まれた。そのため、おそらく穴穂部皇子と通じていた守屋に、三輪逆を斬殺させている。三輪逆は敏達に寵愛されていたので、敏達皇后と馬子は、穴穂部皇子を恨んだという。守屋に対しても敵意を抱いたのは、いうまでもないだろう。

物部氏の滅亡

敏達没後に即位した用明天皇は、欽明と蘇我稲目の娘堅塩媛との間に生まれた長子の大兄皇子であり(図2－7参照)、ここに初めて蘇我系の天皇が誕生したことになる。馬子にとっては、父親稲目の目的が達せられた慶賀として感慨にふけったことであろう。

用明朝では、仏教の受容をめぐり、引き続き蘇我氏と物部氏・中臣氏との争いが続いた。この争いは単なる仏教受容をめぐる宗教対立ではなく、その底流には、開明派の蘇我氏と守旧派の物部氏との政治的対立が続いていた。

五八七年(用明二)、既述したように(九四頁)、用明が罹病して群臣に対し仏教への帰依を申し入れた。この諮問に対し、馬子は賛成したが、物部守屋と中臣勝海とは反対した。その後、蘇我氏の動きを察知した守屋が、河内の阿都《あと》の別邸(現、大阪府八尾市跡部《あとべ》)に退いて人々を集めた。勝海は守屋側について軍衆を集め、太子の彦人大兄と竹田《たけだ》皇子を呪詛するまでに至ったとされる。

彦人大兄は、敏達の最初の皇后である広姫の子、竹田皇子は二度目に立后した額田部皇女の子であった。二人は有力な王位継承者と思われたため、守屋によりその抹殺が謀られた。ところが事は思惑どおりに動かず、逆に中臣勝海は彦人大兄側を支援するように変心したという。しかし結果的に、勝海は大兄の舎人《とねり》に殺害された。こうした流れのなか、蘇我氏と物部氏が、武装して対峙するようになった。

さらに用明の没後、穴穂部皇子（欽明の子）と宅部《やかべ》皇子（宣化の子）が誅殺される事件が起こった。事の発端は、群臣の間で、次期の皇位候補者が定まらなかったことである。物部守屋は穴穂部の即位を企てた。それを受けて馬子は、敏達皇后であった額田部皇女を奉じ、穴穂部と宅部を誅殺した。その一カ月後には、馬子は泊瀬部皇子・竹田皇子・厩戸皇子らを先頭に立てて物部氏側と戦い、守屋を殺害した。物部氏本宗が倒されたことになる。

この戦いの最中、厩戸皇子は四天王《してんのう》像を作り、勝利したあかつきには仏塔を建てることを誓ったという。また、同じように馬子も、「凡《おおよ》そ諸天王《しょてんおう》・大神王等《だいじんおうたち》、我を助け衛《まも》りて、利益《か》つこと獲《え》しめたまはば、願はくは当《まさ》に諸天と大神王との奉為《みため》に、寺塔《てら》を起立《た》てて、三宝《さんぼう》を流通《つた》へむ」と誓盟したという（崇峻即位前紀）。『書紀』の記述は、厩戸については四天王寺、馬子については飛鳥寺《あすかでら》（法号は法興寺《ほうこうじ》）建立の起源譚であるが、その由来は認めていいだろう。

飛鳥寺の建立

この飛鳥寺の建設は、五八八年（崇峻元）から始まった、初めての国内における本格的な寺院の建立である。百済から、僧・仏舎利《ぶっしゃり》とともに、寺工（寺院建設の技術者）・鑪盤《ろばん》博士（塔の相輪《そうりん》製造者）・瓦博士（瓦製作者）・画工（仏画、仏具等の装飾者）らが派遣されてきた（崇峻元年是歳条）。飛

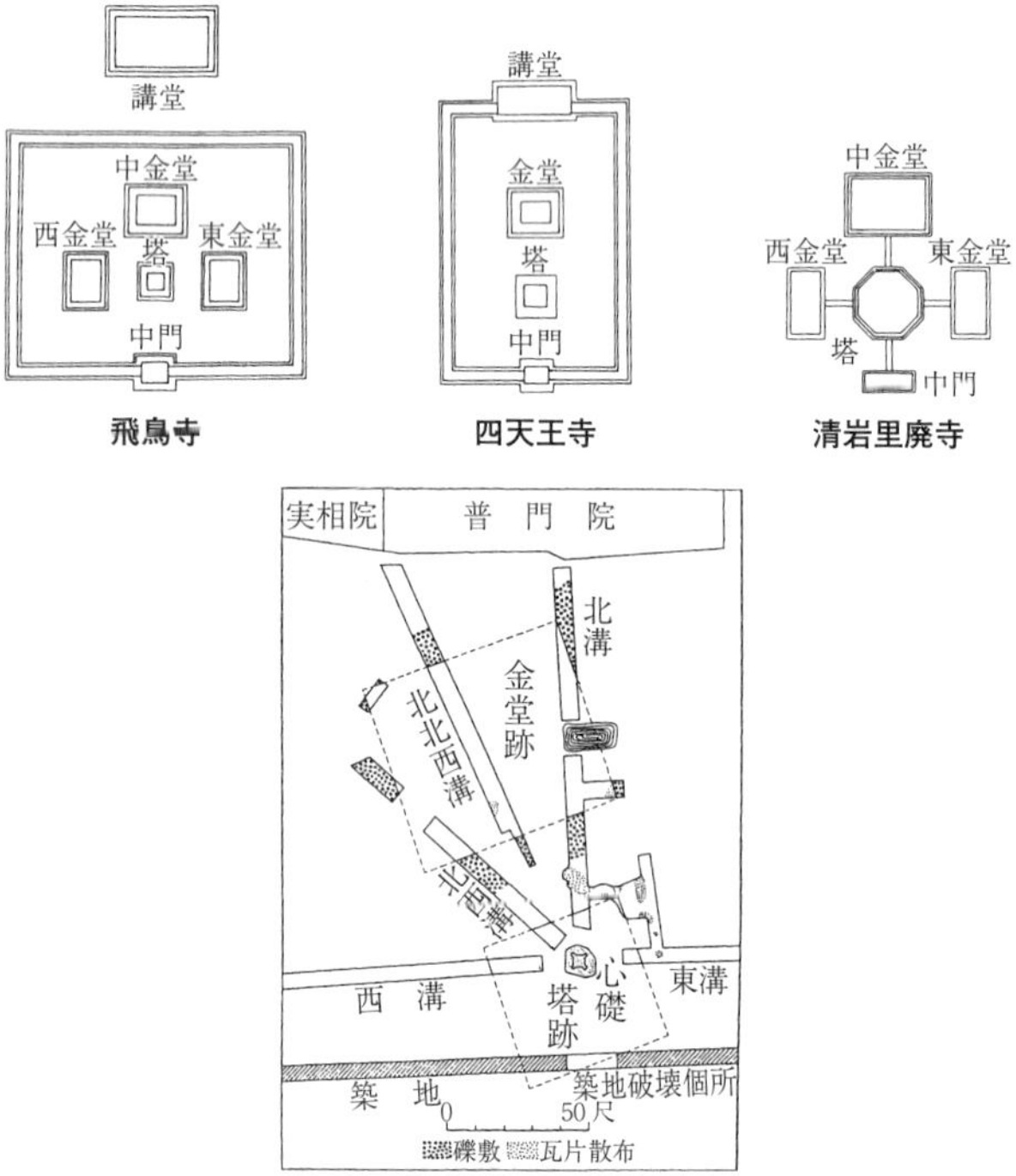

図 3-1　(上)飛鳥寺，四天王寺，清岩里廃寺(高句麗)の伽藍配置．(下)斑鳩寺(若草伽藍跡)発掘調査遺構図

鳥寺の建立に際しては、百済系技術者の貢献がきわめて大きい。技術だけではなく、馬子は百済僧を呼び、受戒の方法を聞いている。また、善信尼を百済国使につけて百済に遣わし、学問を学ばせている。こうして、五九二年(崇峻五)には仏堂と回廊《かいろう》を建造、五九三年(推古元)には仏舎利を塔の心礎に納めて心柱を建て、五九六年(推古四)にその塔が完成した。

しかし、飛鳥寺の伽藍《がらん》配置は百済式ではなく、塔の周りに三金堂《さんこんどう》(東金堂・中金堂・西金堂)を建て、回廊で囲む方式である。この様式は朝鮮半島の高句麗の清岩里《せいがんり》廃寺(現、平壌《へいじょう》市)などに類例がある。四天王寺にみられるような百済の伽藍配置は一塔一金堂方式なので、飛鳥寺の伽藍とは異なっている(**図3―1**、上)。なお、百済・扶余《ふよ》の王興《おうこう》寺から出土した舎利容器には、「丁酉《ていゆう》年(五七七)」の銘があった。飛鳥寺建立と比較的近い時期であり、その関係が注目されている。ともに木塔の地下式心礎には、舎利荘厳《しょうごん》具が埋葬されていた。ただし、飛鳥寺の荘厳具には馬具や武具など、古墳祭祀から継承された物品があり、ここにも独自性が認められる(鈴木靖民編『古代東アジアの仏教と王権』)。

現在の飛鳥寺(安居院《あんごいん》)は、旧中金堂の位置に建てられている。創建時の石座上に仮設の台座が設けられ、飛鳥大仏が安置されている。ただし、当時のまま残るのは、頭部の目と額など一部にすぎない。飛鳥寺は僧寺で、尼寺が豊浦寺《とゆらでら》となる。

なお、厩戸皇子が建立した斑鳩寺《いかるがでら》(法号は法隆《ほうりゅう》寺)の着工は、厩戸が斑鳩宮に移住した六〇五年(推古一三)前後といわれる(大脇潔「聖徳太子関係の遺跡と遺物」)。斑鳩の地は矢田丘陵の南端部にあり、飛鳥から筋違道《すじかいみち》(太子道《たいしみち》)とよばれる斜行道路が走っていた(**図3―2**)。斑鳩寺の遺構は、現法隆寺(西院伽藍)ではなく、南東に位置する若草伽藍(現在は塔の心礎が残る)である(図

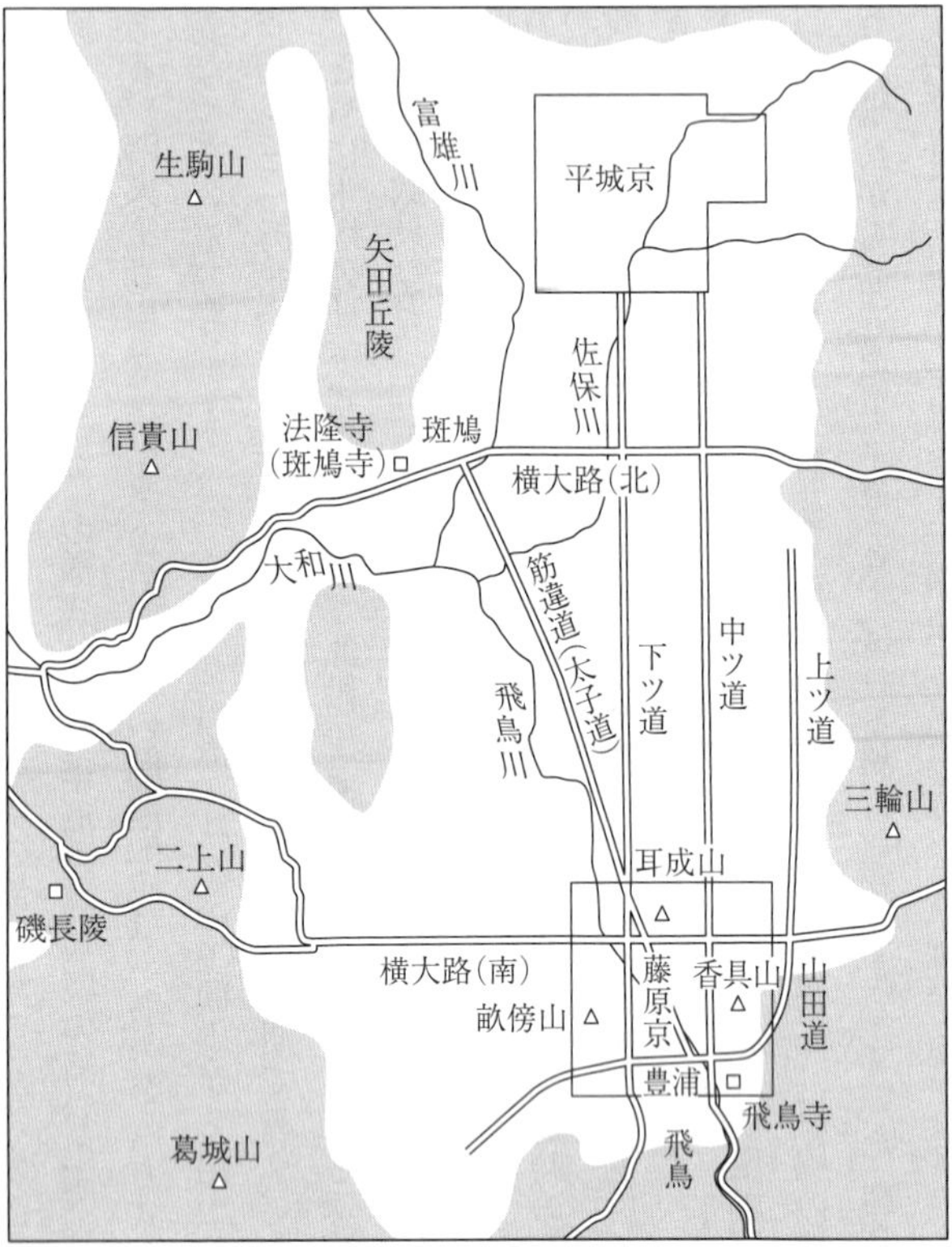
富雄川
平城京
生駒山
矢田丘陵
佐保川
信貴山
法隆寺
（斑鳩寺）
斑鳩
横大路（北）
大和川
筋違道（太子道）
下ツ道
中ツ道
上ツ道
飛鳥川
三輪山
二上山
耳成山
磯長陵
横大路（南）
藤原京
香具山
山田道
畝傍山
豊浦
飛鳥寺
飛鳥
葛城山

図 3-2　斑鳩付近地図

3－1、下)。金堂と塔が縦に並ぶ四天王寺式伽藍配置で、斑鳩宮と一体として建設された。ただし、斑鳩寺は六七〇年(天智九)に火災にあい、現法隆寺は再建された建物であり、伽藍配置は創建時の四天王寺式ではなく、法隆寺式という新タイプである。

厩戸皇子はまた、対物部戦争での戦勝祈願にあったとおり、四天王寺を建立した。発掘調査の結果、四天王寺の瓦は飛鳥寺や斑鳩寺より一時期新しく、金堂は斑鳩寺の金堂造営が一段落した後に造営されたという。つまり三寺の建立の順序は、飛鳥寺、斑鳩寺、そして四天王寺となる。これら三寺の軒丸瓦《のきまるがわら》は、同じ瓦笵《がはん》(瓦用の木型)で造られており、その造営順は百済から移住してきた技術者の動きに影響されることになった。このように蘇我氏と厩戸皇子とは、政治だけではなく、寺院建設においても密接な協力関係にあった。

崇峻天皇暗殺

用明天皇の治世は、二年間で終わった。物部本宗家を滅亡させる戦いを経て、次に即位したのは、結局、用明の弟崇峻天皇である。『書紀』には、額田部皇女と群臣が推挙したと書かれている。それ以前の、敏達・用明の即位には皇后の推挙について何も記載されていないので、崇峻の即位にあたっては、額田部皇女の意向が必要だったのかもしれない。

崇峻は即位後、馬子を大臣に再任したが、大連は立てなかった。ここに大臣・大連制が消滅し、大臣だけが任命されたことになる。崇峻は倉梯《くらはし》(現、桜井市倉橋か)に王宮を構えたというが、遺構も不明で、詳細はわからない。この崇峻朝にはめだった国内政治の動きはなく、『書紀』は対外的に伽耶《かや》の復興をはかり、二万人余の軍を筑紫に派遣したことを記す。

こうしたさなか、崇峻が大臣の馬子を疎んじる言葉を発したという。『書紀』崇峻五年一〇月条によれば、山猪が献上された日、崇峻はその猪を指さし、「何《いずれ》の時にか此の猪の頸《くび》を断《き》るが如く、朕《わ》が嫌《ねた》しとおもふ所の人を断《き》らむ」と述べたという。この話を伝え聞いた馬子は、「己《おのれ》を嫌《そね》むらしきことを恐る」と、一族を集めて崇峻暗殺を企てることになった。そして、「東《とう》国《ごく》の調《みつき》を進《たてまつ》る」と詐《いつわ》り、東国(アヅマ)から貢納物を献上するセレモニーが設定された。こうした儀式には、東国を支配する天皇が参列する慣習であった。

「東国の調」とは、ヤマト王権と東国との特別な政治的従属関係から生じたもので、東国が従属の証しとして、ヤマト王権に調を貢《たてまつ》る。こうした調の同類に、「三韓《みつのからひと》の調」(三韓の百済・新羅・高句麗が、倭国に服属の証しとして貢る)がある。先の話になるが、大化改新における蘇我入鹿の暗殺は、天皇や大臣が臨席する「三韓の調」を貢納する儀礼の場で挙行されている(皇極四年六月条。後述)。

この東国の調は、『万葉集』では、「東人之荷向《あずまひとののさき》（荷前）」（一〇〇）とあり、この場合は信濃の「麻布《あざぶ》」であったことが想定される。また、「東細布（アヅマタヘ）」（二六四七）という細布《さいふ》（細い糸で織った上質の布）も、東国の調の一部と想定される。奈良・平安時代に東国から貢納された細布は、東国の調の系統を継承し、天皇即位儀である践祚《せんそ》大嘗祭《だいじょうさい》や、唐《とう》皇帝への献上品に使用されている。

こうした東国の調を献上する場で、馬子は配下の東漢駒《やまとのあやのこま》に崇峻を弑殺《しいさつ》させた。それまでにも、父親を安康天皇に殺害された眉輪王《まよわ》が、安康を刺し殺している（雄略即位前紀）。二人目の天皇殺しであるが、崇峻暗殺は白昼の儀礼の場で実行された。こうした天皇暗殺は、これ以前にも以後にも例がない。

崇峻暗殺の際、馬子は崇峻が「己を嫌《そね》むらしきこと」を恐れたという。馬子は猜疑心が強いので、崇峻を殺害した。崇峻は、欽明と小姉君（馬子の妹）との間に生まれた、蘇我系の天皇である。しかし、馬子はすでに娘の刀自古郎女《とじこのいらつめ》を厩戸皇子に、法提郎媛《ほほてのいらつめ》を田村皇子（後の舒明）に嫁がせていた。崇峻と馬子とは親族ではあるが、あるいは直系の子孫とは違う別の利害関係が働いたかもしれない。

新帝の即位と群臣

崇峻暗殺という政治的事件の後、歴史はどのように動いたのだろうか。継体以降の皇位継承は、(1)兄弟継承を基にしながら、(2)大兄の制度も存在するという、二つの原理によって行なわれていた。この大兄は天皇ないし「天皇」たり得べき人の長子である(井上光貞『天皇と古代王権』)。(2)に関係する最初の大兄は、継体天皇長子の勾《まがり》大兄(後の安閑天皇)であった。そもそも天皇位の継承は、どのようなプロセスで行なわれるのであろうか。ここであらためて説明しておきたい。

かつて日本列島では譲位の制度がなく、大化改新までは終身王位制であった。天皇が没すると、次の天皇(新帝)を推挙するのは群臣である。新帝即位には、群臣が新帝を推挙するという手続きが必要であった。群臣間に意思統一ができると、群臣が新帝候補にレガリア(王位を象徴する宝器)を献上し、新帝が即位する。その群臣は、即位した新帝によって、新たに再任ないし新任のかたちで任命された(拙著『日本古代の社会と国家』)。

このように天皇位の交代と群臣の任命が関係するので、群臣と天皇との人格的・身分的関係が強かったとみなければならない。ところが、律令制下では天皇位の交代と官人の地位は無関係であり、原理を異にする。大化前代の天皇と群臣との関係は、いまだ機構・制度を媒介とする社会的結合とはなっていなかった。

推古女帝の即位

このような皇位継承システムのもとで、崇峻の次に即位したのは先帝の皇后、額田部皇女であった。初めての女性天皇である。ではなぜ、ヤマト王権において最初の女帝が即位したのだろうか。

最初に問題とすべきは、馬子が崇峻を暗殺したという事実の重みである。その馬子が主導する群臣が、新帝を選出する。二番目が、皇位継承者の問題である。欽明の子どもの世代は、敏達・用明・崇峻がすでに即位・死亡し、もはや男子に妥当な人材がいない。

そのため、有力な後継者は、欽明の孫の世代の三人の男子となった(**図3−3**)。敏達と広姫との間に生まれた太子の彦人大兄、敏達と二人目の皇后額田部皇女の子竹田皇子、用明と欽明の娘との長子厩戸皇子である。ところが、この三人の年齢はいずれも二〇歳前後とみられ、当時の適齢期(三十代後半)からすると、いずれも若年で不適格だったと思われる。

そこで、天皇暗殺という政治的危機のなか、蘇我氏主導のもとで選出されたのが、馬子の姪にあたる額田部皇女であった。推古女帝である。敏達の皇后として、すでに一定の政治的影響

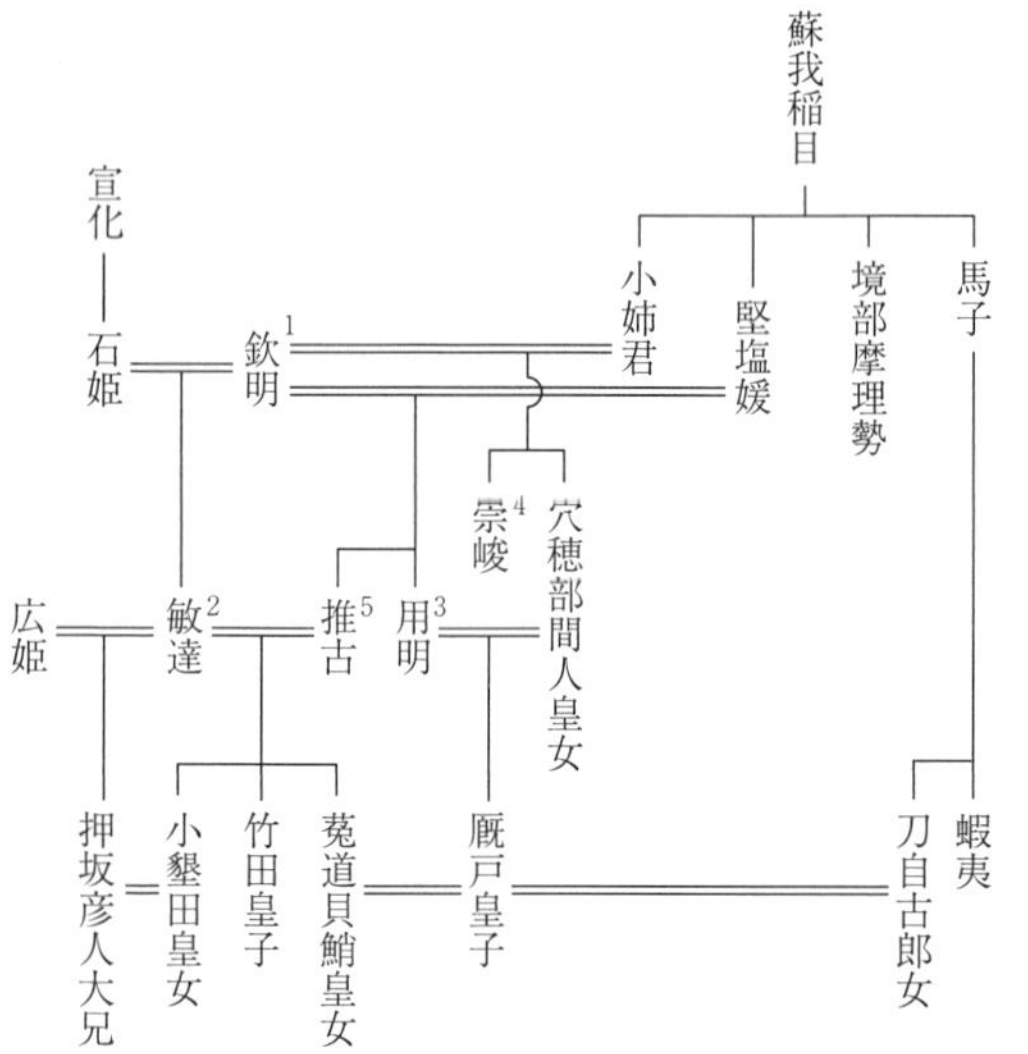

図 3-3　推古天皇周辺の系譜(数字は即位順)

力をもち、崇峻の即位に際しては、群臣とともに崇峻を推戴している。このような政治的経験と実績も評価されたのであろう。

女帝が推挙された例としては、推古以前に、宣化没後に即位を要請された安閑皇后の春日山田皇女がいた。『書紀』では、欽明が「幼年」であることを理由とするが、先述のようにこのとき欽明はすでに三一歳。今日の「幼年」という語感からはかけ離れているが、当時としては、相対的に若かったのだろう。

推古即位後、用明の子厩戸皇子が立太子する。おそらく、将来の即位を見込まれた立太子かと思われる。この時代には

「皇太子」の語はなく、「太子」の用字であった。中国の史書『隋書』に「太子を名づけて利《り》(和《わ》か)歌弥多弗利《かみたふり》となす」と記されており、「太子」は「和歌弥多弗利」と読まれていた。

2　推古朝における馬子の活躍

推古朝の政事――馬子と厩戸皇子

推古朝の政治の性格は、既述したように『上宮聖徳法王帝説』に「少治田宮《おはりたのみや》御宇天皇(推古天皇)の世に、上宮《かみつみや》厩戸豊聡耳《とよとみみ》命(厩戸皇子)、嶋大臣(馬子)と共に天下の政を輔《たす》けて、三宝を興し隆《さかり》にす。元興《がんこう》と四天皇《してんおう》との等《ごと》き寺を起《た》つ。爵《こうぶり》十二級を制《つく》る」とある。推古女帝のもとで、厩戸皇子と馬子が共同で政治を補佐した。ただし、『法王帝説』は伝記的性格を有するので、厩戸皇子の活動に関しては少しさし引いて評価した方がいいだろう。

そもそも推古の王宮は、豊浦宮と小墾田宮(六〇三年〈推古一一〉に遷都)であった。先述したように(八七頁)、両地とも稲目の邸宅が営まれていた、蘇我氏の拠点地域である。豊浦宮は蘇我稲目の邸宅の一部が利用された可能性もあり、蘇我氏との密接な関係を示している。推古天皇への蘇我氏の影響力は強いものがある。

『法王帝説』に記された「爵十二級」とは、いわゆる冠位十二階制である。「徳《とく》・仁《じん》・礼《らい》・信《しん》・義《ぎ》・智《ち》」の六項目それぞれに「大・小」を付して十二階にしており、小墾田宮遷都と同年に制定された。『隋書』にも「内官に十二等あり」とあり、ヤマト王権におけるこの制度は、隋にも伝わっていた。冠位十二階制は、本人が所属する氏の地位の高低などをみていた従来の評価法に対し、その政治的立ち位置に個人の実績をも加味する仕組みである。

ところが、この冠位を与えられた実例をみると、皇族のほか、蘇我氏、なかでも蘇我氏本宗に近い人物には授与されていない。それどころか、蝦夷が子の入鹿に「紫冠《しかん》」を私的に与え、大臣の位に擬《なぞら》えていた(皇極二年一〇月条)。蘇我氏は独自に、天皇が授与する冠位とは異なる、別の冠を与えていたことになる。このように、蘇我氏は冠位十二階制を超越する氏族であり、むしろ授与する側という立場であった。

冠位は、畿内およびその周辺の氏族にしか与えられていないが、推古朝における国際交流の展開や、官司制の一定の発展と結びついていた。ただし、官司制については、その詳細を明らかにする史料はない。『書紀』では「馬官《うまのつかさ》」(推古元年条)・「寺司《てらのつかさ》」(同四年条)、法隆寺釈迦《しゃか》三尊《さんぞん》像《ぞう》台座銘には「尻官《しろのつかさ》」の呼称がみえる。「馬官」は交通制度、「寺司」は推古朝の寺院・僧尼の管理等と関連しているだろうか。また、史料的な根拠は必ずしも強くないが、倉・蔵との関係が予測される「大椋官《おおくらのつかさ》」(『新撰姓氏録』左京神別上)、「前事奏官《ぜんじそうかん》」「祭官《まつりのつかさ》」(『中臣氏本系帳』)などが散見される。こうした官司における実績が個人の評価につながった可能性がある。

冠位十二階制は、憲法十七条との関係も想定される。六〇四年(推古一二)に定められた憲法では、「篤《あつ》く三宝を敬へ。三宝とは、仏・法・僧なり」(第二条)とあるように、仏教への帰依を説いているが、「礼」「仁」「信」「智」などの儒教的徳目も強調されている。これらは、冠位十二階における「徳・仁・礼・信・義・智」と関連する。また憲法に「諸の官に任せる者、同じく職掌を知れ」(第一三条)とあるように、ここでも「官司」が問題となっている。憲法では、「君(王)」—「臣(群卿百寮、官人)」—「民(百姓)」という、三階層間の関係・規範が取りあげられていた。

憲法は、厩戸皇子が自ら作成したと『書紀』に記されているが、事実とすれば蘇我氏は関与していないことになる。「国に二《ふたり》の君非ず。民に両の主無し。率土《くにのうち》の兆民《おおみたから》は、王を以て主《あるじ》とす」(第一二条)という憲法の精神は、「王の絶対性」を強調しており、蘇我氏の存在とは原理的には相容れない。厩戸皇子撰というのは、こうした事実と関係しているだろう。ただし、蘇我氏は冠位十二階制の枠にも関係なく、天皇の外戚氏族であるから、あるいは特に問題としなかつたかもしれない。
なお、馬子と呼んでいるが、その「子」の字は、孔子・孫子と同じような尊称である。したがって名前の本質は「馬」となる。一方の厩戸皇子も「うまやと」で、また厩戸の娘も「馬屋《うまや》古《こ》女王」であり、「うま」という名前の共通性も注目される。

こうした推古朝の改革には、中国・隋の影響が大きいと思われる。六〇〇年の遣隋使のことは、『書紀』には記載されていないが、『隋書』には倭国の使者の言「倭王は天を以て兄となし、日を以て弟となす。天未だ明けざる時、出でて政《まつりごと》を聴き跏趺《かふ》(あぐらをかく)して坐し、日出ずれば便《すなわ》ち理務《りむ》を停《や》め、いう我が弟に委ねんと」が引用され、それに対する隋皇帝煬帝《ようだい》の意見として、「これ大いに義理なし」と書かれている。この煬帝の返答は、当時の倭国の政治姿勢に大きな影響を与えた。

仏法を導入する

さて、推古天皇は「皇太子《ひつぎのみこ》および大臣に詔《みことのり》して、三宝《さんぼう》を興《おこ》し隆《さか》えしむ。是の時に、諸臣《もろもろのおみ》連等《むらじたち》、各《おのおの》君親《きみおや》の恩《めぐみ》の為に、競《きお》ひて仏舎《ほとけのおおとの》を造る。即ち是《これ》を寺《てら》と謂《い》ふ」(推古二年二月条)と、仏教の全面的受容を決定する。すでに述べたように、「大化の僧尼詔」においても、列島の仏教興隆のプロセスのなかで、敏達朝・推古朝の馬子の役割を大きく評価している(三〜四頁)。

ところで、先の推古二年二月条では、仏舎を「寺」と称したと書かれている。今日まで、日本語では仏教施設を「寺」と呼び習わしているが、もともと「寺」の漢字の意味は、「役所」のことである。しかし、『書紀』では仏教施設の用語として徹底しており、相違するのは隋の煬帝の書と、煬帝宛てに書かれた国書にみえる官庁の名称「鴻臚寺《こうろじ》」だけである。鴻臚寺とは、外国使の接待に関係する役所であった。「寺」の字が仏教関連の施設に限定して使われるのは、この推古二年二月条を起源とすると思われる。なお、詔には「君親の恩の為」とも記されており、各氏族は「親たる主君のため」(日本古典文学大系本頭注)、つまり天皇のために寺を造ったことがわかる。

それでは推古朝において、どの程度の寺院が建立されただろうか。『書紀』推古三二年(六二四)九月条に、寺と僧尼の数を調べた結果が記されている。それによれば、「寺四十六所、僧八百十六人、尼五百六十九人、あわせて一千三百八十五人」という。この四六寺は、鎌倉時代の『聖徳太子伝私記』(顕真《けんしん》。一二三九年頃編纂)には、厩戸皇子建立の寺とされている。しかし厩戸皇子の時代、つまり七世紀前半以前の創建とみなされる寺数は、一五寺程度である(大脇潔「聖徳太子関係の遺跡と遺物」)。ちなみに天武九年(六八〇)五月条には「京内二十四寺」とあり、倭《わ》京《きょう》には二四寺があったという。この寺数は、承認してかまわないので(花谷浩「京内廿四寺について」)、四六寺は、おそらく『書紀』編纂時における推古朝建立の伝承をもつ寺院数であろう。

さらに次の舒明朝になると、「今年、大宮《おおみや》および大寺《おおでら》を造作《つく》らしむ」「則《すなわ》ち百済川の側《ほとり》を以て宮処《みやどころ》とす」(舒明一一年七月条)と書かれている。天皇が統治する王宮を意味する大宮(百済宮)と、大寺(百済大寺)とが一体として建築された。百済宮は所在が不明であるが、百済大寺に関しては吉備《きび》池廃寺《いけはいじ》である可能性が高い(一三六頁)。

こうして倭国においては、推古朝以降「王法と仏法」の両輪で国を運営することになり、各氏族も争って氏寺《うじでら》を造営することになった。そのなかで蘇我氏が、積極的に仏教導入に果たした役割は大きい。

女帝と馬子の関係

推古女帝のもとで、馬子と厩戸とは共同で政務にあたっていた。それでは馬子は、推古とはどのような関係を築いていたのだろうか。

すでに述べたように、馬子は生誕地の葛城県を推古に要求したが、断られている(四三〜四四頁)。しかし、二人の間は必ずしもぎくしゃくしていたわけではなく、『書紀』にはこの要求に先立って、次のような歌のやりとりが記されている。
正月七日は、中国でいう「人日《じんじつ》」で、「中国の古い習俗で、正月七日に人を占うところから。日本では七草の粥《かゆ》で邪気を払う」日である(『年中行事大辞典』)。この行事かどうかは別にして、推古二〇年正月七日、群卿に酒を振る舞う宴が開かれた。その日、大臣の馬子は、酒杯を献上して歌を詠んだ(推古二〇年正月条)。

やすみしし　我が大君《おおきみ》の　隠《かく》ります　天《あま》の八十《やそ》蔭《かげ》　出《い》で立たす　御空《みそら》を見れば　万代《よろずよ》に　斯《か》くしもがも　千代《ちよ》にも　斯くしもがも　畏《かしこ》みて　仕《つか》へ奉《まつ》らむ　拝《おろが》みて　仕へ奉らむ　歌献《うたづ》きまつる
(わが大君の入られる広大な御殿、出で立たれる御殿を見ると、まことに立派である。千代、万代に、こういう有様であって欲しい。そうすれば、その御殿に畏み拝みながらお仕えしよう。今私は慶祝の歌を献上します)

この馬子の歌に対し、推古は、

真蘇我《まそが》よ　蘇我の子らは　馬ならば　日向《ひむか》の駒《こま》　太刀《たち》ならば　呉《くれ》の真刀《まさい》　諾《うべ》しかも　蘇我の子ら

を　大君の　使はすらしき

（蘇我の人よ。蘇我の人よ。お前は、馬ならばあの有名な日向の国の馬。太刀ならばあの有名な呉国の真刀である。そんなにすぐれた人物だから、蘇我の人を大君がお使いになるのも、もっともなことだ）

と応えている（日本古典文学大系本）。

馬子の歌は、「宮殿の広大さを、偉大な支配力の象徴として讃《ほ》めた抽象的称辞」であり、忠誠誓約の言葉が全面に押し出された、新しい宮廷寿歌といわれる（土橋寛『古代歌謡全注釈　日本書紀編』）。一方の女帝の歌は、蘇我氏を礼賛する歌となっている。しかも馬子の「馬」をモチーフに歌われている。残念ながら「日向の駒」の意味は不明であるが、名刀を産することで知られた「呉の真刀」と対置されていることをみると、最大限の賛辞であろう。

馬子の歌は、推古による蘇我氏讃歌が付加されていることからみて、少なくとも大化改新以前の歌であろう。推古は馬子にとって妹の娘である。この推古朝における天皇と蘇我氏の関係は、きわめて良好といわねばなるまい。『書紀』でも後の蝦夷・入鹿の専横振りを描く条とは、まったく違った描写であり、とても天皇暗殺後に成った政権の政治的緊張感といったものは伝わってこない。

馬子の死

馬子は、六二六年(推古三四)五月に没した。『書紀』には「大臣薨《みう》せぬ。よりて桃原墓《ももはらのはか》に葬《はぶ》る」と記す。『扶桑略記《ふそうりゃっき》』には、七六歳とある。これが正しければ、五五一年(欽明一二)に生まれ、敏達朝で大臣になったのは、二二歳となる。「薨」の字は、後の律令の喪葬令によれば、親王と三位以上に対する表記(薨奏条《こうそうじょう》)。大臣として、ふさわしい表記となっている。

桃原の地名は、『書紀』に「上桃原・下桃原」(雄略七年条)もあるが、現在ではその地名は残っていない。喜田貞吉が提唱して以来、桃原墓を石舞台《いしぶたい》古墳に比定し、その付近を桃原としている。ただし、確たる根拠はない。

石舞台古墳(明日香村島庄、**図3－4**)は、すでに封土が削られており、横穴式石室が露出している。飛鳥見学では、多くの人が第一に訪れるところであり、これを見て蘇我馬子の権力を実感することになる。横穴式石室は、全長一九・〇八メートル(玄室《げんしつ》七・五七、羨道《せんどう》一一・五一メートル)であり、日本古代で最大級である。玄室の幅は三・四八メートルで、高さは四・七メートルを数える。奥壁の天上石は、長さ五・二メートル、幅四・三メートル、高さ一・九メートルで、

図3-4　石舞台古墳

七七トンといわれる(『続 明日香村史』)。石舞台の名称を生む由縁である。石室内は、盗掘を早くに受けており、須恵《すえ》器《き》等の破片だけが見つかっている。もとの古墳は、一辺五〇メートルの方墳と想定されている。

『書紀』推古紀は、馬子没後における子の蝦夷の動静は伝えていない。ただし、舒明即位前紀に、推古天皇の葬礼が終わった六二八年(推古三六)九月、子の蝦夷が大臣として登場している。

蝦夷の次の入鹿の場合、蝦夷の大臣再任の記述に続き「大臣の児《こ》入鹿、自ら国の政《まつりごと》を執《と》りて、威《いきおい》父より勝《まさ》れり」(皇極元年〈六四二〉正月条)、さらに「蘇我大臣蝦夷、病《やまい》に縁《よ》りて朝《つかえまつ》らず。私《ひそか》に紫冠《むらさきのこうぶり》を子入鹿に授けて、大臣の位に擬《なずら》ふ」(皇極二年一〇月条)と記されている。ここには、天皇の権限を無視した横暴さが書かれている。蝦夷には、このような記述がないので、おそらく馬子の没後に、推古が蝦夷を大臣に任命したのだろう。『扶桑略記』には、確実性が弱いものの、馬子没年の六二六年(推古三四)に、蝦夷は大臣に任命されたと記す。

舒明天皇の即位

馬子が没して二年後の六二八年（推古三六）、病床の推古は田村皇子（舒明天皇）と山背大兄《やましろ》（厩戸皇子の子）を呼び寄せ、遺言している。『書紀』には推古紀と舒明紀に数種の遺言が伝えられており、ニュアンスが異なる。

田村皇子には「天位《たかみくら》に昇りて鴻基《あまつひつぎ》を経《おさ》め綸《ととの》へ、万機を馭《しら》して黎元《おおみたから》を亭育《やしな》ふことは、本《もと》より輙《たやす》く言ふものに非《あら》ず。恒《つね》に重みする所なり。故、汝慎《つつし》みて察《あきらか》にせよ。軽《かるがる》しく言ふべからず（天位に即いて大きな基を治め整え、天下の政事を統治して百姓を養うことは、もとより安易に言うことではない。つねに重みのあることである。それゆえ、お前さんは慎んで考え、軽々しく言ってはいけない）」、山背大兄には「汝は肝稚《きもわか》し。若《も》し心に望むと雖《いうと》も、諠《とよ》き言ふこと勿《まな》。必ず群《まえつきみたち》の言《ことば》を待ちて従ふべし（お前さんは未熟である。もし心に望むことがあっても、やかましく言ってはいけない。必ず群臣の言葉を待って従いなさい）」（推古三六年三月条）と伝える。田村皇子への遺言の前半は、「天下《あめのした》は大任《おおきなるよさし》なり。本より輙《たやす》く言ふものに非《あら》ず。爾《いまし》田村皇子、慎みて察《あきらか》にせよ。緩《おこた》らむこと不可《まな》（天下の政事は委任される大事である。もとより軽々しく言うことではない。お前田村皇子は、慎んで考えなさい。怠ってはいけない）」（舒明即位前紀）とも伝える。

「天下は大任なり」「緩らむこと不可」の言葉を重視すれば、田村皇子への即位の指示とも受けとれる。現にこの言に伴って、大伴連鯨《くじら》はそのように発言し、采女《うねめ》臣摩礼志《まれし》・高向《たかむく》臣宇摩《うま》・中臣連弥気《みけ》・難波吉士《なにわのきし》身刺《むざし》が賛同している。しかし、許勢《こせ》臣大麻呂《おおまろ》・佐伯《さえき》連東人《あずまひと》・紀《き》臣塩手《しおて》の三人は、山背大兄の名をあげ、蘇我倉麻呂は意見を表明しなかった。また、蘇我の一族のなかで、馬子の弟（境部《さかいべ》）摩理勢《まりせ》は山背大兄を推した。

新しい天皇は群臣推挙によって選出されるので、推古は次期の天皇をはっきりとは決定せず、曖昧さの残る遺言となった。もし、この遺言を言葉どおりに汲みとるなら、推古の意中の後継者は舒明しかなかったであろう。ただし、山背大兄を推挙した群臣が三名いたので、天皇の遺言に異を唱えることも可能であった。いずれにせよ、新帝が即位するには群臣の審議を経なければならなかった。

推古の没後、摩理勢も殺され、蝦夷らの群臣が田村皇子にレガリアを献上した。舒明天皇の即位である。そして翌年の六三〇年（舒明二）、宝《たから》皇女が立后する。後の皇極女帝であるが、これは非蘇我系の女性である。舒明との間に、葛城《かずらき》皇子（後の天智天皇）、間人《はしひと》皇女（孝徳皇后）、大《おおし》海人《あま》皇子（後の天武天皇）を生む。

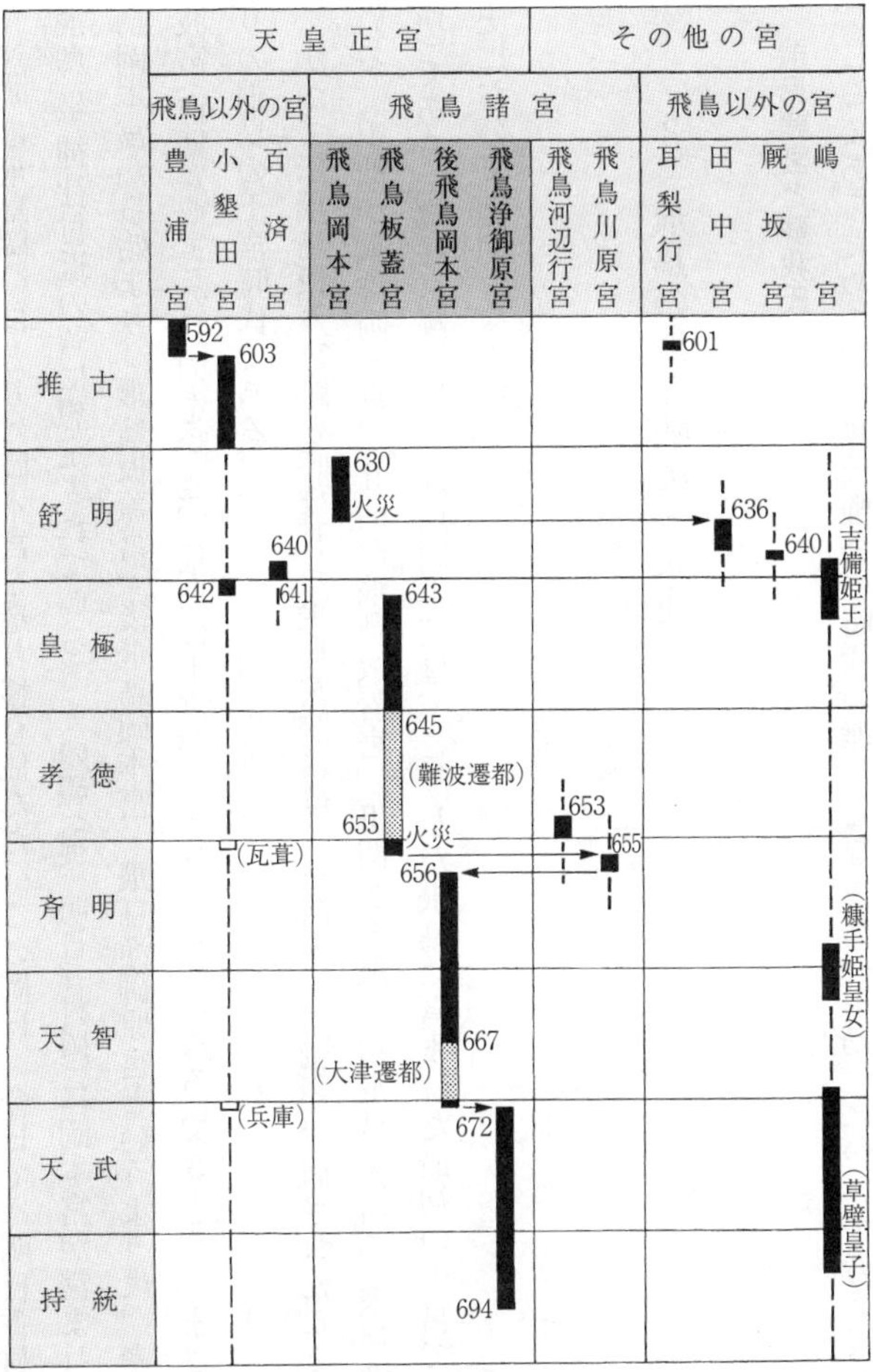
天皇正宮
その他の宮
飛鳥以外の宮
飛鳥諸宮
飛鳥以外の宮
豊浦宮
小墾田宮
百済宮
飛鳥岡本宮
飛鳥板蓋宮
後飛鳥岡本宮
飛鳥浄御原宮
飛鳥河辺行宮
飛鳥川原宮
耳梨行宮
田中宮
厩坂宮
嶋宮
推古
舒明
皇極
孝徳
斉明
天智
天武
持統
592
603
601
630
火災
636
640
640
642
641
643
645
(難波遷都)
653
655
火災
655
(瓦葺)
656
667
(大津遷都)
(兵庫)
672
694
(吉備姫王)
(糠手姫皇女)
(草壁皇子)

図3-5　宮都の変遷

舒明は飛鳥岡のほとりに岡本宮《おかもと》を造り移り住んだ。この岡は、今日では明日香村の岡寺から飛鳥坐《あすかにいます》神社付近の岡に想定されている。その麓（現、明日香村岡）に岡本宮が営まれた。この飛鳥岡本宮から始まり、飛鳥板蓋宮《いたぶき》・後《のち》飛鳥岡本宮・飛鳥浄御原宮《きよみはら》というように、孝徳天皇の難波宮（前期難波宮）の時期を除き、飛鳥に王宮が営まれることになる（**図3―5**）。まさに文字どおりの飛鳥の王宮時代である。

かつて伝飛鳥板蓋宮跡と呼ばれた飛鳥宮跡には、三時期の王宮が設置されたことが判明している。I期が飛鳥岡本宮、II期が飛鳥板蓋宮、III期が後飛鳥岡本宮（A期）、飛鳥浄御原宮（B期）である（『飛鳥京跡』III）。飛鳥岡本宮は、こうした飛鳥に営まれた最初の王宮であり、王宮史において画期となった。

3　飛鳥の地と蝦夷・入鹿

飛鳥諸宮と蘇我氏

ここであらためて、蘇我氏権勢の時代の舞台となった「飛鳥」について考えておこう（**図3**

―6）。そもそも飛鳥とはどこを指すかといえば、以前は香具山《かぐやま》の南麓から橘寺《たちばなでら》の北までの地域と想定されていた。しかしこの説に従うと、飛鳥寺がほぼ飛鳥のど真ん中に位置することになる。いくら蘇我氏が強大であっても、馬子の時期に、ど真ん中に、寺を建てるほどの横暴さはなかったと思われる。最近では、飛鳥寺の北を小墾田という名称の地域と考え、橘寺の北から飛鳥寺までを「飛鳥」とする捉え方が有力である。この場合、飛鳥寺は飛鳥の北辺地域となる。

この飛鳥に王宮が所在したのは、どのような理由からであろうか。鍵となるのは、飛鳥に最初に都を営んだ舒明天皇である。興味深いことに『古事記』は舒明の前の推古で巻を閉じており、当時の人びとにとって、ここに何らかの画期があったことが想定される。舒明は、推古の孫の世代であった。

既述したように、推古が王宮を構えた豊浦と小墾田の地は、蘇我稲目が居住した場所で、蘇我氏ときわめて関係が深い土地柄である。ところが、推古没後に即位した舒明は、蝦夷に推戴されたものの、じつは非蘇我系の天皇であった。とはいえ、すでに馬子の娘法提郎媛《ほほてのいらつめ》と結ばれており、古人大兄《ふるひと》が生まれていた。蘇我氏は、この古人大兄を次期天皇としてかっていた可能性がある。後のことであるが、蝦夷の子入鹿は「上宮《かみつみや》の王等《みこたち》を廃《す》てて、古人大兄を立てて天皇

N
木之本廃寺
飛
鳥
川
藤原宮下層
香具山
下ツ道
藤原宮下層
興善寺跡
薬師寺
小山廃寺
日向寺
田中廃寺
奥山廃寺
雷丘北方遺跡
和田廃寺
雷廃寺
浦坊廃寺
雷丘東方遺跡
山田道
山田寺
軽市
石神遺跡
水落遺跡
豊浦寺
飛鳥寺
軽寺
飛鳥京
甘樫丘
飛鳥池遺跡
飛鳥宮
植山古墳
五条野内垣内遺跡
亀形石槽
酒船石遺跡
五条野丸山古墳
飛鳥京跡苑池遺構
飛鳥浄御原宮
菖蒲池古墳
高
取
川
川原寺
岡寺山
橘寺
野口王墓古墳
島庄遺跡
嶋宮
梅山古墳
定林寺
石舞台古墳
ミハ山
0
1000m
稲淵川西遺跡

図 3-6　飛鳥地域地図

とせむとす」(皇極二年一〇月条)と謀っていた。

一方、舒明に敗れた山背大兄には、蝦夷の叔父である摩理勢が支持を表明していた。こうした、いわばねじれた政治情勢のもとで、飛鳥の地が選ばれた。どのような理由からであろうか。

馬子の邸宅は、「石川宅」(現、橿原《かしはら》市石川町か)・「槻曲家《つきくま》」(未詳)と「飛鳥河の傍家《ほとりのいえ》」(現、明日香村島庄か)にあった。子の蝦夷の場合は、豊浦・畝傍《うねび》(畝傍山東家)・甘樫岡《あまかしのおか》(現、甘樫丘。上《うえ》の宮門《みかど》)である。このように蘇我氏は複数の邸宅を持っていたが、いずれも飛鳥ないしその周辺地であった。入鹿もまた、甘樫岡に蝦夷と並んで「谷《はさま》の宮門」を構えた。この谷の宮門は、奈良文化財研究所(奈文研)が発掘した甘樫丘東麓遺跡に、その一部を含む可能性がきわめて高い。飛鳥川をはさんで、飛鳥の西に位置している。また、上の宮門は、所在地が確認されていないが、「谷」との対比でいえば、丘陵の上に位置するだろう。予想するのは禁物であるが、飛鳥を見下ろす位置にあるかもしれない。

そして、飛鳥の北辺には馬子が建てた飛鳥寺がそびえ立つ。南東には飛鳥河の傍家があり、さらに細川沿いには石舞台古墳。このようにみていけば、飛鳥の地が蘇我氏が勢力を誇った地域であることは明らかである。

舒明は六二九年(舒明元)正月に即位し、翌年一〇月に飛鳥岡本宮に移った。これは蘇我氏の意向にそった選択ではなかろうか。門脇禎二さんは、蘇我氏の影響力とともに、「軍事的要害地」という立地条件をあげている(『新版 飛鳥』)。こうした意味でも、飛鳥岡本宮の建設は蘇我氏の要望にかなったものだったと思われる(相原嘉之「蘇我三代の遺跡を掘る」)。

一方の山背大兄は、斑鳩の上宮王家を受け継いでいた。両地は二十数キロ離れており、飛鳥への移動は、困難がともなっていただろう。

遣唐使の派遣

この舒明朝には、第一次遣唐使が派遣されている。ここでこの時期の中国の王朝交替について、少し振り返っておきたい。

まずその前の推古朝には、遣隋使が遣わされた。隋の煬帝は、洛陽城《らくよう》を建設するとともに大運河を整備し、舟運による南北の流通ルートを完成させた人物である。そして、周辺諸国への外交を積極化させ、とりわけ朝鮮半島北部の高句麗に対しては、遠征を繰りかえした。そのさなか各地で反乱が起こり、六一八年、煬帝は自らの親衛隊に暗殺され、やがて隋が滅んだ。かわって李淵《りえん》が唐を建国する。六二六年には、李淵の次男李世民《りせいみん》が即位した。太宗《たいそう》である。そして六二八年には、中国を統一した。その世の貞観《じょうがん》年間(六二七〜六四九)は「貞観の治《ち》」と呼ばれ、律令格式を定め、政治・経済・軍事制度が安定した時期を迎えた。

この間の事情は、倭国にも伝達された。隋の滅亡は、高句麗使によって「隋の煬帝、三十万の衆《いくさ》を興《おこ》して我《おのれ》を攻《せ》む。返りて我《わ》が為に破られぬ」（『書紀』推古二六年八月条）と伝えられた。また、六二三年（推古三一）、唐から帰った医恵日《くすしえにち》らは、「大唐国《もろこしのくに》は、法式《のり》備《そなわ》り定《さだま》れる珍《たから》の国なり。常に達《かよ》ふべし」と奏上している。このように、中国での政変は倭国に伝わっていた。

さて、六三〇年（舒明二）、舒明は大仁《だいにん》の犬上《いぬかみ》君三田鍬《みたすき》と恵日を遣唐使として派遣する。三田鍬は、すでに六一四年（推古二二）に遣隋使として隋に遣わされ、翌年、帰国している。恵日も渡航経験者なので、いわば専門的な外交官に近い。三田鍬は二年後の六三二年（舒明四）、唐使高表仁《こうひょうじん》や学問僧らとともに帰国した。高表仁に対し、朝廷は難波津《なにわのつ》に大伴馬養《うまかい》（馬飼）を船三二艘とともに鼓《つづみ》・吹《ふえ》・旗幟《はた》を整えて遣わし、「天子《もろこしのみかど》の命《おおみこと》のたまへる使《つかい》、天皇の朝《みかど》に到れりと聞きて迎へしむ」（舒明四年一〇月条）と歓迎した。

なぜか『書紀』には、この高表仁らと舒明らとの接見記事がみえない。ところが、『旧唐書《くとうじょ》』には、「表仁、綏遠《すいえん》（遠国を手なずける）の才なく、（倭国の）王子と礼を争い朝命を宣《せん》せずして還る」と記されている。高表仁は舒明とは接見しなかった。その原因は、唐使と折衝していた王子との争いにあるという。高表仁は翌年正月に帰国する。

舒明天皇と蘇我蝦夷

ところで、舒明紀には国内の政治状況の記載が少ないが、帰国した留学生らは、唐の法治国家のありさまを理解しており、国内では革新の気運が起こっていたと思われる。「今年、大宮(百済宮)および大寺(百済大寺)を造作《つく》らしむ」(舒明一一年七月条)という王法・仏法の政策も、こうした改革状況と無関係ではなかろう。

百済宮の地は飛鳥の北方である。いったんは蘇我氏の意向を汲んで飛鳥に都を造った舒明天皇ではあるが、飛鳥から離れることにしたのは、新たな政治的意思の表明ではなかろうか。しかも、推古朝の仏教興隆を受け継ぎつつも、王宮と寺院をワンセットで建立しようとする計画である。王法と仏法により、統治することを目指したものと思われる。

この百済大寺は、吉備池廃寺(現、桜井市吉備付近)の可能性が高い(図3−7)。百済大寺には、九重塔が建てられたというが(舒明一一年一二月是月条)、吉備池廃寺の塔跡は、基壇の規模が一辺三二メートル程度と想定されており、一辺二三・八メートルの東大寺七重塔を大きくしのぐ。九重塔をもつという新羅の皇龍寺(六四五年に、善徳《ぜんとく》女王が完成。韓国・慶州)とほぼ同じ規模ということになる(『大和 吉備池廃寺』)。

このようにして、舒明は飛鳥寺をしのぐ百済大寺を建設した。蘇我氏を意識しての行動と思われる。

こうした政策とも関連する蝦夷の行動の一端が、『書紀』に記されている。敏達天皇の皇子大派《おおまた》王が、大臣の蝦夷に「群卿《まえつきみたち》および百寮《つかさつかさ》、朝参すること已《すで》に懈《おこた》れり。今より以後、卯《うのとき》の始《はじめ》に朝《まい》りて、巳《みのとき》の後に退《まか》でむ。因《よ》りて鐘《かね》を以て節《ととのえ》とせよ」（舒明八年七月条）と指示する。

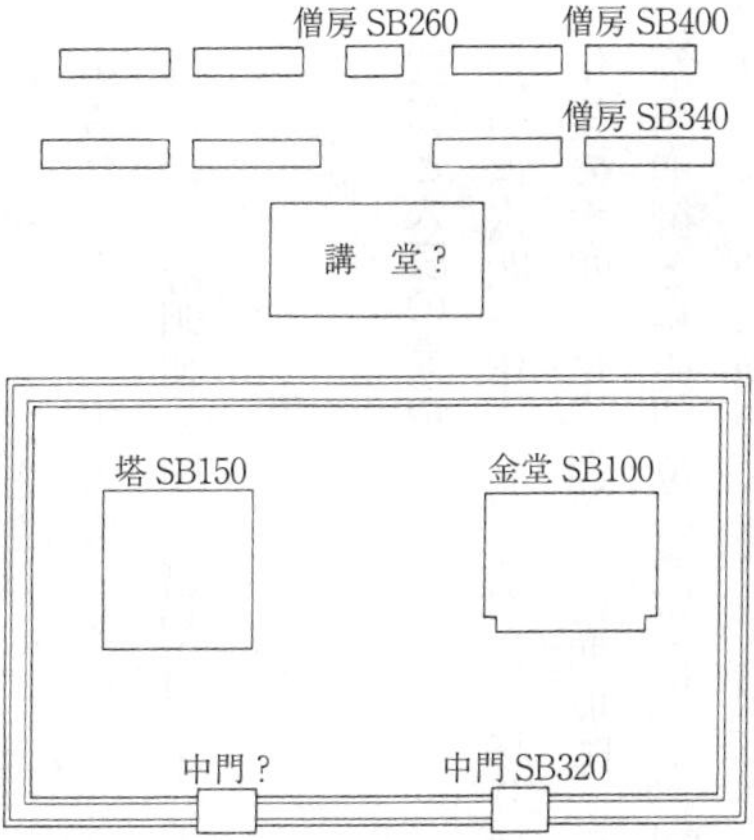

図 3-7　吉備池廃寺（数字は遺構番号）

しかしながら、蝦夷は従わなかった。卯とは午前六時ころ。七月であるから、日の出時間であろう。

先述のように、第一次遣隋使（六〇〇年〈推古八〉）は、隋に「天未だ明けざる時、出でて政《まつりごと》を聴き跏《か》趺《ふ》して坐し、日出ずれば便《すなわ》ち理《り》務《む》を停《や》め、いう我が弟に委ねんと」と伝えていた。朝廷では、これを煬帝にやめさせられ、以後朝参に切り替えたのではなかろうか。憲法十七条（六〇四年〈推古一二〉）には、「群卿百寮、早く朝《まい》りて晏《おそ》く退《まか》でよ。公事盬靡《いとな》し。終日に尽し難し。是を以て、遅く朝るときは急《すむやけ》きに逮《およ》ばず。早く退《まか》づるときは必ず事尽きず」（第八条）とある。また、同年には朝礼（朝廷の儀礼）が改められ、宮門の出入に、跪礼《きれい》・匍匐礼《ほふくれい》が求められている。こうして小墾田宮の時に整えられた儀礼は、舒明朝の岡本宮や百済宮でも、実施されていただろう。しかし、蝦夷は従わなかった。

蝦夷と入鹿の専横

舒明は六四一年（舒明一三）に、移り住んだ百済宮で没した。翌年、飛鳥の滑谷岡《なめはさまのおか》に埋葬され、二年後の六四三年（皇極二）に押坂陵《おしさか》（宮内庁が指定する桜井市の段ノ塚古墳）に改葬されている。この舒明崩御と皇極即位の記事は、『書紀』には当該行動を記す簡単な事実しか書かれていない。殯宮では、一六歳の葛城皇子（中大兄、後の天智天皇）が誄《しのびごと》をしたとある（舒明一三年一〇月条）。

舒明の没時、次の新帝候補者には、舒明と皇位を争った山背大兄がいた。しかし、蝦夷はすでに推古没時、山背大兄ではなく舒明を選んでいる。蘇我氏本宗が推したかったのは舒明の子古人大兄と思われるが、葛城皇子ともども、まだ即位の適齢期ではなかった。そのため、群臣は先の推古女帝の例にならって、舒明皇后であった宝皇女を推したのであろう。皇極女帝である。

皇極即位後の『書紀』には、蝦夷・入鹿父子の専横記事が目立ってくる。入鹿については、「大臣の児入鹿、自ら国の政《まつりごと》を執《と》りて、威《いきおい》父より勝《まさ》れり。是に由《よ》りて、盗賊恐慴《ぬすびとおじひし》げて、路《みち》に遺《おちものと》拾らず」（皇極元年〈六四二〉正月条）と記す。盗賊までもが、おじけづくというのである。これにはのちの乙巳の変を正当化する意図もあるだろうが、『藤氏家伝《とうしかでん》』（藤原氏の伝記）にも、入鹿は「自己に威服せしめ、権勢朝《みかど》を傾けむとす。咄咤《とった》し指麾《しき》するに（怒鳴りつけて指図するに）、靡《なび》かぬ者無し」とあり、『書紀』と同じ。それとともに、僧旻《みん》の言葉として「吾が堂に入る者、宗我太郎（入鹿）に如《し》くは無し（及ぶ者はなし）」とも記している。実際、入鹿の才能は、抜きんでていたのだろう。また同年には、「蘇我大臣蝦夷、己《おの》が祖廟を葛城の高宮に立てて、八佾《やつら》の儛《まい》をす」とみえる。八佾の儛は天皇のみができる儛である。まるで天皇のような振る舞いであった。

蘇我氏の横暴な振る舞いは、さらに、「尽《ふつく》に国挙《こぞ》る民、あはせて百八十部曲《ももあまりやそのかきのたみ》を発《おこ》して、預《あらかじ》め双墓《ならびのはか》を今来《いまき》に造る。一つをば大陵《おおみささぎ》と曰《い》ふ。大臣の墓とす。一つをば小陵《こみささぎ》と曰ふ。入鹿臣の墓とす」（同是歳条）という事態にまで発展する。いうまでもなく、「陵」を名のれるのは、天皇とその一族のみであり、蘇我氏が呼称するのは、越権である（なお、今来の双墓については、後の項で述べることにしたい）。蝦夷が墓地の造営に上宮王家の乳部《みぶ》（壬生部）の民を使役したので、上宮王の大娘《いらつめの》姫王《ひめ》(舂米女王《つきしね》か)が憤ったとも『書紀』にみえる。

このように皇極紀には蝦夷・入鹿の専横ぶりが目立つ。と同時に、蘇我氏より天皇の行動を賞賛する記述もある。六四二年(皇極元)には旱《ひでり》があった。村々では祝部《はふりべ》の教えに従い、雨乞いのため牛馬を殺し、諸社の神を祭った。あるいは中国の習俗にならい、たびたび市を移したり、河伯《かわのかみ》(河の神)を祈ったが効果がなかった。次に、蘇我蝦夷が大寺(百済大寺か)の南庭で、仏菩薩像・四天王像を安置して大雲経《だいうんきょう》を読ませた。蝦夷も香炉《こうろ》をとって焼香して発願したが、微雨《こさめ》しか降らなかった。ところが、皇極天皇が飛鳥川の上流の南淵《みなぶち》の河上で、跪《ひざまず》いて四方を拝み、天を仰いで祈ったところ、大雨が五日も続いたという。このように蘇我氏と比べ、天皇の霊験あらたかな行動を賛美する。

上宮王家の滅亡

入鹿は、六四三年(皇極二)一〇月になると、父の蝦夷から私的に紫冠を授けられ、大臣の位に擬せられた。『書紀』同月条には、「独り謀《はか》りて、上宮の王等《みこたち》を廃《す》てて、古人大兄を立てて天皇とせむとす」とも書かれている。入鹿は上宮の王、つまり厩戸から山背大兄につながる王家を滅ぼし、自ら天皇を立てようとしたのである。

そして一一月、入鹿は巨勢徳太《とこだ》らを斑鳩宮に遣わし、山背大兄を襲う。『上宮聖徳太子伝補《ほ》闕《けつ》記』では軽《かる》皇子(後の孝徳天皇)、『藤氏家伝』によれば諸皇子と謀って行動を起こしたという。どうも入鹿の単独行動ではなかったようだが、ともかくこの時は斑鳩宮の舎人らが防戦し、山背大兄はいったん膽駒《いこま》山(生駒山)に逃れた。

その間、巨勢徳太らによって斑鳩宮が焼かれた。山背大兄は、東国へ脱出して再起を説く舎人らの説得を聞かず、斑鳩寺に戻った。そして、ふたたび入鹿に派遣された軍勢に囲まれ、妃と子弟とともに自尽した。厩戸皇子につながる上宮王家の一族が、ここに滅びたのである。

都塚古墳と今来の双墓

さて、先ほど「大陵・小陵」という言葉のみえた、今来《いまき》の双墓とは、どんなものだろうか。蘇我氏の墓としてはまず、先述した馬子の墓と思われる石舞台古墳があるが、これは一辺五〇メートルの方墳(ほぼ正方形の墳墓)である。この馬子以外にも、蘇我関係者の墓と想定できる方墳が発掘されている。

その一つは、二〇一四年に再発掘された明日香村の都塚《みやこづか》古墳である。都塚古墳は、明日香村大字阪田小字ミヤコに所在する方墳で、南から伸びる尾根上に位置する。方墳の規模は、東西約四一メートル、南北約四二メートルで、高さは四・五メートル以上だという。

墳丘の外観は、段状の石積みが施されており、現在のところ五段分が確認されているが、今後さらに増える見込みだという。埋葬施設は、両袖式の横穴石室で、玄室中央には家型石棺が安置されている。築造時期は六世紀後半ころとされる（現地説明会資料）。

被葬者の特定は墓誌でも出土しないかぎり難しい。ただ、古墳の周辺は六・七世紀の馬子ら蘇我氏の根拠地であり、馬子の邸宅とされる島庄遺跡や馬子の墓とされる石舞台古墳に近い。確定できる史・資料には恵まれないが、稲目の墓である可能性がある。もし仮に稲目の墓とすれば、稲目・馬子と二代にわたって、飛鳥の南東に方墳を造ったことになる。しかも、後になるほど規模が拡大する。

次に、蝦夷と入鹿の双墓について、取りあげよう。『書紀』の記事は、「今来《いまき》」に同時期に双墓を造るとある。しかも、大陵と小陵とあるから、二つの古墳ということになる。合葬陵ではない。

まず今来の地とは、どこだろうか。『書紀』には、「今来」の記載は三カ所にみえる。従来の解釈では、この今来の双墓の記述だけ今来郡（後に高市郡）の地名からきているという説をとらず、別の解釈を施してきた。はたして、それでいいのだろうか。

「今来の双墓」について、これまで大陵・小陵を御所《ごせ》市古瀬の水泥《みどろ》古墳にあてる説が多かった。この古墳は円墳で、北の水泥塚穴古墳と南の水泥南古墳の二基である。これらは旧葛上郡にあり、今来郡ではない。ところが、水泥塚穴古墳は六世紀前後の築造と考えられており（河上邦彦「御所市水泥塚穴古墳」）、今来の双墓とは時期があわない。この比定は無理であろう。

ここで『書紀』の地域名の「今来」を確認しておく。欽明七年七月条に「今来郡」がみえるが、大化五年三月条にある「今来」も同地であろう。この二カ所が同一の今来の地域をさす。そうであれば、今来の双墓についての皇極紀の記事だけが別の場所をさすとは考えにくい。『書紀』の今来の地名は、同一地域をさすとみるのが自然である。今来は、今来郡と理解する必要がある。なお、今来の「来」は上代特殊仮名遣では、甲類の「キ」にあたる。斉明四年五月条と一〇月条にみえる「今城谷」「伊麻紀《いまき》」の地名の「城」「紀」は、上代特殊仮名遣の乙類の「キ」であり、異なる地名である。奈良時代以前には「アイウエオ」各段に甲類と呼ぶ五母《ぼ》音《いん》のほか、イ段・エ段・オ段の乙類音があり、この上代特殊仮名遣で書きわけられていた。それぞれ言葉の意味が違ってくる。

小山田遺跡

最近注目されるのは、二〇一五年一月に公表された小山田《こやまだ》遺跡である。東西方向に約四八メートル以上の貼石《はりいし》をともなう遺構が検出されている。橿原考古学研究所では、七世紀中頃に造られた、五〇メートル以上の方墳と考えている(「小山田遺跡第5・6次調査」)。そして、(1)巨大な方墳で天皇陵にふさわしい、(2)舒明天皇の没年と築造時期がほぼ一致する、(3)段ノ塚古墳(現、舒明陵)と、室生《むろう》安山岩《あんざんがん》(榛原石《はいばらいし》)の石積みがあること、方墳であることなど共通点があるのを重視しているようだ。その結果、小山田遺跡の場所が『書紀』に記された滑谷岡《なめはさまのおか》で、この方墳は改葬前の舒明天皇の初葬墓、つまり滑谷岡陵である可能性が高いとみている。

しかし、これらは必ずしも確定的な証左ではない。(1)(2)は蘇我馬子の場合にもあてはまる。また、室生安山岩は飛鳥寺の西金堂基壇縁石(『飛鳥寺』)や山田寺《やまだでら》の基壇外装(『山田寺展』)などに使用されており、蘇我氏の墓であってもさしつかえない。むしろ、小山田遺跡の西方にある菖《しょう》蒲池《ぶいけ》古墳との関係が注意される。同古墳は、二段築成の一辺約三〇メートルの方墳である(「菖蒲池古墳の発掘調査」)。小山田遺跡が五〇メートル以上の方墳説で正しければ、菖蒲池古墳とともに二つの方墳が並び立っていることになる。これまで「今来の双墓」の所在は不明であったが、小山田遺跡は今来郡にあり、二つの方墳は蝦夷の大陵と、入鹿の小陵(菖蒲池古墳)の可能性があるのではなかろうか（こうした考え方の一つに、塚口義信「小山田遺跡についての二、三の憶測」もある）。

以上のように考えて大過がなければ、蘇我氏の墓としては、稲目（都塚古墳）、馬子（石舞台古墳）の墓が営まれ、そして蝦夷（小山田遺跡）、入鹿（菖蒲池古墳）の墓が企画されたことになる。いずれも方墳である。ただし、古墳の被葬者については、あくまで推測の範囲をでるものではなく、今後の調査・研究の進展を見守りたい。

なお、天皇陵に関しては、敏達陵までが前方後円墳の可能性が高く、その前後に方墳に変化する。用明陵や改葬された推古陵は河内の磯長谷《しながだに》（現、大阪府太子町）にあり、いずれも方墳である。用明・推古は蘇我系の天皇であり、彼らの墓が方墳であることは興味深い。次の舒明陵は段ノ塚古墳（現、奈良県桜井市）でほぼまちがいなく、八角墳である。続く皇極（斉明。牽牛子塚《けんごしづか》古墳）、天智、天武・持統陵も八角墳となる（『牽牛子塚古墳発掘調査報告書』）。非蘇我系の舒明以降、新たな墳形が採用されたことになる。

蘇我氏の系譜

ここまで主に述べてきた「蘇我氏」は、大臣を務めてきた「本宗」である。稲目―馬子―蝦

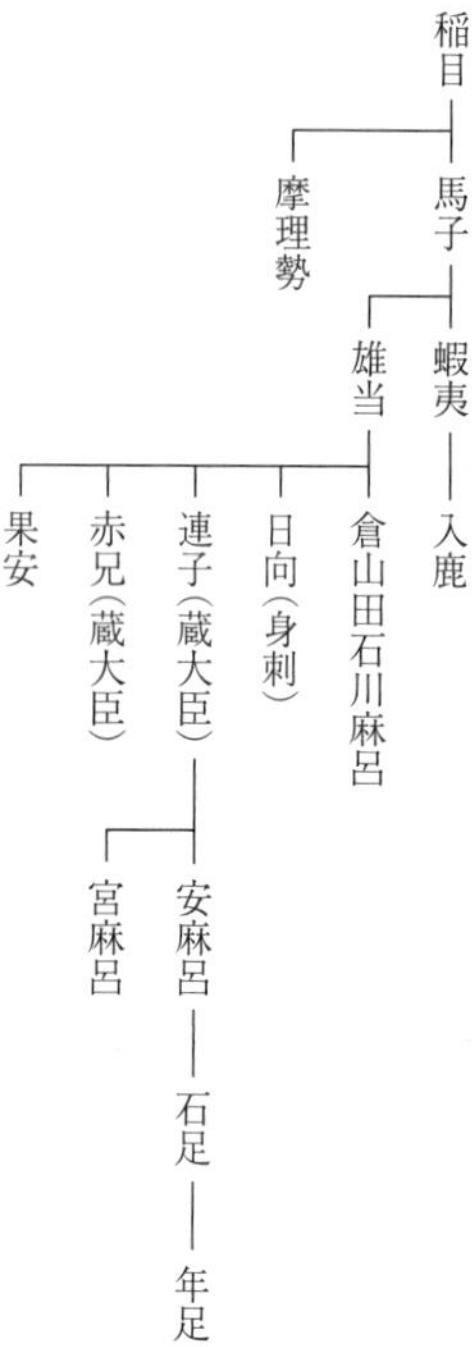

図3-8　蘇我一族の系譜

夷—入鹿という父系でつながれた直系継承は、本宗家という名称がふさわしい。こうした直系継承を導入したのは、天皇家よりも蘇我氏が早かったと思われる。

ただし、本宗家が蘇我一族についてすべての権限をもち、一族を完全に統制したわけではなかった。傍系にも活躍した官人が出ている。女性の場合は、天皇のキサキ（后妃）となる例が多く、蘇我一族の政治的役割をになっていた。

本宗以外の傍系で歴史に名を残すのは、たとえば馬子の弟の（境部）摩理勢である。摩理勢は、推古没後の新帝推挙に際し、舒明を推す蝦夷の意志に従わず、山背大兄を推した（一二八頁）。その後、馬子の墓を造る際、墓所の廬《いお》を破壊し、蘇我の地の田家《なりどころ》（別業）に立てこもり、やがて蝦夷に殺されることになる。本宗家と異なる政治的意志をもっていたことが災いしたのだろう。

ここで一族の概要を把握するために、蘇我氏の系譜をあげておきたい（図3―8）。ただし、こうした系譜は、多くの系譜等を参考にしながら作成されたもので、必ずしも確実な保証はない。血縁関係としては、倉山田石川麻呂については「馬子大臣之孫。雄正《おまさ》子臣之子也（馬子大臣の孫で、雄正の子である）」（『公卿補任』孝徳天皇条）、雄当《おまさ》（雄正）については「蘇我倉麻呂〈更《また》の名は雄当〉」（『書紀』舒明即位前紀）などを参考にしている。ただし、兄弟における同母・異母関係については、判然としない場合がある。「ほぼ確かな系譜」という程度にしておきたい。

傍系の活躍

注目すべきは、系譜のなかに、本宗家が滅んだ改新後（次章詳述）の要職者がいることだろう。大臣としては、倉山田石川麻呂が改新政権の右大臣、連子《むらじこ》は斉明・天智朝で大臣（天智三年条）、赤兄《あかえ》も大友皇子の太政大臣のもとで左大臣となっている。倉山田石川麻呂は、乙巳の変において中大兄に協力している。このように改新で蘇我氏のすべてが滅んだわけではなく、以後も何人も大臣を輩出している。ただし、後に大友皇子が破れた壬申の乱以降、蘇我氏の名前で大臣になった者はいなくなる。

さて、倉山田石川麻呂の父は蝦夷の弟の雄当で、この雄当は舒明の推挙にあたり、「臣《やつかれ》は当時《ただいま》、便《たやす》く言《もう》すこと得《え》じ。更に思ひて後に啓《もう》さむ」（舒明即位前紀）といって引き下がっている。つまり蝦夷には反対しなかったが、協力もしなかった。雄当系の蘇我氏は、本宗家とは異なる政治的動きをしていたことがわかる。ところが、雄当系統の内においても、さらに傍系問題が発生する。雄当の子の一人である日向《ひむか》は、異母兄弟である倉山田石川麻呂を讒言《ざんげん》して自死に追い込んでおり、個人的思惑が強かった。

この日向（大化五年三月条）を除いて、倉山田石川麻呂・赤兄・連子は、「蘇我倉氏」や「蔵大臣」を名のっており、蘇我倉という複姓（蘇我と倉をあわせた氏名《うじな》）をもっていた。この「倉」は、朝廷の倉に関係した蘇我氏一族が称したものという（直木孝次郎『日本古代国家の構造』）。蘇我氏には、朝廷の財政に関与した伝承があり、妥当な見方である。後でみるように、この系統の蘇我氏は、天武朝に石川氏に改姓し、奈良時代には石川氏として活躍する（志田諄一『古代氏族の性格と伝承』）。

4　蘇我氏と「天皇」

蘇我氏の特徴と外戚

さて、蘇我氏が権勢を誇った時代を扱う本章の最後に、この時期の蘇我氏がヤマト王権の中でどういう存在であったか、その政治的立ち位置を改めて確認しておくことにしよう。

まず、蘇我氏の特徴として、娘を天皇に嫁がせ、外戚の地位を保持したことがあげられる。その本質は、乙巳の変にあたり中臣鎌足が述べたという「大きなる事を謀るには、輔《たすけ》有るには如《し》かず。請《こ》ふ、蘇我倉山田（石川）麻呂の長女を納《めしい》れて妃《みめ》として、婚姻（縁組み）の昵《むつび》を成さむ。然《しこう》して後に陳《の》べ説きて、与《とも》に事を計らむと欲《おも》ふ。功を成す路、茲《これ》より近きは莫《な》し」（皇極三年正月朔条）の言葉に言い尽くされている。娘をキサキとし、状況が整えば、生まれた男子を即位させる。蘇我氏の場合、これらを継続的に行なっていた。該当する蘇我氏の娘たちを列挙しておこう（**図3－9**）。

系譜で明らかなように、大臣の稲目の娘は三人、馬子の娘も二人を天皇のキサキ（妃《みめ》・夫人《おおとじ》・嬪《みめ》）にいれている。また、大臣の蝦夷については、娘の有無は不明でありキサキの伝承はない。ついで、改新政権の右大臣であった倉山田石川麻呂の娘には孝徳・天智のキサキ（妃・嬪）がいる。改新前の本宗家にならったのであろう。ちなみに遠智娘《おちのいらつめ》の子が持統、姪娘《めいのいらつめ》の子が元明天皇となる。また、左大臣の赤兄も二名をキサキ（嬪・夫人）にいれている。

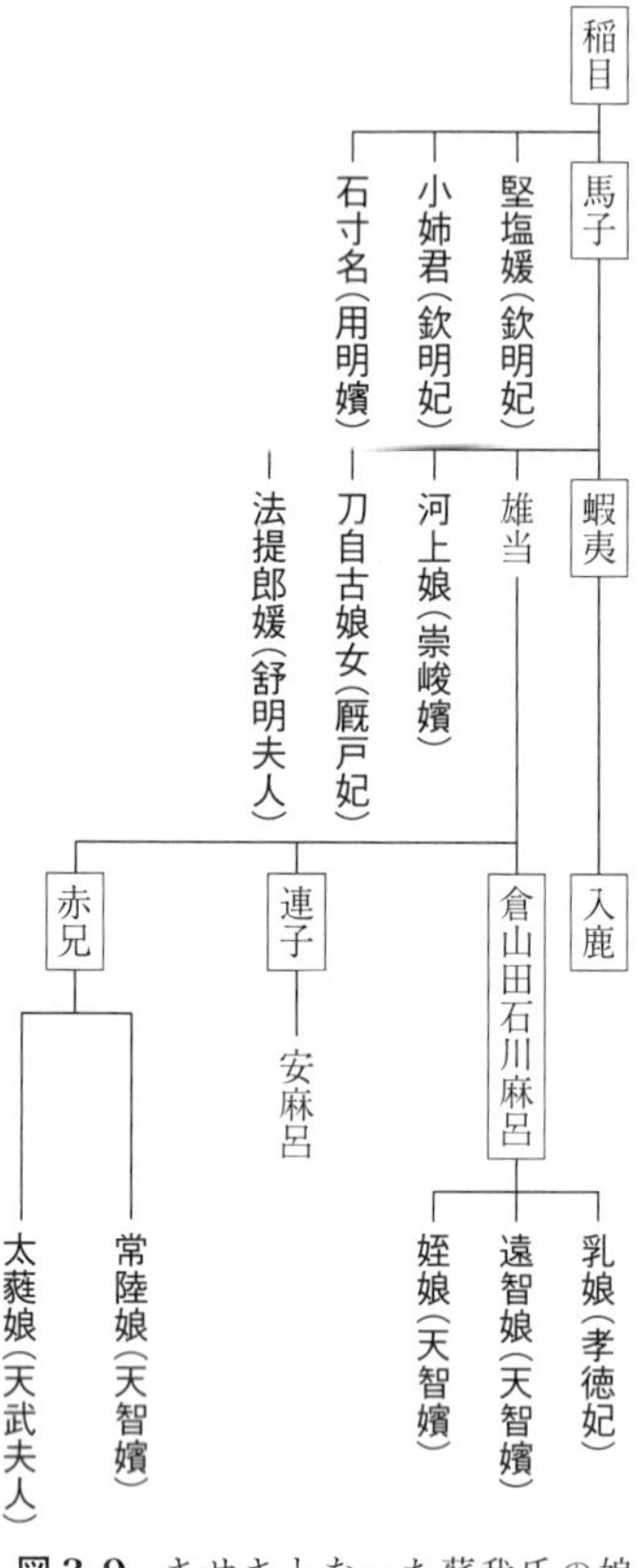

図3-9　キサキとなった蘇我氏の娘の系譜（厩戸妃を含む．四角で囲ったのは大臣）

ここで注意したいのは、大臣ではない雄当には仮に娘がいたとしてもキサキとはなれないことである。蘇我氏といえども、娘をキサキにするには大臣の地位が不可欠であった。つまり蘇我氏の中でも大臣家だけが、外戚の地位に就くことができたのである。

大臣とは何か

いうまでもなく、稲目以来、馬子・蝦夷とも大臣の地位から政治に取り組んだ。大臣の地位については、一般的には「五世紀末から七世紀前半までの大和朝廷における最高執政官の称号で、大臣には臣姓の平群・許勢・蘇我など武内宿禰後裔《こうえい》氏族がなり、大連には連姓の大伴・物部両氏が任じられ、世襲制であったらしい」(日本古典文学大系『日本書紀』上、補注)といわれている。

この中で五世紀末は、まだ人制の段階であり、たとえ対外的に「開府儀同三司」を称していても(三三頁)、大臣の地位が存在したという明確な根拠はないので、大臣の成立時期についてこう説明するのは問題がある。さらに本書で述べてきたように、大臣などの群臣は、新しく即位した天皇が任命する。したがって、同じ蘇我氏が大臣に就任していても、必ずしも世襲制とは評価できない。皇極朝に蝦夷が入鹿に紫冠を与えて世襲化を企てるが、これも批判にさらされた。世襲制という評価は、新帝の群臣推挙が求められている時期では難しく、改新以前にはなかったであろう。

大臣の地位と成立時期

本書では、大臣・大連を制度として認めている。ところが近年、大連の職位について疑問視する説が、目につくようになった(倉本一宏「大王の朝廷と推古朝」)。そのため、両者の成立について、ここで少し詳しく説明しておきたい。

まずは、大臣から。大臣の語については、「新羅、改めて其の上臣《まかりだろい》伊叱夫礼智《しぶれち》干岐《かんき》を遣《まだ》して〈新羅、大臣を以て上臣とす〉」(継体二三年四月条)とある。新羅の上臣が倭国の大臣にあたることを説明した注釈であるが、これは特定の地位を表す称号である。また、「日本の大臣〈任那に在る日本府の大臣を謂ふなり〉」(欽明五年一一月条)ともあり、「任那日本府」の最高執政官のような地位を「大臣」と表記している。この大臣も地位である。大臣が位として認識されていることがわかる。

それでは、大臣の地位はいつ成立したのであろうか。もともと大臣や大連などは、その言葉が尊称として存在していた可能性があり、両者に截然とした区別があったかどうかは史料的にははっきりしない。また、宣化以前の人物については、氏の名が五世紀末から六世紀前半の時期(おそらく六世紀前半の欽明朝)に成立するので、たとえば平群臣真鳥《まとり》や物部連目《め》たちが実在したかどうかも問題となる。その実在性については、個別に検討していく必要がある。

考えてみれば、大臣が臣のカバネを持つ氏族から選出されるのであれば、そもそも「臣」のカバネの存在が前提となる。社会的地位としてカバネが機能するのは、氏が成立して以降である。そして氏やカバネが存在して始めて、大臣が出現する。これらの時期を究明した後で、成立以前にみえる「大臣」の名称が、単なる敬称か後世の潤色なのかを吟味することになる。

大臣の問題を明らかにするうえで、興味深い史料がある。推古没後に、山背大兄と田村皇子(舒明天皇)とが皇位を争った。その際、蝦夷が山背大兄に皇位を決められなかった理由を、

> 磯城嶋《しきしま》宮御宇天皇(欽明天皇)の世《みよ》より、近世《このよ》に及《いた》るまでに、群卿《まえつきみ》皆賢哲《さか》し。唯今《ただいま》臣《やつかれ》不賢《おさな》くして、遇《たまさか》に人乏《とも》しき時に当《あた》りて、誤《あやま》りて群臣の上に居《はべ》らくのみ。是《ここ》を以て、基《こと》を定むること得ず。　(舒明即位前紀)

と、述べた記述である。

ここでは皇位継承の経緯を述べ、起点となるのを欽明とする。「群卿」とあるので、蘇我氏だけではなく、群臣が次の天皇を選出することを記している。つまり、群臣によって新帝推挙が行なわれてきたが(「賢哲」の実質的な中味)、推古没後は、蝦夷の力量不足により(「不賢」のこと)、いまだに新帝の推挙ができない現状を述懐している。言葉どおりとすれば、少なくとも群臣による新帝推挙が、欽明朝から行なわれたことになる。そうであれば、群臣を統べる存在の大臣もまた、群臣の一員として、欽明朝から新帝推挙に重要な役割を果たしていただろう。

大臣の制度が成立すれば、群臣推挙による新帝選出がすぐ実現するかどうか、史料がなくて不明である。しかしながら、遅くとも欽明朝には制度があったことはまちがいなかろう。おそらく欽明以前に大臣の制度が徐々に整ってきていたと思われる。

「大臣」の読みと「オホマヘツキミ」

「大臣」の語は、日本語でどのように読むのだろうか。参考にすべきは、「大臣」の言い替えである。葛城円大臣（雄略元年三月条）のことを、『書紀』の別の箇所では「平群木菟《つく》宿禰・蘇賀《そが》満智宿禰・物部伊莒弗《いこふ》大連・円大使主、共に国事を執れり」（履中二年一〇月条）と記す。つまり、「大臣」は「大使主」とも表記する。この「使主」は、「使主、此をば於瀰《おみ》と云ふ」（顕宗即位前紀）とあり、「オミ」と読む。日下部《くさかべ》連使主《おみ》など個人名には、この使主の表記が多い。したがって、大臣を「オホオミ」と読んでもさしつかえない。

一方で、大臣には「ヲホマチキミ、オホイマチキミ」（成務三年条）、「オホマチキミ」（清寧元年条、顕宗元年条）、「ヲホマウチキミ」（敏達元年条）といった訓点もある。訓点は当該時期の読みとはかぎらないが、どれも文脈から「大マヘツキミ」を指す。「マヘツキミ」とは、「《「前つ君」の意》天皇の前に伺候する身分の高い人。まうちきみ。まちぎみ」（『岩波古語辞典』補訂版）

という意味。「オホマヘツキミ」は、「天皇の前に仕える者の長」(同前)と記されている。したがって、この言葉は「大臣」といった特定の官職を意味するとはかぎらない。

『万葉集』には、「大夫之　鞆乃音為奈利　物部乃　大臣　楯立良思母(ますらをの　鞆《とも》の音すなりもののふの　大臣《おおまえつきみ》　楯立つらしも)」(七六)という歌がある。「武人たちの鞆の音が聞こえる。武官の将軍が楯を立て威儀を正しているらしい」(新日本古典文学大系本)という意味。これは本来の「大臣」(この時期では左・右大臣)ではなく、武人を「オホマヘツキミ」と詠んでいる。しかも、和銅元年(七〇八)における「(元明)天皇の御製」といわれる和歌で、武人の物部氏が関係しているような場面である。つまりこの時「オホマヘツキミ」は、特定の職種にかぎらない言葉であった。

このように、大臣には「オホオミ」の訓のほか、その官職の性格から「オホマヘツキミ」の一種として呼ばれていた。このことは、大連の読みからも推定できる。

大連は、「オホムラジ」(雄略即位前紀)と読むのが一般的であるが、「オホイマチキミ」(欽明即位前紀)、「マウチキミ」(欽明五年三月条)という訓点もある。後者は大臣と同じ読みであり、大連もまた、「オホマヘツキミ」と呼ばれる政治的地位の一つであった。大臣に「オホマヘツキミ」が多いのは、五八七年(用明二)に物部氏本宗が滅亡して以来、大連は任命されなくなり、大臣が最高の官職になったからであろう。そのため、大臣が「オホマヘツキミ」と呼称され、読みとして定着した可能性が高い。

このマヘツキミは、どのような地位・身分なのだろうか。『日本書紀』によれば、「大夫」と書かれることが多い。かつて関晃さんが指摘したように、大夫は大臣・大連の下で合議体を構成し、朝廷の最高政務の審議・決定に参与するとともに、天皇に奏宣《そうせん》を行なう（天皇に対し、言葉を捧げ述べる）政治的地位である（「大化前後の大夫について」）。ただし、マヘツキミはもともと「前つ君の意味」であり、内命婦の訓「ヒメマチキミ（ヒメのマヘツキミの意）」（天武五年八月条等）にも使用される。特定の官職を意味するとはかぎらない。

なお、このころの政治形態は一般には「大夫合議制」などとも呼ばれるが、「合議制」の意味は、その語感とはイメージを異にし、君主制において君主の政治を扶ける輔弼官《ほひつかん》の協議にすぎなかったと思われる（吉川真司『律令官僚制の研究』）。

大臣と大連の地位

さて、「臣」は君臣関係を表記する言葉でもある。「宋書倭国伝」における武（ワカタケル、雄略天皇）の上表文に、宋皇帝に対して武が「臣、下愚《げぐ》なりといえども、忝《かたじけ》なくも先諸を胤《つ》ぎ」

と述べたとあり、この「臣」は君臣関係を表す(四七八年)。稲荷山古墳出土の金錯銘鉄剣にみえる「乎獲居《ヲワケ》臣」の「臣」もこの用法に近い。こうした中国的な「臣」の用法は、五世紀から存在していた。ただし、国王との君臣関係だけではなく、中央氏族に対する臣従関係にも使われていた。「檜隈《ひのくま》宮　御寓《あめのしたしらしめす》　天皇(宣化天皇)の世に、我《わ》が君《きみ》大伴金村大連、国家の奉為《おおみため》に、海表《わたのほか》に使《つかわ》しし、火葦北国造刑部靫部阿利斯登《ひのあしきたのくにのみやつこおさかべのゆけいありしと》の子、臣《やつこ》、達率日羅《だちそちにちら》」(『書紀』敏達一二年是歳条)というように、大伴金村と日羅とは「君臣」関係を称していた。

これとは別に、倭国では「おみ」と称する言葉があり、「《仕える者の意。古くはカミ(神)に対するもの。ついでキミ(君)に対するもの》」というような意味であった(『岩波古語辞典』補訂版)。こうした言葉が、やがてカバネとして使用されるようになるが、その表記は「使主」の字である。

また、『書紀』には、雄略紀に「臣・連・伴造・国造」(雄略二年一〇月条)とみえて以来、「臣・連・伴造」の用語が頻見する。これらは、「大伴室屋大連、臣・連等を率《い》て、璽《しるし》を皇太子に奉る」(清寧即位前紀)、「大伴室屋大連を以て大連とし、平群真鳥大臣をもて大臣とすること、並に故《もと》の如し(再任のこと)。臣・連・伴造等、各職位の依《まま》につかへまつる」(清寧元年正月条)とも記される。第一に注目されるのは、「臣・連・伴造等」がここでは「職位」として捉えられているとである。官位令冒頭「或云」によれば、「官《つかさ》、なほ職位のごときなり」とあり、「官」も職位の意味がある。「臣・連・伴造・国造」は「大和朝廷を構成する諸豪族の総称」(日本古典文学大系本頭注)ともいわれるが、じつは早くから「職位」の総称として使われていたのではあるまいか。

つまり、「臣」は臣のカバネをもち、地域名を氏の名にもつ氏族の職位として、「連」は連のカバネをもつ伴造系氏族の職位として、中央豪族がつとめ、王権を構成する。どちらもヤマト王権のもとで各部民を管轄し、王権の職務を分掌する職位として表されている。一方、「国造」は、ヤマト王権の地方行政組織の首長の職位である。したがって、「臣・連・伴造・国造」は、厳密にいえば「ヤマト王権を構成する象徴的な職位の総称」として再定義した方がよい。

ここから、大連は「連」、大臣は「臣」との関係で捉えられる。『書紀』の用法としては、大臣・大連とも職位からくる称号であって、「連」系氏族と「臣」系氏族から選出される執政官となる。最近一部に見られる「大連」の職位の軽視は、ヤマト王権の社会的分業体系である伴造・部民制に対する低い評価と関係する。伴造・部民制は、「大王家の家産組織」として捉えることもあるが、「家産組織」というより「王権を維持する職務の分掌体制」である。大連として古くに大伴氏と物部氏とが並立するのは、二種類の氏族による社会的分業体制に起因する。

つまり、大伴氏はトモ(人)としてツカヘマツル(仕奉)、物部氏はモノ(物)をタテマツル(貢納)行為の統括者として、元来は車の両輪のような役割を担っていたと思われる。ただし「大連」は、先述したように、職位の身分呼称として定着する以前、尊称として使用されており(広義の用法)、その時期の名称、官職名とは区別する必要がある。

蘇我部の分布——蘇我氏の一基盤

最後に、蘇我氏の経済的基盤の一端に触れておきたい。

蘇我氏と密接に関係する部民が、蘇我部(宗我部、蘇宜部等とも)である。蘇我部は、蘇我氏が領有する部民(豪族所有部)である。具体的な隷属のあり方は明らかではないが、蘇我氏に物品を貢納するとともに、蘇我氏のもとで各種の業務に仕えていた。ただし、日野昭さんは蘇我氏の場合、蘇我部との関係は希薄であったと指摘する(『日本古代氏族伝承の研究』)。

日野昭さんの蘇我部の分布研究によれば、

畿内　　大和、山城、河内
東海道　遠江《とおとうみ》、上総《かずさ》、下総《しもうさ》

東山道　美濃、信濃、陸奥《むつ》
北陸道　越前
山陰道　丹波、但馬《たじま》
山陽道　播磨、備前、周防《すおう》
南海道　阿波、讃岐、土佐
西海道　筑前、肥後

となる。畿内では、蘇我氏の本貫《ほんがん》（本拠地）と別業《なりどころ》がある大和と河内は当然のこと。東海道では、後述する「東方儐従者《しとべ》」との関係で、上総・下総が注目される。東山・北陸・山陰・山陽道では、畿内周辺部がやはり多い。日野さんも指摘するように、畿内に比較的近接する地域や交通上の先進的地域に多いと、評価できる。前章でもみたように、蘇我氏は渡来系移住民との関係が強いが、いかにも、瀬戸内沿岸の播磨・備前・周防（山陽道）と阿波・讃岐（南海道）、そして筑前（西海道）に蘇我部が存在している。

東国との関係

権勢を誇った期間、蘇我氏は大臣としてヤマト王権から各種の政治的・経済的特権を受けていた。しかも蝦夷が墓地の造成にあたって、上宮王家の乳部《みぶ》（壬生部）の民を使役していた（一三九頁）。一族を問わず、蘇我氏の関係者の部民を動員していた横暴な時期もあった。

ここで、興味深いのは蘇我氏と東国（アヅマ）との関係である。『書紀』皇極三年一一月条に、蝦夷が畝傍山の東に家を建て、蝦夷の家を上《うえ》の宮門《みかど》、入鹿の家を谷《はさま》の宮門と呼んだと記されている。そして、家を守らせた健人《ちからひと》（力人）を「東方儐従者《しとべ》」といったという。畝傍山の東に建てた家に出入りする従者なので「東方」といったとする説もあるが（新編日本古典文学全集本）、「東方《あづま》」つまり、東国の健人のことであろう。

この東方の具体的範囲は不明であるが、先に述べたように、東海道では遠江・上総・下総、東山道では美濃・信濃・陸奥に蘇我部が存在する。東国は、ヤマト王権に政治的に従属する特別地域であった。この皇極紀の記事を東国と関連づけて考えてみれば、蘇我氏はこうした地域から健人を呼び寄せていたことになる。ヤマト王権と特別な利害があった東国においても、蘇我氏は蘇我部を領有し、邸宅を守衛する儐従者として働かせていたのである。

しかも、皇極天皇紀では「東方儐従者」に続き、漢直《あやのあたい》（東漢《やまとのあや》）らに甘樫岡《あまかしのおか》の蝦夷の家（上の宮門）と入鹿の家（谷の宮門）の二門を守衛させたとある。このことから、この時期においても、蘇我氏は渡来系移住民との太いパイプを結び、私的にも動員していたことがうかがえるだろう。これもまた、当時の蘇我氏本宗の権勢を示す一面と言ってよい。

四　大化改新——蘇我氏本宗の滅亡

1　東アジアの情勢からみた「乙巳の変」

高句麗と百済の政変

六四二年、朝鮮半島の高句麗と百済の二国で激震が走った。この事件は、日本列島に伝わり、『日本書紀』に記載されている。

半島北方の高句麗では、六四二年九月に大臣の泉蓋蘇文《せんがいそぶん》が、国王の栄留王《えいりゅうおう》を殺害した。『書紀』には、

大臣《おおきおみ》伊梨柯須弥《いりかすみ》(泉蓋蘇文)、大王を弑《ころ》し、あわせて伊梨渠世斯《いりこせし》ら百八十余人を殺せり。よ

りて弟王子の児《こ》を以て王とせり。己が同姓《うがら》（高句麗使の親族）都須流金流《つするこむる》を以て大臣とす。

（皇極元年〈六四二〉二月条）


と記されている。

国王を殺した後、王弟の子である宝蔵《ほうぞう》王を即位させたが、実権は泉蓋蘇文本人が掌握するクーデターであった。貴族が主導した政変である。これを契機として、唐は六四四年から戦争準備に入り、六四五・六四七・六四八年に、高句麗遠征を行なっている。

一方、百済においては、六四二年正月に、

今年の正月に、国の主の母薨《こきしみう》せぬ。また弟王子、児翹岐《こぎょうき》および其《そ》の母妹《おもはらから》の女子四人、内《ない》佐平岐味《さへいきみ》、高き名有る人四十余、嶋に放たれぬ。

（皇極元年二月条）


という事件が起こっている。国王の母が死亡した際、王弟や子どもが嶋に追放されたという。高句麗とは異なって、国王が主導権を発揮し、国王に権力を集中しようとした政変で、百済型と呼んでおこう。なお、唐は六四五年の高句麗遠征に際し百済の派兵を求めていたが、その間百済が新羅を攻撃するなど、半島三国に及ぶ戦いともなった。

こうした政変の歴史的背景として、中国大陸における唐帝国の興隆をあげねばならない。六二八年に中国を統一した唐は、六三〇年に東突厥《ひがしとっくつ》、六四〇年には西域の高昌《こうしょう》国を滅ぼし、強国化に突き進んでいた。この唐帝国の巨大な力が、東アジアの周縁諸国に影響を及ぼし始めており、その結果、唐と近接する半島諸国は、それぞれが唐に対処するため国家権力を集中して、強固な統一王権の方向に向かっていた。

なお、新羅では、六四七年に上大等《じょうだいとう》（貴族会議の首班）の毗曇《ひどん》が、善徳《ぜんとく》女王の排斥を企図して反乱を起こした。乱は鎮圧されたが、その最中に女王が死亡し（病死か）、新たに真徳《しんとく》女王が即位する。その後、女王を支援する金春秋《きんしゅんじゅう》（後の武烈《ぶれつ》王）・金庾信《きんゆしん》らが勢力をふるい、中央集権化が進んでいった。まさに半島三国において、荒れ狂う政治状況であった。

乙巳の変

高句麗と百済の政変が伝わった皇極女帝の六四二年（皇極元）、蘇我氏本宗をはじめとする貴族勢力や王族（皇親）側に強い衝撃が走ったことはいうまでもない。半島での、貴族が国の実権を握る高句麗型政変と、国王が権力集中を実現した百済型政変の情報が生々しく伝わってきたからである。日本列島でも中央集権化のためには、国王と貴族との権力闘争が避けられない。

前章でみたように、六四三年、蘇我蝦夷は私的に入鹿に紫冠を与え、大臣位に擬した。その後、入鹿は巨勢徳太らを遣わして斑鳩宮に山背大兄を襲った。山背大兄はいったん膽駒《いこま》山に逃げたが、東国の乳部《みぶ》(壬生部)に依拠した戦いを勧める進言を拒否して、斑鳩寺で自尽した。

この事件を聞き及んだ蝦夷は、「噫《あ》、入鹿、極甚《はなは》だ愚痴《おろか》にして、専行暴悪《たくめあしきわざ》す、儞《い》(お前)が身命《いのち》、また殆《あやう》からずや」と怒り罵ったという(皇極二年一一月条)。入鹿は、山背大兄を自ら膽駒山に捜しに行こうとし、古人大兄に戒められた。こうした逸話をみると、どちらかといえば直情型の人格であろうか。僧旻によれば、入鹿の才能は抜きんでていたというが、政治的振舞いは父親の老練さには及ばなかった。

このように国内の政治的危機が進行するなか、中臣鎌足は入鹿に対する反感を募らせていた。『書紀』の描く鎌足像は、その子藤原不比等の影響もみられるので、記述どおりには理解しない方がいいが、「(入鹿が)君臣長幼の序《ついで》を失ひ、社稷《くに》を闚《うかが》ふ権《はかりこと》を挟《わきばさ》むことを憤《いく》み」(皇極三年正月条)と書かれている。そして、中大兄に心を寄せ、唐から帰国した南淵請安《みなぶちのしょうあん》のもとに学び、やがて二人が謀って、入鹿の暗殺を計画していたという。

さらに鎌足は、中大兄と蘇我倉山田石川麻呂の娘(遠智 娘《おちのいらつめ》か)を婚姻させ、蘇我傍系との結びつきを強めた。摩理勢の場合と同じように、蘇我氏といえども一族が結束していたわけではなく、こうして蘇我一族のなかにクサビを打ち込んだのである。

一方の蘇我氏本宗側では、蝦夷と入鹿が、甘樫岡《あまかしのおか》に上の宮門（大臣家）と谷の宮門（入鹿家）を建て、「家の外《と》に城柵《きかき》を作り、門《かど》の傍《ほとり》に兵庫《つわものぐら》を作る」（皇極三年一一月条）ありさまで、邸宅の軍事的防御に余念がなかった。こうして、中大兄らの王族と蘇我氏本宗との軋轢《あつれき》が高まっていった。

六四五年（皇極四）六月、詐って「三韓の調」が献上される儀式が設定された。場所は、飛鳥板蓋宮の「大極殿《だいごくでん》」である。ただし、この時期には後の朝堂院《ちょうどういん》の正殿となるような大極殿は存在していないので、宮の中心となっていた建物を指すだろう。朝貢国の証しとなる「調」が貢納される儀式は、天皇が参列する服属儀礼である。皇極女帝が出席するセレモニーなので、入鹿も行事に参加する。仕組まれた儀式であったが、当時、百済・新羅・高句麗の使者も入国しており、実際に儀式が行なわれることもありえる状況だった。

疑い深いといわれる入鹿であったが、昼夜身につけていた剣を俳優《わざひと》（芸人）に解かれ、大極殿の儀式に参列した。皇極が出御し、おそらく大極殿の前庭で、石川麻呂が「三韓の上表文」を読むさなか、中大兄と佐伯連子麻呂《こまろ》らによって入鹿は殺された。古人大兄はすぐさま私邸にもどり、「韓人《からひと》、鞍作臣《くらつくりのおみ》（入鹿）を殺しつ。吾《わ》が心痛《こころいた》し」と人に語ったという。しかし、韓人が入鹿を暗殺したことはありえない。『書紀』は、「韓政《からひとのまつりごと》に因《よ》りて誅《つみ》せらるを謂《い》ふ」と注記を付している。「三韓の調を貢納する政事において誅殺された」という意味であろうか。

その後、中大兄は飛鳥寺を陣地とし、諸皇子・諸王・諸卿大夫らを結集させた。そして、入鹿の遺体を蝦夷側に引き渡した。また、邸宅を防御し蝦夷を守ろうとする漢直《あやのあたい》らを説得すると、彼らは逃散したという。その翌日、蝦夷は自尽するにあたり、「天皇記《すめらみことのふみ》・国記《くにつふみ》・珍宝《たからもの》」を焼いたが、国記は取り戻された。

こうして蘇我氏本宗は滅ぼされたが、蝦夷と入鹿の遺体を墓に葬することは許された。当初の大陵・小陵に埋葬されたのであろうか（一三九頁）。このクーデターは、乙巳《いっし》年（六四五）に起こったので、「乙巳の変」と呼んでいる。

以上は、『書紀』の記述を基礎にしているが、そのあらましは事実と思われる。このように日本列島では、半島の政変になぞらえるなら、王が権力を集中する「百済型」の政権が誕生したのである。

譲位と孝徳新政権

蝦夷が自尽した次の日、皇極女帝が譲位し、同母弟の軽《かる》皇子が即位した〈六四五年〈大化元〉六月〉。孝徳天皇である。孝徳は敏達天皇の曽孫で、三世王である。本来であれば皇統には遠い存在であるが、皇極の弟という地位の影響が強い。この時の有力な後継者であった中大兄が、まだ二〇歳前後で王位の適齢期ではなかったことも影響したと思われる。

ヤマト王権において、これまで王位は終身位であったが、ここにはじめて生存中の譲位が行なわれた。しかも、群臣が推挙して新帝を選出するのではなく、王権の自律的行動によって譲位が実行されている。古代王権の歴史で、終身王位制にかわって生存中の譲位が実現したことは、まさに画期的な出来事である。眉輪王に殺された安康天皇と、蘇我氏が暗殺した崇峻天皇だけは別だが、それまでの終身王位制では、いうまでもなく王の自然死によって、代替わりが行なわれた。

さて、『書紀』の記述によれば、即位した孝徳は中大兄を「皇太子《こうたいし》」、阿倍内麻呂《うちまろ》を左大臣、蘇我倉山田石川麻呂を右大臣に任用した。当時はまだ皇太子の語がないので、本来の中大兄は「太子」である。また、中臣鎌足に大錦冠《だいきんかん》を授け、内臣《うちつおみ》に任じたと記す。ただし、この時期には大錦冠の位階はまだなく〈六四七年〈大化三〉施行〉、内臣は政権の顧問格のような地位であろうか。

先述のように、蘇我氏傍系の石川麻呂が、右大臣に登用されている。この一事をしても、乙巳の変によって蘇我氏全体が滅んだわけではないことがわかる。主流は本宗から傍系に変化したが、蘇我氏はかわらず、政権の中枢をになう一族であった。

新政権を構成する、天皇・前皇極女帝（皇祖母尊《すめみおやのみこと》）・中大兄らは、飛鳥寺の西の大槻《おおつき》のもとで誓約を行なって、結束を固めた。「天《あめ》は覆《おお》ひ地《つち》は載《の》す。帝道《きみのみち》唯一《ただひとつ》なり」「今より以後《のち》、君は二つの政《まつりごと》無く、臣《やっこらま》は朝《みかど》（朝廷）に弐《ふたごころ》あること無し。若《も》し此の盟《ちかい》に弐《そむ》かば、天災《あめわざわい》し地妖《わざわい》し、鬼誅《ころ》し人伐《う》たむ。皎《いちしる》きこと（明らかなこと）日《ひ》月《つき》の如し」（孝徳即位前紀）と伝える。このように、王権の統一を誓ったのである。

そして、『書紀』は「大化」と改元したと記す。大化は「広大な徳化」の意味といわれる。しかし、この時期以降、七〇一年の「大宝《たいほう》」年号以前の同時代史料は、紀年を干支《かんし》で記している。大化は、恒常的に用いられた年号とは考えがたい。

孝徳は、舒明の娘間人《はしひと》皇女を皇后とし、左大臣阿倍内麻呂の娘小足媛《おたらし》と、右大臣蘇我倉山田石川麻呂の娘乳娘《ちのいらつめ》を妃《みめ》とした。左・右大臣の娘と結婚し、群臣との結びつきを強めたことになる。群臣からいえば、娘を天皇と結婚させるのは、自らの地位の安定化につながったのであろう。このことからも、孝徳新政権において蘇我氏は重要な位置にあったことがわかる。

なお、蘇我入鹿が即位を望んだ古人大兄は、皇位を決める場において佩刀《はいとう》を解き、飛鳥寺で髯髪《ひげ》を剃って、袈裟《けさ》を着て出家して吉野に向かった。かつては鎌足の推挙があったとはいえ、後ろ盾の入鹿が殺された今、あらぬ疑いを掛けられる恐れがあった。事実、その後九月には蘇我田口臣川堀《かわほり》らと謀反を企てたと仲間に自首され、斬殺されている。蘇我氏傍系の一人が、まだ古人大兄を支援していたのである。

2　大化の改革と蘇我倉山田石川麻呂

改新政権の改革

蘇我氏の立場からみた大化改新とは、どのような事件だったのだろうか。乙巳の変では蘇我氏本宗が滅ぼされたが、そのプロセスでは、当の蘇我氏の傍系が政変の勝利者側に加担していた。王権の権力集中が進む過程で親族が分裂するのは、列島でも百済でも同じである。

全国的に行なわれた改革の方針としては、最初に東国、そして全国への使者派遣、改新の詔、社会風俗(愚俗《ぐぞく》)の改革が重要政策である。順次、取りあげていこう。

まずは六四五年(大化元)八月、朝廷は東国へ使者を派遣し、(1)人口調査(史料の文言としては「戸籍《へのみふた》を作る」)、(2)田地調査(同「田畝《たはたけ》を校《かんが》へる」)と土地の共同利用、(3)兵器の収公と兵庫における管理を命じている(「東国国司の詔」)。なお、東北の蝦夷《えみし》と接触する地域には、武器を返している。この派遣は、地域の新たな評《こおり》(後の郡)の編成と関係しているといわれる。東国は、ヤマト王権にとって特別な政治的従属地域であり(一六一頁)、こうした施策が実施された。引き続き、王権と関係が深い大和六県(『延喜式』では、高市・葛木・十市・志貴・山辺・曽布)に対しても(1)と(2)は実施されている。

その後、さらに全国に使者を派遣し、武器の管理、戸口調査と土地の兼併や売買(賃貸借のこと)禁止の政策が打ち出されている。東国の田地調査も単なる調査ではなく、領有権の変更もともなう調査と思われるが、各地への使者派遣もこうした政治基調と共通したものである(大化元年九月丙寅《へいいん》条・甲申《こうしん》条、大化二年正月是月条)。

さらに寺院に対して、天皇は大寺(飛鳥寺)に使者を派遣し、欽明朝以来の仏教受容における蘇我氏の貢献を讃えた後、仏教への崇拝と普及を述べた。そして、「僧尼・奴婢・田畝」の調査を行なっている(大化元年八月条)。仏教普及を担う主役を天皇自ら行なうと宣言したのである。

また、対蝦夷策として、日本海側の越《こし》には渟足《ぬたり》柵(大化三年是歳条。旧、越後国渟垂《ぬたり》郡〈現、新潟県阿賀野川河口付近か〉)、磐舟《いわふね》柵(大化四年是歳条。現、新潟県村上市岩船付近)が設置された(図4—1)。『書紀』には太平洋側の記載はないが、宮城県仙台市の郡山《こおりやま》遺跡が蝦夷対策の前進基地と推定されている(『郡山遺跡発掘調査報告書 総括編(1)(2)』)。

また八月には、「男女の法」が定められた。生まれる子どもを、父と母のどちらに帰属させるか、その規定である。この法によれば、良男と良女間に生まれた子は父、良男と婢との子は母、良女と奴との子は父、奴と婢との子は母につける(大化元年八月条)。つまり、良人男女と良女・奴の間に生まれた子は父に帰属し、良男と婢間、あるいは奴・婢間に生まれた子は母に帰属した。良賤間の子は、賤に帰属させたのである。これは戸口調査を進めるうえで、実際の家族生活のありさまから、帰属をはっきりさせる必要があったからである。

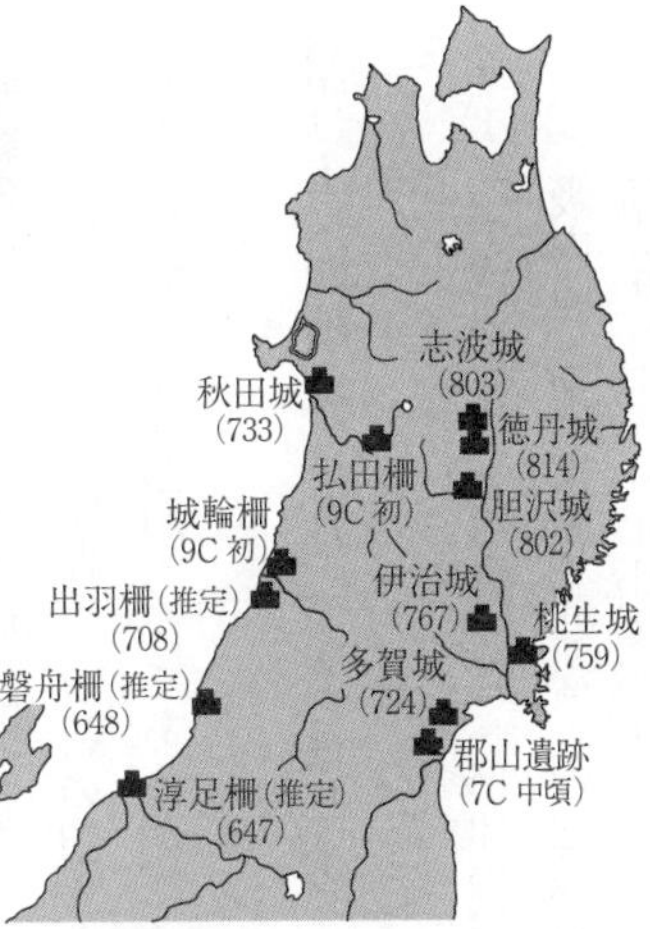

図4-1 東北地方の城柵(数字は設置年代)

「改新の詔」の構成とその歴史的意味

六四六年正月、新政権は「改新の詔」を発布した。『書紀』にしか記述がなく、しかも後世の大宝令による潤色が明らかであるが、とりあえず、詔がどのような構成になっているのか、考えてみよう。

詔は主文四項と、「凡《おおよそ》」からはじまる副文（凡条）一三条からなる。主文は、

(1)「子代《こしろ》の民《おおみたから》・屯倉《みやけ》」と「部曲《かき》の民・田荘《たどころ》」を廃止して「食封《へひと》」等を支給
(2)畿内国《うちつくに》・郡（実際は評）などの地域行政組織や軍事・駅制を設定
(3)「戸籍・計帳《けいちょう》・班田収授《はんでんしゅうじゅ》の法」といわれる戸口と田地の調査
(4)旧の賦役《ぶやく》をやめて、新たな税制を施行

という内容である。

中等教育の教科書では、第一項を重視して「私地私民制」から「公地公民制」への転換と説明することが多い。部民制の廃止が、統一的な公民制支配への転換を意味することは事実である。しかし、領有する田地が「私地」から「公地」へ転換したとするような歴史的意義付けは

できない。

この「公地公民制」は、律令制下でも継承されたと考えられている。しかし、律令法では百姓の口分田《くぶんでん》は、法意識においては「私田」であり「私地」である。こうした土地政策の基調を、あえて「公地公民制」と定義することは基本的に無理がある。歴史的事実としては、「私地私民制」が公に規定されるという墾田《こんでん》永年私財法（七四三年）以降が、「公田・公地・公民制」と評価できる社会となる（拙著『日本古代の社会と国家』）。

そのため、改新の詔の方針については、部民制から「公民制」への転換として位置づけ（第一項）、それに伴う諸改革の内容が第二項から第四項であると捉えておきたい。部民制を改革して公民制へ転換する方策は、蘇我部などの豪族所有部を解体することになる。巨視的にいえば、旧来の豪族から、官僚制的貴族への転換ということになる。つまり、蘇我氏を例にとりあげれば、豪族としての蘇我氏から、官僚的存在としての蘇我氏に生まれ変わらざるをえないということである。

改新の詔の原型をさぐる

改新の詔は、七〇一年制定の大宝令文で潤色されていて、『書紀』は本来存在した当時の詔文（原詔）を伝えていない。かつては改新詔否定説も存在したが、原詔は実在していた可能性が高い。原詔の復元ができない現在、孝徳朝の正確な政治改革を理解することは不可能に近い。

しかし、潤色がなぜ行なわれたのか、その意図を探ることはできる。改新の詔のうち、明らかに大宝令文で潤色された語句は、行政単位を示す「郡《ぐん》」と田地の面積の単位である「町段《ちょうたん》歩《ぶ》」の文字である。改新の詔と同時代である孝徳期には「郡」が「評」（読みは同じ「コホリ」）、「町段歩」は「代《しろ》」であった。「評」と「代」は、日本が朝貢国と位置づけた朝鮮諸国で使用されていた地域行政と面積の単位であり、七世紀の社会では、朝鮮諸国の影響が強かったことがうかがえる。「東夷《とうい》の小帝国」の面目を主張できるような、法制度はまだできていなかったのである。

しかしながら、『書紀』の改新の詔では「評」や「代」など、朝貢国の制度に基づく行政地域と田地面積の単位を抹消し、「郡」と「町段歩」に変更した。興味深いことに、大宝令以降の国郡制は唐の州県制、町段歩制は唐の頃畝《けいほ》制とも異なっている。『書紀』の改新の詔は中国とも異なり、否、むしろ中国と比肩できる法治国家の始原として、東アジアにおける独自の改革案を提示したのである（拙稿「大化改新詔に関する覚書」）。

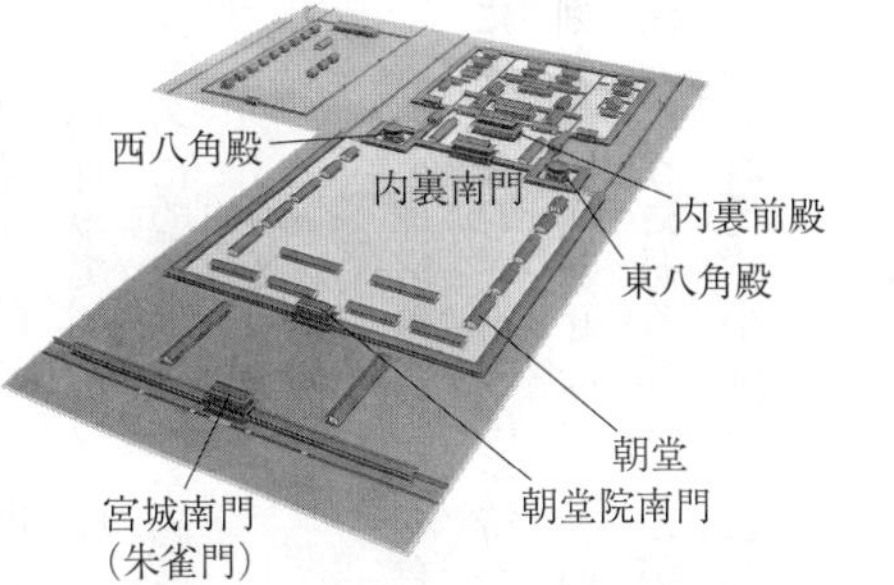

図4-2　前期難波宮復元模型（大阪歴史博物館所蔵）

難波遷都と地方支配

ところで、改新の詔発布の前年一二月、難波《なにわ》遷都が行なわれた。当初はすでに難波に所在した子代離宮《こしろのかりみや》や小郡《おごおり》宮が用いられたが、最終的には六五二年（白雉《はくち》三）に完成した難波長柄《ながらの》豊碕《とよさき》宮に遷る。『書紀』には遷都の記述があるだけで、王宮の構造はわからない。しかし、考古学の発掘調査によって、かなりその構造が明らかになっている。これは今日、大阪市中央区の前期難波宮遺跡として存在する（**図4―2**）。

後に営まれた藤原宮・平城宮の朝堂院は、東西六堂ずつの一二堂である。しかし、前期難波宮の場合、復元案の朝堂院部分は、東西に各八堂で一六堂の建物址が存在する。ところが、前期難波宮以降の飛鳥の王宮には、藤原宮まで「朝堂院」はない。このように前期難波宮は特殊な位置をしめるが、その理由については、当時の史料から考えるしかない。まずは小郡宮の作法を記した部分をみてみよう。

天皇、小郡宮《おごおりのみや》に処《おわ》して、礼法を定めたまふ。其《そ》の制《のり》に曰《い》はく、「凡《おおよ》そ位有《くらいたも》ちあらむ者は、要《かなら》ず寅《とら》の時に、南門《みなみのかど》の外《と》に、左右羅列《つらな》りて、日の初めて出づるときを候《うかが》ひて、庭《おおば》に就《ゆ》きて再拝《おが》みて、乃《すなわ》ち庁《まつりごとどの》に侍《はべ》れ。若《も》し晩《おそ》く参《もうこ》む者は、入《まい》りて侍ることを得ざれ。午《うま》の時に到るに臨《のぞ》みて、鍾《かね》を聴《き》きて罷《まか》れ。其の鍾撃《つ》かむ吏《つかさ》は、赤《あかいろ》の巾《ちきり》を前に垂れよ。其の鍾の台《かけもの》は、中庭《おおば》に起《た》てよ」。

（大化三年是歳条）

この小郡宮の礼法は、有位者（位を持つ者）は、寅の時（午前三〜五時）、王宮の南門の外で左右に列をなし、日の出を待って庭（朝庭《ちょうてい》、後の朝堂院の広場）に進んで再拝《さいはい》し、庁舎に出仕せよ、遅刻者は出仕させない、という定めであった。「毎日」とは書かれていないが、政務の日には礼法のように振る舞うことが求められていた。そのため、宮には朝庭や庁舎を含む規模の面積が求められた。小郡宮はまだ遺構が確認されていないが、前期難波宮はこのかたちに適合的である。

さて、王宮はこのような構造であったが、全国の行政区画はどうであったろうか。改新の詔によると、「畿内国」と「郡」とが設置されている。畿内国とは、律令制の四畿内（大和・河内・山背・摂津国、後に和泉国を入れて五畿内）とは原理を異にし、東は名墾横河《なばりよこかわ》、南は紀伊兄山《きのせやま》、西は赤石櫛淵《あかしくしふち》、北は近江狭々波《さざなみ》合坂《おうさか》山を境とする国である。ちょうど、その中心に難波宮が位置している。

この畿内国と同時に、「郡」が置かれた。しかし、郡の名称は大宝令からであり、当時は「評」であった。『常陸国風土記《ひたちのくにふどき》』によれば、評制の実施は六四九年（大化五）となるが、全国的にも孝徳朝に評が設置されたと思われる。改新の詔に規定された税制単位は五十戸であり、五十戸単位に百姓を管理する制度（五十戸制）が、孝徳朝に始まった可能性が高い。この五十戸は、後に「里《さと》」と呼称される。現在は、飛鳥浄御原令の施行以前の六六五年（天智四）に、「五十戸」と記された木簡《もっかん》が出土している。

このように改新政権は、難波に宮造りを始め、全国に評の設置を進めていったことがわかる。なお、孝徳は終生、難波宮を王宮にしたが、六五三年（白雉四）、太子の中大兄は飛鳥への還都を申し出る。しかし、孝徳が拒否したので、中大兄は皇極や孝徳の皇后を引き連れて、飛鳥河辺行宮《かわらのかりみや》へ戻ってしまった。ここに、孝徳と中大兄との不和が公然化することになった。

社会風俗の改革

この孝徳朝の改革で注目したいのは、社会風俗に関する大化二年三月詔である。詔は、

(1) 王から庶民までの、墓の石室・墳丘などの規制(大化薄葬令《はくそう》)
(2) 結婚・離婚などの婚姻規制や旧俗に対する改正
(3) 各地の市の管理者(市司《いちのつかさ》)と交通要路の河川の渡し場(津済《つわたり》)への手数料の廃止
(4) 農繁期の田地耕営に、「美物《いお》(肴)と酒」(魚酒《ぎょしゅ》)を振る舞うことの禁止

という内容であった。改新の詔と異なり、中国家父長制の影響も一部にみられるが、当時の人々の生活を垣間見ることができる。

(1)は、殯《もがり》の規制や殉死の禁制を含む。造墓の規制は一般に「大化薄葬令」といわれるが、その実効性には疑問を持たれることが多い。ただし、長期的にみれば天皇陵を含めて薄葬化したことは否めない。(2)から(4)にかけては、どちらかといえば異なる集団の成員間における係争の問題が多い。これらは氏族の問題とも関わってくるが、その前後の史実は必ずしも明白ではない。

後の時代まで関係するのが、(4)の「凡《おおよ》そ畿内《うちつくに》より始めて、四方《よも》の国に及《いた》るまでに、農作《なりわい》の月に当《あた》りては、早《すみやか》に田営《つく》ることを務めよ。美物《いお》と酒とを喫《くら》はしむべからず」である。この史料は、屯倉に付随する田地の経営ではなく、一般の人々の日常的な農業経営のあり方への規制である。

ここでは、農繁期における田植などの農作業に努めることを勧めている。その際、田夫(農人)に肴や酒(魚酒)を飲食させることを禁じた法令である。こうした禁止令をみると、すでに農繁期の農作業が共同体の共同労働では行なわれておらず、家産の多寡に影響されていることがわかる。つまり農業経営は共同経営ではなく、個別経営として営まれていた。

しかも、田植などの農繁期の労働力編成にあたって、多くの魚酒を提供した方が田夫を容易に集められるなど、個別経営者の資力が大きく影響していた。当規定は、その禁止を唱えたもの。こうした魚酒型労働の禁止令は、その後、八四九年(嘉祥《かしょう》二)にも出されている(石川県加茂《かも》遺跡出土加賀郡牓示《ぼうじ》札)。禁制は九世紀半ばまで続くので、慣習は容易には変えられなかったとみえる。

旧俗は「愚俗」とも呼ばれているが、詔は旧来の慣習を改めさせる革新的な試みであり、新たな礼制を導入しようとする朝廷の重要施策であった。このように、孝徳朝は婚姻のあり方から農繁期の農作業にいたるまで、細かい法規制を提示して社会慣習の改革をめざしたのである。ただし、その結果が順調にいったかどうかは、必ずしも明白ではない。

蘇我倉山田石川麻呂と山田寺

孝徳朝の改革はこのように行なわれたが、この中での蘇我氏の役割はいかがであろうか。改新政権には、右大臣として蘇我倉山田石川麻呂（以下、石川麻呂と略す）が参加していたが、当初、孝徳は左右大臣に「当《まさ》に上古《いにしえ》の聖王《ひじりのきみ》の跡《あと》に遵《したが》ひて、天下を治むべし。また当に信《まこと》を有《たも》ちて、天下を治むべし」（大化元年七月条）と命じており、一体となって施策に取り組んでいたことがうかがえる。

六四八年（大化四）四月、古冠（推古朝の冠位十二階制）をやめ、前年に決められた七色十三階の冠制を施行した。しかし、石川麻呂は左大臣阿倍内麻呂（倉梯《くらはし》麻呂）とともに、古い冠を着けた。左右大臣は、新たな孝徳朝の冠位制の秩序には入らず、その枠外に位置したことになる。つまり改新政権の新体制に、完全には組み込まれていなかった。「分裂の芽」を内包していたのである。ちなみに左右大臣が冠位制に組み込まれるのは、両人が没した後、六四九年（大化五）四月に小紫《しょうし》巨勢徳陀古《こせのとくだこ》（徳太《とこだ》）に大紫《だいし》を授けて左大臣に、小紫大伴長徳《ながとこ》（馬飼）に大紫を授けて右大臣に任じてからである。このような経過で、左右大臣が冠位制に包摂されたのである。

阿倍内麻呂が亡くなったのは、この一月前、三月である。そしてその七日後に、石川麻呂の異母弟日向《ひむか》(身刺《むざし》)が、「石川麻呂に謀反の疑いがある」と中大兄に讒言《ざんげん》する。これを信じた中大兄と孝徳に責められて、石川麻呂は山田寺で自死する。妻子も殉死した。残った者も絞殺や流罪に処せられた。しかし、没収した資財のうち、宝物などには中大兄の物と記して、献上する意志が示されていたので、石川麻呂の謀反の疑いは消えた。蘇我日向は、筑紫大宰帥《つくしのおおみこともちのかみ》(筑紫全域を管轄する大宰の長官か。後の大宰府《だいざいふ》長官)に左遷されたという。

こうした記述は、額面どおりに受け取れるかどうか、やや問題がある。なぜなら、石川麻呂の娘遠智娘は天智妃で、その子鸕野《うの》皇女は天武妃で後の持統天皇、同じく石川麻呂の娘で天智妃の姪娘の子は、阿閇《あへ》皇女、つまり文武《もんむ》天皇の母(元明天皇)である。こうしたことから、『書紀』における石川麻呂の記述には、何らかの修飾が加わっていた可能性がある(吉川真司『飛鳥の都』)。確かなことは、石川麻呂が異母弟の言動によって、自殺に追い込まれたことである。蘇我氏本宗の亡き後、傍系の石川麻呂の兄弟の中にも思惑の違いがあったことはまちがいない。

石川麻呂が自死を選んだ山田寺(法号は浄土《じょうど》寺)については、『上宮聖徳法王帝説』の「裏書」に堂塔建設の記述があり、その歴史がわかる。六四一年(舒明一三)に造成が始まり、六四三年

図 4-3　山田寺の連子窓

（皇極二）に金堂が建てられ、六四八年（大化四）には僧が住む。金堂と僧坊が完成したのであろう。その翌年に石川麻呂が自死した。その後、六六三年（天智二）に塔の建立、六七三年（天武二）に塔の心柱が立てられ、六七六年（天武五）に露盤《ろばん》（相輪）を上げている。六七八年（天武七）に丈六仏《じょうろくぶつ》が鋳造され、六八五年（天武一四）に開眼《かいげん》を迎える。このように完成まで四四年かかっているが、石川麻呂の孫娘持統天皇の尽力が大きかったといわれる（『山田寺』）。

　丈六仏の仏頭は、興福《こうふく》寺の本尊として残っている（興福寺の僧が、山田寺の仏像を持ち帰ったとされる）。また、法隆寺献納宝物の阿弥陀《あみだ》三尊像（東京国立博物館所蔵）は、山田寺伝来といわれる。山田寺は一〇世紀末から一一世紀前半に東面回廊が倒壊し、発掘調査の結果、連子《れんじ》窓《まど》や瓦が出土した（**図4―3**）。現在、飛鳥資料館で復元・展示されているので、当時の回廊を実見できる。なお、山田寺は一二世紀後半に金堂と塔が焼失するまでは命脈を保っていた。

3　生き延びる蘇我氏傍系――七世紀後半の蘇我氏

斉明女帝の重祚と赤兄

孝徳天皇は、六五四年（白雉五）ひとり寂しく難波宮で病死した。新天皇には、皇極女帝が「重祚《ちょうそ》」した。斉明天皇である。譲位した天皇がふたたび即位することを、重祚という。初めての例である。

孝徳天皇には、子の有間《ありま》皇子がいたが、一六歳前後で、いかにも若い。中大兄の方は三〇歳前後であり、やはり若いと判断されたと思われる。ただし、中大兄は、引き続き太子として政務にかかわっており、こうした太子の地位を重視する考え方もある。巨勢徳太も左大臣を続けたが、六五八年（斉明四）に没している。

六五七年（斉明三）、有間皇子は「陽狂《いつわりくるい》（狂人をよそおう）」して、紀伊の牟婁温湯《むろのゆ》（現、和歌山県白浜町の温泉）に出かけ、「纔《ひただ》（わずかに）彼の地《そところ》（牟婁）を観《み》るに、病自《おの》づからに蠲消《のぞこ》りぬ（自然に快復）」といって、牟婁を土地讃《とちぼ》めした。その翌年、斉明は国讃めされた牟婁温湯に行幸する。その間、留守官の蘇我赤兄が有間皇子に「斉明の三失政」を語ったという。

(1)大きに倉庫《くら》を起《た》てて、民財を積み聚《あつ》むること
(2)長《とお》く渠水《みぞ》を穿《ほ》りて、公粮《ひとのくらいもの》を損《おと》し費《ついや》すこと
(3)舟に石を載《つ》みて、運び積みて丘にすること

である。有間皇子は、赤兄が自分に好意を寄せていると思い、「吾《あ》が年《とし》始めて兵《いくさ》を用ゐるべき時なり」と答えたという。ところが、これは蘇我赤兄による「挑発」であった。有間皇子は赤兄に皇子宮を囲まれて捕らえられ、牟婁温湯に護送されて尋問された。そして、藤白坂《ふじしろのさか》(現、和歌山県海南市藤白付近)で絞殺されてしまう。

『書紀』が引用する「或本」などには、「有間皇子、蘇我臣赤兄・塩屋《しおや》連小戈《おこ》(鯯魚《このしろ》)・守《もり》君大《おお》石《いわ》・坂合部《さかいべ》連薬《くすり》と、短籍《ひねりぶみ》(木簡か)を取りて、謀反《みかどかたぶ》けむ事を卜《うらな》ふ」とある。有間皇子に謀反の意志があったことを伝えているが、皇子はこうした動向を察知した赤兄に、はめられた可能性が高いかと思われる。

ところで、この「斉明の三失政」とされる土木工事は、実際に行なわれた公算が強い。斉明

は「興事（おこしつくること）を好む」と評されたが（斉明二年是歳条）、香具山の西から石上山《いそのかみやま》まで渠《みぞ》を掘り、「狂心《たぶれこころ》の渠」と称された。石上山は、奈良県天理市石上の山であり、石上から香具山の西まで渠が掘られ、石垣を造成したり、石の山丘が造られたという。この石垣や石の山丘は、明日香村大字岡に所在する酒船石《さかふねいし》遺跡と関係することはまちがいなく、事実を述べたものである。

図4-4　中大兄が造った水時計のイメージ

このほか斉明朝には、苑池《えんち》などの大土木工事も実施され、石神《いしがみ》遺跡の第一期が斉明朝の遺構とされる。また、六六〇年（斉明六）に中大兄が造った漏《ろ》剋《こく》（水時計）は（**図4－4**）、飛鳥の水落《みずおち》遺跡にあった。このように斉明朝には、王宮に付属した苑池や庭園が造営されていた。

六六〇年（斉明六）、新羅・唐連合軍による百済の滅亡が伝えられた。その後、百済の遺臣鬼室福《きしつふく》信《しん》から、百済救援と倭国にいる王子余《よ》豊璋《ほうしょう》の帰国の要請があった。斉明天皇は支援の準備をはじめ、

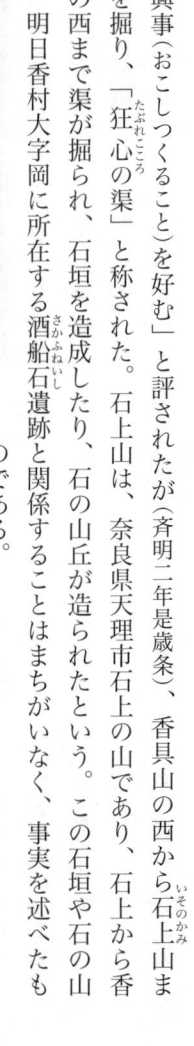

六六一年(斉明七)には百済救援のため、瀬戸内海を西に向かい、博多湾の娜大津《なのおおつ》(那津)から上陸し、朝倉橘広庭宮《あさくらたちばなのひろにわ》に移動した。ところが斉明は、その朝倉宮で急死する。そのため、中大兄が称制《しょうせい》(正式の即位をせずに政務を執ること)することになる。

天智天皇の即位

六六二年(天智元)、中大兄は余豊璋を百済の王位に即けて帰国させた。百済を朝貢国と位置付けてはきたが、日本側で即位させたのは初めてである。王位継承に干渉していることを考えると、古代の帝国主義と呼ぶべき事態であろう。六六三年(天智二)には、百済救援のため前・中・後将軍の三軍編成で「二万七千人」を派遣した。ところが、百済では余豊璋が鬼室福信を殺害したりする内紛も起こり、倭・百済連合軍は白村江《はくそんこう》の戦いで唐・新羅連合軍に大敗した。

白村江の戦いに大敗した倭国では、六六四年(天智三)から、敵軍の襲来に備え、対馬《つしま》・壱岐《いき》・筑紫に防人・烽《すすみ》を設置する。翌年には、九州の大野・椽《き》(基肄《きい》)と長門《ながと》に朝鮮式山城を築く。ただし、『書紀』には記述されていないが、肥後の鞠智城《きくちのき》(現、熊本県山鹿《やまが》市・菊池市)なども、この時期に設置された可能性が高い。

六六七年(天智六)、中大兄は大津に遷都する。この年には、大和の高安《たかやす》城、讃岐の屋嶋《やしま》城、対馬の金田城《かなた》を築城している。基本的には、対外的危機は継続しているとみなければならない。したがって、遷都も防衛的性格をもつと思われる。

そして六六八年(天智七)正月、中大兄が即位する。天智天皇である。同二月に后妃の記事があり、天智皇后に倭姫《やまと》(古人大兄の娘)が立后したほか、蘇我倉山田石川麻呂や蘇我赤兄の娘を嬪とした。赤兄の娘は常陸娘《ひたち》といい、山辺皇女《やまのへ》を生む。山辺皇女は大津皇子《おおつ》(天武天皇の子)の妃で、後に大津皇子が謀反の疑いをかけられ自死する際、殉死する。

このようにみてくると、赤兄は中大兄と親密な関係であったことがわかる。有間皇子を「挑発」したのも、直接の指示があったかどうかは別にして、その意向に配慮した可能性がある。飛鳥の留守官になった赤兄は、六七一年(天智一〇)に左大臣となる。時に四九歳といわれるので六二三年の生まれ。赤兄は、壬申の乱で配流後、『書紀』には登場しなくなる。

大臣であった連子

こうしたさなか、『書紀』天智三年(六六四)五月条に「大紫蘇我連大臣薨《だいしみう》せぬ」とみえる。つまり、蘇我連(以下、連子《むらじこ》と表記)が大紫(大化五年・天智三年の冠制では五番目)の冠位で、大臣として死亡した。連子は馬子の孫で雄当の子、石川麻呂の弟、赤兄の兄といわれる(**図3－8**参照)。『続日本紀』天平宝字六年九月乙巳《いっし》条の石川年足《としたり》の薨伝に「年足は、後岡本朝(斉明朝)の大臣大紫蘇我臣牟羅志《むらじ》が曽孫」、『公卿補任』天智天皇条に「元年、(連子を)大臣と為すこと故《もと》の如し」とあるので、『書紀』には記載がないが、じつは斉明朝から大臣の地位にあった。あるいは六五八年(斉明四)に没した、巨勢徳太の後任かという(日本古典文学大系『日本書紀』下、頭注)。徳太没後は、左右大臣がいなかったので、大臣と称されたのであろう。『扶桑略記』には享年五四歳とする。正しければ、六一一年の生まれになる。

残念ながら、連子に関する記事は死亡記事と系譜にしかみられないので、詳細は不明である。名前の「連」は、後の藤原不比等(史)が田辺史のカバネ(史)を名前にしたのと同様、養育された氏族のカバネからとったものであろう。大伴連・中臣宮地《みやじ》連・額田部連氏らが候補になるが、不明である。「子」は尊称である。

大友皇子と大海人皇子

六七一年正月、天智天皇は大友皇子を太政大臣、蘇我赤兄を左大臣、中臣金《かね》を右大臣、そして蘇我果安《はたやす》・巨勢人《ひと》・紀大人《うし》を御史《ぎょし》大夫《たいふ》に任命した。御史大夫とは、後の大納言《だいなごん》相当官である。天智のもと、大友を首班とする政治体制である。天智は、次期の皇位に大友を意識していたとみてさしつかえない。なお、天智朝には、法官《のりのつかさ》（後の式部省《しきぶ》）・理官《おさむるつかさ》（治部省《じぶ》）・大蔵《おおくら》（大蔵省）・兵政官《つわもののつかさ》（兵部省《ひょうぶ》）・刑官《うたえのつかさ》（刑部省《ぎょうぶ》）・民官《かきのつかさ》（民部省《みんぶ》）の六官が設置されていた。一部に近江令体制と説く説もあるが、近江令はまだ体系的な法典ではない。せいぜい単行法令の集成程度であろう。

さて、大友皇子は、天智と伊賀采女《いがのうねめ》である宅子娘《やかこ》との子である。母親は采女なので「卑母」となる。しかし、人物の性格は『懐風藻《かいふうそう》』によれば、

年甫《はじ》めて弱冠《じゃっかん》（二〇歳）、太政大臣に拝《め》され、百揆《ひゃっき》を総《す》べて試みる。皇子博学多通、文武《もんむ》の材幹《さいかん》有り。始めて万機《ばんき》を親《した》しめすに、群下畏服《ぐんかいふく》し、粛然《しゅくぜん》にあらずといふこと莫《な》し。年二十三、立ちて皇太子と為《な》る。

と記されている。文武両道に通じた、博学の人である。

一方、天智の弟である大海人皇子は、『書紀』天武即位前紀に、

生《あ》れましより岐嶷《いこよか》（人に抜きんでているさま）なる姿《みすがたあ》有り。壮《おとこざかり》に及《いた》りて雄抜《おお》しく神武《たけ》し。

天文《てんもん》・遁甲《どんこう》に能《よ》し。

と評されている。能力的にも優れた人物であった。『書紀』では「大皇弟《だいこうてい》（皇大弟）」として扱われているが、「東宮《とうぐう》大皇弟」（天智八年一〇月条）とも称されている。この記載が正しければ、天智朝には東宮（太子）であった。天武即位前紀にも、天智即位年（六六八）に東宮とする。ただし、壬申の乱で大友が率いる近江朝廷側と戦ったことを正当化するため、後から大海人を太子としたとする考え方もある。

先述のように、このときまでの皇位継承は、(1)兄弟継承と(2)大兄という二つの原理で行なわれていた（井上光貞『天皇と古代王権』）。「大兄」とは、天皇ないし天皇たり得べき人の長子であり、(2)の原理は世代間継承の際に用いられていた。たとえば、欽明の後は、子の敏達（石姫との間の皇子。ただし、兄の箭田珠勝《やたのたまかつ》大兄が死亡）が即位し、ついで用明（堅塩媛との皇子）、崇峻（小姉君との皇子）というように敏達の異母兄弟が即位している。一方でこの頃、蘇我氏の本宗のように直系継承を重視する社会風潮も現れていた。

天智朝には、唐の影響で律令統治構想も現実的になっていた（近江令説では、令支配が実現したとみる）。律令法には、皇位継承などの王権を縛る法令は含まれないが、天智朝につくられたという「不改常典の法《ふかいじょうてん》」が直系の皇位継承を定めた法と思われる。従来の慣習を重視すれば、天智の後は大海人となる。一方の不改常典の法では、大友が有力となるが、年齢的にはまだ若かった。

蘇我氏にとって、どちらの即位が有利な利害関係になるだろうか。乙巳の変で、本宗家が滅亡したものの、傍系の石川麻呂が中大兄に加担していた。讒言によって自死した右大臣石川麻呂の後、その弟の連子が大臣として斉明・天智政権に仕え、そして赤兄が左大臣に迎えられた。大友皇子が太政大臣に任じられた以上、大友を支持せざるを得なかったであろう。

壬申の乱

六七一年(天智一〇)九月、天智は病に倒れる(或本には八月とも)。一〇月中旬には重篤となり、宮中に大海人を呼び寄せて後事を託す。事前に蘇我安麻呂《やすまろ》から注意を喚起されていた大海人は、病と称して固辞し、皇后の即位と大友皇子の執政を勧めた。そして、天皇のために出家し、修道することを求めて、天智の許しを得た。すぐさま内裏の仏殿の南で剃髪《ていはつ》して沙門《しゃもん》となる。その後、天智から吉野における修行を許され、吉野に向かう。

近江宮から菟道《うじ》まで、左大臣蘇我赤兄・右大臣中臣金と大納言蘇我果安らが大海人を見送った。嶋宮《しまのみや》に一泊し、二日目に吉野に到着する強行軍であった。「虎に翼を着けて放てり」と述べたものがいたというが、大海人側の危機感も強かった。

近江朝廷では、翌一一月、大友皇子が内裏西殿の織《おりもの》の仏像の前に、左大臣蘇我赤兄・右大臣中臣金・蘇我果安・巨勢人・紀大人を集めた。そして、大友は手に香鑪《こうろ》を執り、「六人心を同じくして、天皇の詔《みことのり》を奉《うけたまわ》る。若《も》し違《たが》ふこと有らば、必ず天罰《あまつつみ》を被《こうぶ》らむ」と誓盟する。次に赤兄が手に香鑪を執って、臣五人が殿下《きみ》（大友）に従って天皇の詔を立て奉ることを誓い、守らない時の戒めとして、「子孫当《まさ》に絶え、家門《いへ》必ず亡びむか」も加えた。別の日、さらに五人は大友を奉り、天智の面前でも意思統一を誓った。

このように赤兄が中心となり、事実上の大友即位を誓盟した。ただし、蘇我安麻呂など、蘇我氏の中にも大海人に好意を寄せる人物もいたことは忘れてはなるまい。安麻呂は連子の子であるが、連子の死亡後、必ずしも叔父の赤兄のいいなりではなかった。

天智は、一二月に入って、近江宮で没した。大津宮の大友は、正式に即位の儀を行なわず、政務を執行する。事実上の称制である。父の天智は六年間、太子のまま政治を行なっており、父の喪の最中には即位式はできなかった。

天智が没する直前の一一月には、「対馬国司《つしまのくにのみこともち》」から筑紫大宰府に唐国使人の郭務悰《かくむそう》ら六〇〇人、送使《おくるつかい》沙宅孫登《さたくそんとう》ら一四〇〇人、あわせて二〇〇〇人が船四七隻に分乗して比知嶋《ひちしま》に停泊していることが伝えられた。この情報は、年内には近江朝廷に知らされたであろう。朝廷側は、国内外の対応に追われることになる。

　翌年の五月、舎人から近江朝の政治動向を聞いた大海人皇子は、吉野を出て東国に行くことを決意した。吉野に来て、半年後のこと。六月二四日、大海人皇子は吉野を脱出し、東国に入った。二五日には近江にいた高市《たけち》皇子、二六日には大津皇子が合流する。この前後に、近江朝廷は事態を知ったと『書紀』に記されている。壬申の乱が勃発した。

　近江側には左大臣に赤兄、大納言に蘇我果安がおり、大友と強い絆で結ばれていたことは、かつての誓盟のとおり。大友は、「遅く謀《はか》らば後《おく》れなむ。如《し》かじ、急《すみやか》に驍騎《ときうまいくさ》を聚《つど》へて、跡《あと》に乗《の》りて遂《お》はむには」という進言に従わず、使者を東国・倭京・筑紫に派遣する。国家機構を動員して正攻法で戦うという作戦である。緒戦の対応としては、不十分に終わったと言わざるをえない。もっとも緒戦で勝負がついたわけではない。最終的には、美濃・尾張など東国を掌握した大海人側が戦略と戦術に優り、大伴氏の加勢もあり勝利した。

　この間、近江側の蘇我氏は、どのように活動したのだろうか。赤兄については、七月二二日の近江・瀬田《せた》橋の決戦まで史料にみえない。当然のことであるが、左右大臣は近江で大友と行動を共にしていたのである。二三日、大友は追いつめられて山前《やまざき》で自殺したが、左右大臣らは逃亡した。しかし、二四日には捕らえられている。

もう一人の大納言果安は、七月二日を前に、山部《やまべ》王・巨勢比等《ひと》(人とも)らと不破《ふわ》へ進撃中であった。しかし、なぜか犬上《いぬかみ》川の浜《ほとり》で、果安と比等が山部王を殺害するという内紛が発生する始末であった。果安は、引き返して自殺したという。

大海人は、翌八月の二五日、高市皇子を通じて近江側群臣に処刑を言い渡した。右大臣中臣金は斬殺、赤兄・比等とその子孫、そして果安の子には配流の宣告であった。この結果、蘇我氏の男系は連子の子孫しか残らなくなった。

4　石川氏の活躍

大海人皇子の即位

壬申の乱に勝利した大海人皇子は、浄御原宮で即位した。天武天皇である。妃の鸕野《うの》皇女を皇后とした。なお、夫人のなかには赤兄の娘太蕤娘《おおぬ》がおり、穂積《ほづみ》皇子と紀《き》皇女・田形《たかた》皇女を生んでいる。赤兄の子孫は配流されたが、后妃は免れていた。穂積は七〇五年（慶雲《けいうん》二）、知太政官事に任命されており、天武系の天皇に信任が厚かったのであろう。

即位した天武は、太政大臣や左右大臣を任命せず、天皇自ら親政を行なった。草壁皇子や大津皇子、また天智の子川島《かわしま》皇子らの皇族を重用し、皇親政治を実行した。現在、天皇という君主の称号を使用した最初の国王は、天武と考えられている。天武は白村江の戦いで、王朝や国が滅びることを知った。また、壬申の乱を戦い抜いて軍事的に勝利した。その結果、「凡《おおよ》そ政要《まつりごとのぬみ》は軍事《いくさのこと》なり」（天武一三年閏《うるう》四月条）という歴史認識を体験としてつかんだのであった。こうして天武は、専制君主として振る舞っていった。

さらに畿内貴族の官人への出身《しゅっしん》法を決め、官人の考課《こうか》・選叙《せんじょ》の規則を定めた。このように天武朝には、律令官人制につながる基本的政策が実施されていった。こうした法律による国家的支配の進展は、律令法の制定につながっていく。六八一年（天武一〇）には、「朕《われ》、今よりまた律令《のりふみ》を定め、法式《のり》を改めむと欲《おも》ふ」という詔がだされた。

連子の子孫たち

それでは、天武朝において蘇我氏系の氏族は、どのように行動したのであろうか。残された連子系の子孫である。すでに述べたように、天智が大海人を近江宮の大殿に呼び寄せた際、安麻呂は大海人に好意を寄せていたので、天智側の危険な思惑を伝えていた。しかし、『書紀』天智紀にはこの記事しかなく、天武紀にも安麻呂の記述は何もない。天智朝では赤兄らの活躍に比し、若くて目立たなかったのだろうか。天武即位後も、皇親政治のもとで特別な動向も伝わらない。

しかし、左大弁従三位《じゅさんみ》石川石足《いわたり》の薨伝に「淡海《おうみ》朝の大臣大紫連子の孫、少納言小花下《しょうかげ》安麻呂が子なり」(『続日本紀』天平元年八月丁卯条)と記されている。ここには、「少納言小花下」という官職・位階がみえる。ところが、この解釈が難しい。小花下は、六四九年(大化五)の冠位十九階の第十位であるが、六六四年(天智三)までで、これが極位とすれば時期的に適さない。花冠《かかん》と錦《きん》冠とが混同されやすいので、「小錦下」の誤りとも推定されている(新日本古典文学大系『続日本紀』補注)。この説でいけば、六六四年の冠位二十六階の第十二等となる。ただし、少納言の官名は、持統朝の浄御原令(六八九年)以降となり、「小花」や「小錦」位ではなく、「直」位の時期である。つまり、少納言と小花下とは両立しない。そのため、安麻呂が大海人を大殿に引き入れているので、後の少納言の職掌から潤色したとする説も出されている(同前)。このように解釈が難しいが、連子の子孫が官人への途を歩んでいたことはまちがいない。天武との関係も、良好であったろう。

石川への改姓と藤原氏

連子の孫で安麻呂の子である石川石足は、すでに「石川」姓を名のっていた。ところが、『書紀』には蘇我が石川に改賜姓された直接の記事はない。ただし、六八四年（天武一三）、「真《ま》人《ひと》・朝臣・宿禰・忌寸《いみき》・道師《みちのし》・臣・連・稲置《いなぎ》」という八色の姓を制定し、その後「朝臣」を賜姓した時、「石川臣」の名がある。また、六九一年（持統五）に一八氏に墓記《ぼき》（各氏族が天皇に仕奉した事情を記した書物か）を献上させた際、石川氏もみえる。

おそらく六八四年以前に、蘇我から石川に改姓したのだろう。この石川は、既述したように、河内の石川を氏名としたものである（六五頁）。

なぜ、蘇我氏から石川氏に改姓したのだろうか。おそらく乙巳の変と壬申の乱において、王権の敵対勢力であった負のイメージが強い蘇我氏からの離脱を期したものであろう。しかし、改姓するには、それなりの改姓の事由があったはずである。その手がかりは、藤原氏である。

六六九年（天智八）一〇月、天智は大海人皇子を中臣鎌足の私宅に遣わし、大織冠《だいしょくかん》と大臣位を授けた。そして、「姓《うじ》を賜ひて、藤原氏」とした。つまり、鎌足に「藤原」を賜姓した（第五章に詳述）。

ところが、六九八年（文武二）八月、「藤原朝臣賜はりし姓は、その子不比等をして承けしむべし。但し意《お》美《み》麻《ま》呂《ろ》らは、神事に供《つかえまつ》れるに縁《よ》りて、旧《もと》の姓に復《かえ》すべし」という詔がだされた。ここにいう藤原朝臣は、中臣鎌足のことであるが、六八四年（天武一三）に鎌足の一族の中臣連が中臣朝臣に改姓された折に藤原氏も藤原朝臣に改姓されたのだろう。この藤原の姓を不比等系に限定し、意美麻呂を神事という職務に仕えるという理由から、名負いの氏の中臣姓に戻させた。中臣氏の系譜は、必ずしも正確に復元できないが、およそ**図4−5**のようなものである。

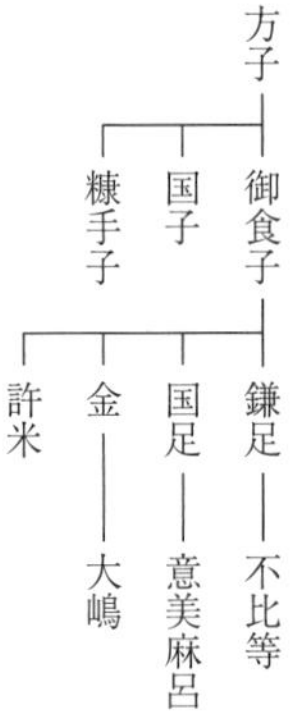

図4-5　中臣氏の系譜

このなかで、意美麻呂や大嶋《おおしま》は、藤原朝臣とも表記されている。鎌足に対する藤原賜姓が、ほかの中臣系の氏族に及んでいた。ただし、大嶋は六九〇年（持統四）の持統の即位儀式や翌年の大嘗祭《だいじょうさい》に、神祇伯《かむつかさのかみ》として天神寿詞《あまつかみのよごと》を読む際は、「中臣朝臣大嶋」として登場する。名負いの氏としての行事には、中臣姓が必要であった。そして、六九八年（文武二）以降は、藤原姓の使用を不比等系に限ることにした。その結果、中臣氏から神祇官の職務に従事する人物が多くなる。名負いの氏の復活と評してよい。

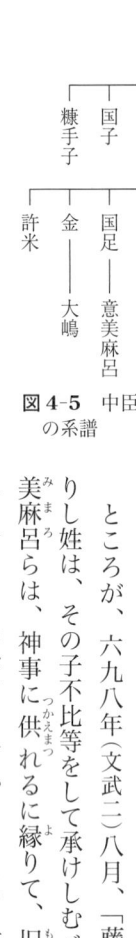

逆にいえば、藤原氏を不比等系に限定したことにより、不比等系は中臣氏という名負いの氏の枠組みから離れることができた。その後、不比等は後の刑部省の判事になっており（『書紀』持統三年条）、官人として活躍する。このように天智・天武朝に、新しい氏（氏族）が誕生したのである。こうした時代風潮と、蘇我氏の改姓は関係しているのではなかろうか。

いうまでもなく蘇我氏は地名系の氏であり、名負いの氏ではない。建内宿禰系譜につらなり、建内宿禰のように天皇に仕奉することによって、忠臣であることを顕示する。また、地名が表す土地に対する支配・統治と密接な関係があった（六八〜七三頁）。蘇我氏の名称には、こうした属性がつきまとうが、石川氏に改姓することによって、旧レジームから逃れることが可能となった。その後、石川氏も藤原氏と同じように、律令官人として活躍する。

物部氏と石上への改姓

ところで、大臣・大連の経験者で滅びたといわれる氏は、蘇我氏のほかに大連の物部氏がいる。このほか、欽明朝に大連の大伴金村が事実上失脚したといわれている。大伴氏は、蘇我・物部とともに大化前代の「三大雄族《ゆうぞく》」（高島正人『奈良時代諸氏族の研究』）であった。この大伴氏は、孝徳朝の六四九年（大化五）四月には、大伴長徳（馬飼）が右大臣に任じられている。また、壬申の乱では大伴馬来田《まぐた》と吹負《ふけい》の兄弟が活躍し、大海人軍勝利の一因となった。金村は失脚したが、滅ぼされたわけではない。奈良時代では、大納言を務めた安麻呂や旅人《たびと》のほか、『万葉集』を編纂したという家持《やかもち》が活躍している。

それでは、蘇我氏と同じように戦いで倒された物部氏の場合、どうだったか。物部氏は、五八七年（用明二）、大臣の馬子によって守屋が滅ぼされた。その後推古朝には、隋の使者・裴世《はいせい》清《せい》が小墾田宮に呼ばれた際の導者の一人として物部依網《よさみ》連抱《いだき》（推古一六年八月条）や新羅征討の副将軍として物部依網連乙等《おと》（推古三一年是歳条）の名がみえる。また、孝徳朝においては「東国国司」の一人として物部系の朴井《えのい》連（大化二年三月条）、壬申の乱の功臣として朴井連雄君《おきみ》（物部連雄君）がいた。しかし、大連に就任するような人物はでていない。

物部氏から石上《いそのかみ》氏に改姓したのは、石上麻呂である。麻呂は、六七二年（天武元）七月に、大友皇子と最後まで行動した舎人として「物部連麻呂」の名で登場する。しかし、赦されて六七六年（天武五）には天武朝の新羅大使として仕え、六八一年（天武一〇）の叙位にも物部連麻呂とある。そして、六八四年（天武一三）の「朝臣」のカバネを与えられた氏として「物部連」がいる。しかし、六八六年（朱鳥《しゅちょう》元）の天武没後の殯宮に誄《しのびごと》を述べた際は、「石上朝臣麻呂」の名に変わる。六八四年以降に、物部から「石上」に改姓したようである。没時は「左大臣正二位」（『続日本紀』養老《ようろう》元年三月条）である。

石上は、物部氏の本貫地である石上を姓とした。ただし、六九〇年（持統四）の持統の即位儀式には、「物部朝臣麻呂」の氏名で大盾《おおたて》を立てている。即位式のような行事には、「物部」という名負いの氏のかたちで儀式に参加した。中臣大嶋と同じである。物部の場合も、伝統的な物部氏の職能を最終的には払拭できなかったわけである。

石川麻呂系の女性たち

それでは、石川氏の場合は、どうであっただろうか。あらためて石川氏関係の系譜を掲げてみよう（**図4－6**）。

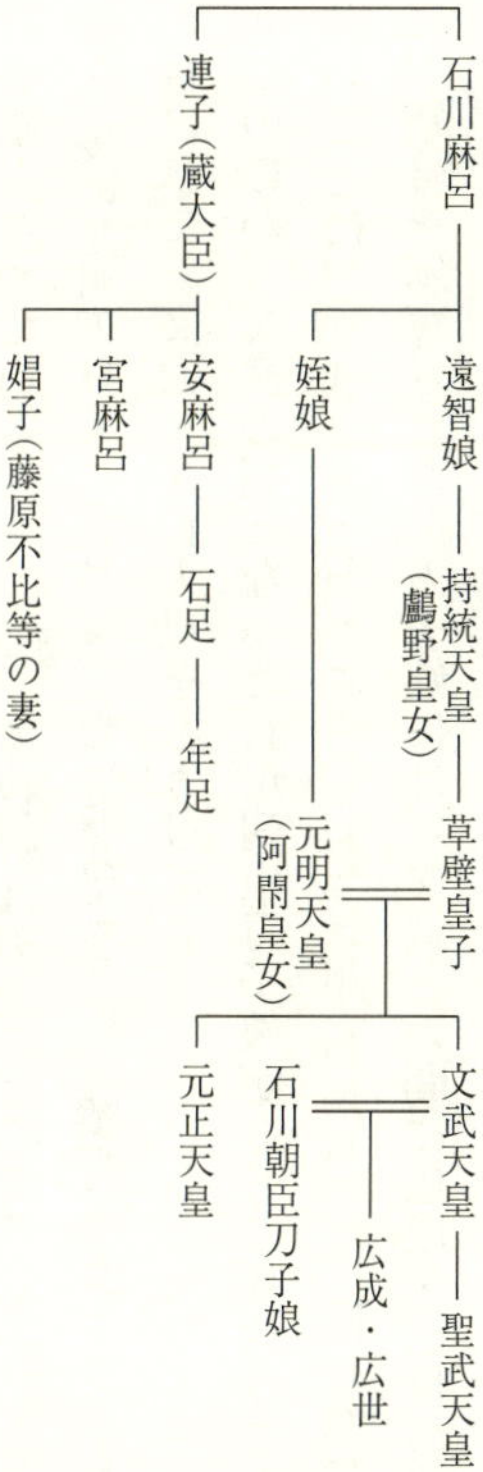

図4-6　石川氏関連の系譜

先に確認したように（二四九頁）、自死に追い込まれた石川麻呂の娘から女性天皇が生まれている。まずは、娘の遠智娘と姪娘が、天智の嬪となっている。そして、遠智娘は天武皇后となる鸕野皇女(後の持統天皇)、姪娘は阿閇皇女(後の元明天皇)を生む。系譜にあるように、鸕野皇女は草壁皇子を生み、草壁と阿閇皇女が結ばれて、文武・元正天皇をもうけている。

このほか、文武の嬪となった石川朝臣刀子娘《とねのいらつめ》がいる。残念なことに系譜が未詳である。興味深いことに、文武没後(七〇七年)の七一三年(和銅六)に、同じ嬪であった紀朝臣竈門《かまど》娘とともに、嬪号を剝奪された。刀子娘には、文武との間に広成・広世の二兄弟が生まれていた。嬪号が奪われたので、二兄弟は皇籍を離れて母の姓「石川朝臣」を受け継ぎ、やがて高円《たかまど》朝臣に改姓される。皇籍離脱のことは、『続日本紀』などにはでてこないが、ともかく国史では、文武の子どもは首《おびと》皇子(後の聖武天皇)一人しかいなくなる。この事件は首皇子を立太子させるための、不比等と県犬養宿禰三千代の陰謀ともいわれる(角田文衞「首皇子の立太子」)。

このように石川麻呂系統の女性は、八世紀前半の政治に強い影響力を行使していた。彼女らが石川氏に対してどのように対応したのか、史料的にはわからない。時々の政治状況から、判断していかざるをえないが、石川氏の活躍を否定するものではなかろう。

石川年足の墓誌から

さて、奈良時代の石川氏をみると、七四八年（天平二〇）三月に年足（従四位下）が参議《さんぎ》（太政官において議政に参加する令外の官職）に任用されるまで（権《ごん》参議を除く）、議政官に昇任する者がいなかった。この間、宮麻呂が従三位まで昇格しているが、参議ではない。その後、年足没後（七六二年、正三位・御史大夫〈大納言〉で没）に、豊成《とよなり》（七七二年、中納言で没）が参議に任じられている。さらに、七七八年（宝亀《ほうき》九）二月に名足《なたり》（七八八年、中納言で没）、七九〇年（延暦《えんりゃく》九）二月に真守《まもり》（七九八年没）が任用されている。このように八世紀後半になると、参議を輩出しているが、真守以降は参議になる者はでなかった。

ところで、年足には墓誌が残っている。墓誌は一八二〇年（文政《ぶんせい》三）に、今の大阪府高槻《たかつき》市の荒神山《こうじんやま》で出土した。火葬骨を入れた木櫃《もくひつ》の上に置かれていたと推定されている。墓誌によれば、年足は石足の長子で、御史大夫・正三位・兼行《けんぎょう》神祇伯であった。平成《なら》（城）宮御宇天皇（淳仁《じゅんにん》天皇）の七六二年（天平宝字六）九月に平城京の自宅で没したという。享年七五歳。一二月に、摂津国嶋上郡白髪《しらかみ》郷（後に真壁郷）酒垂山《さかたるやま》（現、荒神山）の墓に埋葬された。『続日本紀』の薨卒伝には、「率性廉勤《しゅっせいれんきん》にして、治体《ちてい》に習ひ（生まれつき潔白で勤勉であり、統治に慣れている）、起家《きけ》して（出仕して）少判事《はんじ》（刑部省の官人）に補《ぶ》せられ、頻《しきり》に外任を歴《ふ》（国司を歴任）」とコメントされている。

この墓誌に、年足が「宗我（蘇我）石川宿禰命十世孫」とあり、石川朝臣は蘇我石川宿禰を始祖としていたことが読みとれる。なお、年足は京都の高山寺《こうざんじ》に「仏説弥勒上生経」を伝えている。仏教を厚く信仰していたのである。

五　蘇我氏から藤原氏へ

1　藤原氏の誕生と不比等——名負いの氏からの離脱

藤原氏の誕生

大化前代を制した氏族が蘇我氏であったのに対して、奈良・平安時代の覇権をにぎった氏族は、藤原氏である。この章ではあらためて、藤原氏誕生の歴史を振りかえっておきたい。

前章でみたように、「藤原」氏の誕生は、中臣鎌足が天智天皇から賜姓されたのを契機としている。六六九年一〇月一五日、鎌足逝去の前日、天智は大海人皇子を鎌足の私宅に遣わし、「大織冠《だいしょくかん》と大臣の位《くらい》とを授《さず》く。よりて姓《うじ》を賜《たま》ひて、藤原氏とす。此《これ》より以後《のち》、通《かよわ》して藤原内大臣《うちつおおおみ》と曰《い》ふ」（天智八年一〇月庚申《こうしん》条）と伝えている。

じつは、この史料の解釈は必ずしも簡単ではない。鎌足個人が藤原氏を名のるのはまちがいないが、この氏の名が子孫にも及ぶのかは記されていない。鎌足の子の不比等が史料上に現れるのは『書紀』持統三年(六八九)条にある「藤原朝臣史」まで待たねばならず、不比等が当初から藤原を名のっていたかどうか、厳密にいえば、確定できないのである。その間、中臣氏の一族は鎌足没後、「中臣連金」(天武即位前紀、元年八月条)、「中臣連大嶋」(天武一〇年三月条〜同一二年一二月条)などと「中臣」の名で記されている。ところが、大嶋は六八五年(天武一四)になると「藤原朝臣」と表記される。

こうした事情から、研究史の上では多くの議論が出ているが、鎌足の家産が「藤原の第《だい》(邸宅)」などを含めて子孫に相続されていたことからみて、藤原姓は不比等に引き継がれていただろう(中村英重『古代氏族と宗教祭祀』)。ただし、中臣金や中臣大嶋の存在からして、藤原姓は一族全体には及ばなかった。中臣氏一族に賜姓が拡大するのは、六八四年(天武一三)の「八色の姓」制定以降であろう。ただ、一族といっても、鎌足のいとこ程度の範囲である。なお、この「八色の姓」で注意したいのは、連姓はふつうは宿禰に改姓されたにもかかわらず、「連」姓の中臣に対して、「臣」系に多い朝臣が賜姓されたことである。そのような氏族は中臣連のほか、物部連氏しかいない。不比等の場合、おそらく藤原連から藤原朝臣に改姓されたのであろう。

さて、この「藤原」は、本拠地の地名に基づいている。『藤氏家伝』に、鎌足が「藤原の第」に生まれたと伝える、「藤原」の地である。『多武峰雑記《とうのみねざっき》』には「大原藤原の第」とみえるので、大原と藤原を同一箇所として捉える見解もある。しかし、これは一五世紀の書物で、疑問である。『藤氏家伝』には、別に「大原の第」の記載があり、藤原と大原とは区別したほうがいい。藤原の具体的な場所としては、大和国高市郡藤原であろう。不比等は後の藤原京時代に、藤原宮の東方に邸宅を構えていたことから、「右大殿《うたいでん》」と呼ばれた（市大樹「右大殿付札考」）。

こうして鎌足・不比等は、中臣という「名負いの氏」を離脱し、地名を氏の名にした。名負いの氏が担う職能とは無関係に、人生を切り拓くことができるようになったのである。天智朝に律令政治の構想が打ち出され、天武朝には律令制的支配に向けた具体的方策が踏み出される。不比等が企図したのは、後述する仕事ぶりからみて、律令法による新たな日本の国づくりと思われる。

この藤原賜姓がもつ意味は、七〇七年（慶雲四）四月における文武天皇の宣命《せんみょう》からも確かめることができる。宣命は、不比等が歴代天皇に仕奉してきたことを顕彰するために出された。その宣命に、「汝《みまし》藤原朝臣の仕へ奉る状《さま》は今のみに在らず。掛《か》けまくも畏《かしこ》き天皇が御世御世仕へ奉りて」とあるように、不比等に現在から未来にかけて仕奉するように求めている。宣命には、父鎌足を建内宿禰と対照させる箇所もあり（六八頁参照）、大臣位に遇せられた鎌足を臣系大臣と同じように扱っている。ここには、もはや名負いの氏である中臣氏の性格はみじんもない。

不比等の誕生とその家系

不比等の父鎌足は、車持君《くるまもち》与志古《よしこ》娘との間に、長男真人《まひと》と不比等をもうける（『尊卑分脈』。別伝もあり）。真人は若くして出家し、定恵《じょうえ》（貞慧とも）を名のる。六五三年（白雉四）には学問僧として入唐し、六六五年（天智四）に帰国する。

神祇祭祀を担う中臣氏からの出家については、少し説明が必要であろう。鎌足以前は、中臣氏は『書紀』に廃仏派として記されているが、じつは鎌足は仏教と関わりがあった。『藤氏家伝』には、大化改新以前に、鎌足は僧旻《みん》の仏堂で『周易《しゅうえき》』の講読に参加したと伝える。儒教経典を通じて学問に目ざめ、政治に関心を抱いても不思議ではない。また、七三七年（天平九）三月一〇日の太政官謹奏には、「白鳳年（孝徳朝の白雉のことか）より淡海《おうみ》天朝（天智の朝廷）まで、内大臣（鎌足）家財を割《さ》き取り、（飛鳥寺の）講説の資となす」（『類聚三代格《るいじゅうさんだいきゃく》』巻二）とみえる。鎌足は、蘇我本宗家滅亡後、飛鳥寺を支援していた。なお、興福寺《こうふくじ》の縁起によれば、鎌足が釈迦丈六像等を造ろうとし、後に山階《やましな》の地で製作し、妻の鏡《かがみ》女王が鎌足の許しを得て、山階寺の造営が始まるという伝承がある。しかし、これは事実かどうかは疑わしい（福山敏男『日本建築史研究』）。

いずれにせよ、仏教との関わりにおいて、鎌足は中臣氏本流とは異なる姿勢であった。『書紀』に、神祇伯《かむつかさのかみ》（後の知識に基づく修飾語。神祇祭祀の責任者の意か）の任官を断り、病と称して三嶋《みしま》（後の摂津国三嶋郡）に居住したという記述がある（皇極三年〈六四四〉正月条）。これは鎌足の、決まった仕事にしばられる名負いの氏の職能から離れようとする意志を反映しているとみて、さしつかえない。

さて、鎌足の子不比等は六五八年（斉明四）ないし六五九年に生まれた。田辺史大隅《おおすみ》に養育され、名前は、そのカバネ「史」を称したとされる。後に「不比等」（並ぶ者がいないの意か）と表記する。兄定恵は帰国後まもなく死亡し、六六九年（天智八）には父鎌足が没している。

不比等の姉妹の氷上《ひかみ》娘と五百重《いおえ》娘（母は不明）は、天武の夫人となり、氷上娘は但馬《たじま》皇女、五百重娘は新田部《にいたべ》皇子を生んでいる。ちなみに鎌足は、娘を大友皇子とも結婚させている。つまり、天智の弟と子どもに娘をとつがせていたことになる。天智・天武双方に対する、鎌足の政治的配慮である。鎌足はすでに、いずれが天皇になろうとも天皇の外戚として振る舞う意志を固めていた。

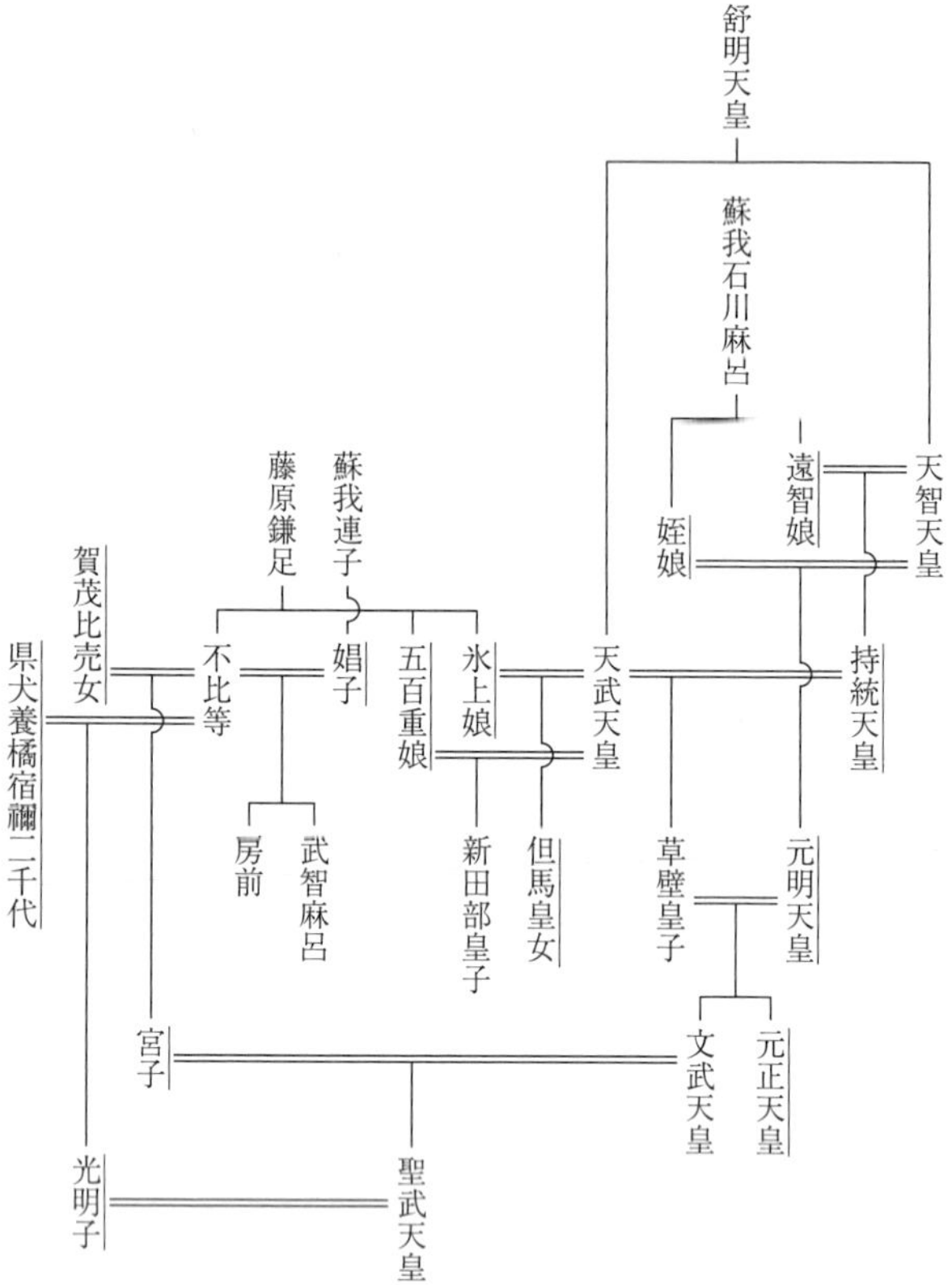

図 5-1　キサキとなった蘇我氏と藤原氏の娘の系譜(傍線は女性)

不比等の正妻は蘇我連子の娘娼子《しょうし》で、武智麻呂《むちまろ》・房前《ふささき》を生む。また、賀茂朝臣比売《ひめ》女との間に、宮子《みやこ》が生まれている（『尊卑分脉』）。さらに不比等は、県犬養《あがたいぬかいの》橘《たちばな》宿禰三千代《みちよ》と結びついて、光明子《こうみょうし》が生まれた（**図5－1**）。三千代は、天武朝から宮中に出仕し、美努《みぬ》王との間に葛城王（橘諸兄《もろえ》）・佐為《さい》王（橘佐為）・牟漏《むろ》女王（房前室）をもうけていた。

天武朝における不比等の動静は、史料にはでてこない。しかし、姉の氷上娘と五百重娘が天武夫人であることからみて、不比等と天武との関係は良好なはずである。天武朝の不比等を不遇とする説もあるが、まちがいであろう（東野治之「藤原不比等伝再考」）。

持統即位と不比等

天武天皇が没した後、『日本書紀』には皇后が「臨朝称制す《みかどまつりごときこしめす》」とあり、鸕野《うの》皇后が政治の全権を掌握したようである（持統称制前紀）。「臨朝称制《りんちょうしょうせい》」とは、「政治への参画にあたり正式に即位せずに執政する」という意味である。その後、大津皇子の「謀反」が発覚し、皇子を自害させる事件が発生した。大津が死亡し、草壁皇子に皇位継承者として対抗する皇子がいなくなった。

ところが、あろうことか六八九年（持統三）四月、草壁が急逝した。六月になると、撰善言《よきことえらぶ》司《つかさ》（帝王教育を行なう教科書「善言《ぜんげん》」を撰ぶ役所）が設置された。称制を続けている皇后は、草壁の子で孫にあたる軽皇子（後の文武天皇）に、皇位を託す意志を固めたと思われる。ただし軽皇子は、まだ七歳。

しかも、この時点では、高市・刑部《おさかべ》皇子ら天武の皇子が多く生存していた。孫を皇位につけるには、推古・皇極女帝の前例にならい、前皇后の立場から即位するしかない。皇后にとって、天皇即位には、孫への継承というまったく新しい目的が生じたのである。

その六月、皇后は諸司に浄御原令を頒布した。最初の体系的な令法典である。ただし、律は編纂されず、唐律が準用されたという。六九〇年（持統四）の元旦、皇后は正式に即位儀式を挙行し、持統天皇となった。

不比等が歴史に登場するのは、草壁が急逝する前の二月の判事《はんじ》任命である。判事とは、後の刑部省判事であり、裁判における法の適用を担当する専門性の強い官職。浄御原令の施行と関係しているだろう。当時、不比等は直広肆《じきこうし》（後の従五位下相当）であり、当然のこととして、法令に精通していた。加えて六九六年（持統一〇）一〇月、直広弐《じきこうに》（従四位下相当）の不比等に対し、資人《しじん》五〇人が与えられている。

この後、七〇〇年（文武四）に大宝令が完成し、不比等はその功をたたえる賜禄対象者として、刑部皇子に続き直広壱《じきこういち》(正四位下相当)として現れる。大宝令編纂の中心的人物の一人であったことがわかる。史料にも「令官《りょうかん》藤原卿《きょう》」と伝える(『法曹類林』)。おそらく浄御原令に関しても、編纂に参加したかどうかはともかく、該博な知識をもっていただろう。

不比等の氏姓に関する最初の記述は、六九八年(文武二)八月に出された、「藤原朝臣賜はりし姓は、その子不比等をして承けしむべし。但し意美麻呂らは、神事に供《つかえまつ》れるに縁《よ》りて、旧《もと》の姓に復《かえ》すべし」という詔である。ここに端的に表現されているように、神事に仕える意美麻呂らは、名負いの氏たる中臣氏に復姓させた。すなわち、逆にいうと、この詔によって不比等系の藤原氏は「名負いの氏の職能」という制約から完全に解放されたのである。

以後、藤原を名のる氏には、中臣氏が担っていた名負いの氏の職能はない。この詔について、鎌足の功績を不比等系に限定するものという見方もできないわけではないが、そうだとしても、建内宿禰のように歴代の王に仕奉することが期待されたことに違いはない。このように藤原氏は不比等系に限定されたので、これ以降は純粋に血統によって受け継がれていく。旧来の氏族が、擬制的関係によって結ばれていたのとは違い、純粋な血統による氏族として発展していくのである。これが不比等以後の藤原氏の大きな特徴である。

草壁皇子の黒作懸佩刀と不比等

不比等と草壁、そして持統天皇との強い絆を示す物がある。草壁が生存中に不比等に渡した、本人愛用の黒作懸佩刀《くろつくりのかきはきのたち》（一尺一寸九分の短身）である。それに関する興味深い記事が、光明皇太后が聖武天皇の遺愛品を東大寺《とうだいじ》に献納した際の目録「東大寺献物帳《けんもつちょう》」中の「国家珍宝帳《こっかちんぽうちょう》」（七五六年〈天平勝宝八〉）にある。

右、日並皇子《ひなみし》（草壁皇子）常に佩持《はいじ》するところ、太政太臣《だいじょうだいじん》（藤原不比等）に賜ひ、大行天皇《たいこう》（文武天皇）即位の時、すなはち大行天皇に献じ、崩《ほう》ずる時また太臣《だいじん》（不比等）に賜ひ、太臣薨《こう》ずる日、更に後太上天皇（聖武天皇）に献ず。

という記述である。

わかりやすく言えば、まず草壁が所持していた黒作懸佩刀が、不比等に与えられた。二人の強い信頼関係がなければ、実現しなかっただろう。その時期は明確にできないが、草壁死亡以前と思われるので、持統の称制期間中であろうか。持統が関与していた可能性が高い。

その後この佩刀は、文武即位時に天皇に贈られ、文武没時に不比等に返された。さらに、不比等の没後（七二〇年〈養老四〉）には首皇子（後の聖武天皇）に献上された、と記されている。つまり、「草壁→不比等→文武→不比等→聖武」と伝世された。不比等は仲介者として、草壁の所持品を文武・聖武へと伝えたことになる。

刀は護身刀で、必ずしも男性用の武器ではない。女性に与えられてもおかしくない。しかし、ここに元明・元正という女性天皇は含まれず、草壁から子の文武、そして文武から子の聖武へと、男性天皇だけに伝世された。ここには特定の政治的意図がある。こうした刀の贈答は、天皇から大臣へ贈る場合は「大臣に対する信任」または「後見の依頼」を意味する。一方、大臣から天皇・皇子へ贈る場合は「臣従の誓い」か「皇子の皇位継承への協力のクレジット」を意味する（薗田香融「護り刀考」）。特にこの佩刀の意味するところは、草壁から直系の男性天皇へ皇位を継承させていくという意図である。草壁直系の息子に伝世させることが、不比等の役目だったのである。

このように文武即位と聖武即位に重要な役割を果たしたのが、不比等であった。系譜にあるように（**図5－1**参照）、文武の夫人は宮子、聖武の皇后は光明子であり、ともに不比等の子。つまり、持統の思惑と不比等の思惑は、完全に一致していたのである。草壁と不比等と持統とには、相互の強い関係が見てとれる。

律令法の編纂と太上天皇

持統天皇は、六九七年（文武元）、孫の軽皇子に譲位し、太上《だいじょう》天皇となった。譲位後の持統の役割について、『続日本紀』は何も語らない。しかし、譲位後の持統が政務に携わっていたことは、元明の即位宣命に、

此《こ》の食国《おすくに》天下の業《わざ》を、日並所知《ひなみしの》皇太子（草壁皇子）の嫡子、今御宇《あめのしたしらしめ》しつる天皇（文武天皇）に授け賜ひて、並び坐《いま》して此の天下を治め賜ひ諧《ととの》へ賜ひき。

とある事実からわかる。「並び坐して」とは、持統太上天皇が文武と共治していたことを示している。

この太上天皇という制度は、中国にはない。唐令には、同じようにみえる「太上皇」「太上皇帝」という名称がある。しかしこれらは臨時的なもので、基本的に皇帝権を含めて新帝に譲位すれば太上皇、皇帝権を保持していれば太上皇帝となる。

これに対して日本の太上天皇は、譲位後も元天皇として権威を持ち続ける。たとえば、七〇

二年(大宝二)に、持統太上天皇は三河・尾張等の東国へ行幸した。その間、持統は田租《でんそ》の免除・封戸《ふこ》の支給・叙位などを自らの権限で実施している。このように日中では権力のあり方が異なる。

養老令の儀《ぎ》制《せい》令には、「太上天皇〈譲位の帝に称する所〉」とあり、譲位した天皇が太上天皇である。七〇一年(大宝元)に制定された大宝令にも太上天皇に関わる条文があったようだが、大宝令の注釈書「古記」は何も言及していない。「薬師寺《やくしじ》東塔擦銘《さつめい》」には「大上天皇」とみえる。この擦銘は、本薬師寺の塔に記された銘文の模刻といわれるが、平城《へいじょう》遷都以前の大宝令施行期のものである。銘文が七世紀末という説が正しければ、すでに大宝令以前に太上天皇の語があったことになる(東野治之「『続日本紀』所載の漢文作品」)。しかし、もし語がすでにあったとしても、この太上天皇制の成立は、文武朝における不比等の影響が強いと思われ、持統太上天皇の地位を考慮して大宝令に立法化されたものであろう(石尾芳久『古代の法と大王と神話』)。

歴史のプロセスとしては、草壁直系の即位に支障を来す可能性がある高市皇子が六九六年(持統一〇)に没し、その翌年二月には軽皇子が立太子。そして、八月に持統が文武に譲位した。こうした経緯をみれば、日本的な太上天皇が法制化された理由は十分に納得できる。その間、先の黒作懸佩刀のやりとりがあったのである。

このようにして、文武と持統太上天皇が共治する仕組みが誕生し、大宝律令による政治が始まった。太上天皇は、日本独自の王制ということになる。

2 律令法と氏・氏族

律令法と「氏」

藤原氏が活躍していくのは、蘇我氏とは異なって、律令制国家の官人《かんじん》としてである。歴史的流れとしては、「氏集団から氏と官僚組織へ」となる。

官僚組織とは、官人と官司《かんし》の機構である。その官人を、位階によって序列化するが、実際には官人は必ずしも個人として評価されたわけではない。むしろ藤原氏のように、帰属する氏の影響が大きかった。つまり法の建前と運用とには、顕著な落差があった。ここでは、あらためて律令法における氏・氏族の問題を取りあげてみたい。

じつは律令法のなかには、氏とは何かという具体的な規定は書かれていない。しかし、律令は氏の組織の存在を前提にして構成されている。その氏は、律令制以前に成立したもので、いわば律令法の枠外に存在する。基本的には、これまでみてきたような、律令制以前の氏集団が発展したもので、大化前代と同じように、氏は天皇との人格的関係で存在する集団であることにはかわりない。

律令法における氏に関係する規定についても、意外なことに四カ条にみえるだけで、その首長(氏上《うじのかみ》)、人的資産(氏賤《しせん》)、仕え奉る天皇へ提供する娘(氏女《うじめ》)など、氏の性格・役割と密接な関係事項が規定されている。詳しくいえば、

(1) 京・畿内の氏が貢納する、後宮の女孺《にょじゅ》となる氏女(後宮職員令《こうきゅうしきいんりょう》氏女采女条)
(2) 氏が領有する賤の氏賤(戸令応分条《こりょうおうぶん》)
(3) 氏の長である氏宗《ししゅう》(大宝令では氏上。以下、氏上と表記。継嗣令《けいしりょう》継嗣条、喪葬令三位以上条)

である。ここには氏上の任命規定はなく、氏上を任命する権限は天皇にある。つまり、氏の存立に関する規定は、律令にはない。改・賜姓の権限も天皇にあり、氏自らは行使できない。

律令制下において、氏の序列は、六八四年(天武一三)に定まった「八色の姓」による。八種類の姓といっても、現実に機能したのは、上位の真人・朝臣・宿禰・忌寸の四種である。「真

人」は継体天皇の近親や継体以降の皇裔《こうえい》氏族、「朝臣」は旧臣姓の氏族が多く「記・紀」の伝承では孝元天皇以前の皇別氏族、「宿禰」は旧姓が連である神別氏族、「忌寸」は畿内の国造クラスの氏族や渡来系移住民となる。ちなみに前に述べたように、皇別・神別氏族とは、『新撰姓氏録』に規定された氏族の区分。皇別は天皇・皇子の子孫、神別は天津神(天上の高天原に由来する神)・国津神(国土の神)の子孫と称される氏族である。このような氏の序列のなか、位階制が整備されていった。

なお、蘇我氏は臣姓《おみ》で、蘇我氏から改姓した石川氏は朝臣《あそみ》を名のる。藤原氏は旧連姓《むらじ》から朝臣に改姓され、不比等の子孫に固定された。こうして、石川氏や藤原氏は、純粋な血統を保持する氏族となっていく。

官人への出身

それでは、藤原氏が官人として活躍していく官司機構は、律令法にいかに規定されていただろうか。少し理屈っぽくなるが、ここで律令における日本の官僚制の特徴を述べておきたい。日本の律令は、中国の律令を受け継いでいるが、同じ律令といっても日中間では大きな違いがある。日本の官僚制は、大化前代からの政治体制の慣習を引き継いでいるからである。

最初に、日本と中国の律令構成の差異に注目したい。『大唐六典《だいとうりくてん》』（開元《かいげん》七年律令に基づく唐の官司制の注釈書）によれば、中国の晋令《しん》（二六七年）と梁令《りょう》（五〇三年）では、①戸令、②学令、③貢《こう》士《し》令、④官品《かんぴん》令、⑤吏員《りいん》令という篇目の順番。青木和夫さんは、全国の「戸」（戸令に規定）の中から、「学」んだ者（学令）を、「貢士」（官吏に推薦された人。貢士令）として「官品」（官の等級。官品令）を与え、「吏員」（官吏。吏員令）として行政組織に組み込む、という構成になっていると説く（『日本律令国家論攷』）。ところが、隋・唐のように国家権力が強くなると、①戸令、②学令、③貢士令（選挙令に発展解消か）の順序が後に下がり、頭から官品令、吏員令（職員令相当）という順序になったという。

ここにみられる政治理念は、戸令が官僚を生み出す母体の法令だということ。令が国家の行政的運営を担う法令である以上、官人が出自する家族を管理する戸令が中心となるのは、当然であろう。なお、日本令は唐の永徽《えいき》令（六五一年）を受け継いでいるので、名称が官位令・官員令（養老令で職員令）となっている。この官位令は、官職の等級を示す中国の官品令とは異なり、位階で示された官人自身の身分に相当する官職を示すのが、法の主旨である（宮崎市定「日本の官員令と唐の官品令」）。これを「官位相当制」と呼んでいる。

このように中国の律令では、第一次的には官人を選ぶ母体として戸令が位置づけられ、戸令は官人の行政組織との関係が強い。しかしながら、日本の戸令では何よりも戸籍に登録された百姓(公民)に班田収授を実施し、課役を負担させることを重視する。この日本的特徴は、中国では第二次的な性格である(拙著『日本古代の社会と国家』)。

しかも、中国では官人となるために科挙《かきょ》が行なわれる。科挙とは、試験によって官吏を選抜・登用する制度であり、隋の時代からはじまり、唐代にも引き継がれた。ところが、日本ではこうした科挙による出身(官人として出仕すること)は、貴族の場合、事実上骨抜きにされた。官人への途には、大舎人《おおとねり》に出仕する制度と蔭位《おんい》制が用いられたからである。

まず前者の大舎人へのコースというのは、六七三年(天武二)から実施された、

> それ初めて出身せむ者をば、先づ大舎人に仕へしめよ。然して後に其の才能を選簡《えら》びて、当職《かなわむつかさ》に充てよ。(天武二年五月条)

という制度である。官人として勤務するには、まず大舎人となり、その後その才能に応じて官司のポストに任命される。具体的にいえば、最初に大舎人のポスト(後には諸舎人)に就き、官人としての勤務評定を受け、叙位される。そして、その位階に相当する官職に就くというシス

テムである。この方法が、律令制のもとでも続けられた。

もう一方の蔭位制とは、父祖の位に応じて、子孫を一定の位階に就けることのできる特権である。この子孫を蔭子《おんし》孫《そん》という。中国にも存在する制度であるが、日本では子孫への叙位が格段に有利になっている。たとえば一位の官人の嫡子は従五位下に叙位されて貴族となるが、中国の一品の子は正七品上にすぎない。なお、三位以上を「貴《き》」、五位以上を「通貴《つうき》」といい、二つ合わせて「貴族」と称している。選叙令(大宝令では選任令)の蔭位を図示すると**図5−2**のようになる。

官人	嫡子	庶子	嫡孫	庶孫
一位	従五位下	正六位上	正六位上	正六位下
二位	正六位下	従六位上	従六位上	従六位下
三位	従六位上	従六位下	従六位下	正七位上
正四位	正七位下	従七位上		
従四位	従七位上	従七位下		
正五位	正八位下	従八位上		
従五位	従八位上	従八位下		

図5-2 選叙令での蔭位

この蔭子孫の有利さは、大学出身者と比較してみれば一目瞭然である。大学での秀才は、最高の及第者でも、正八位上を叙位されるにすぎない(秀才出身条)。これを蔭位でみれば、正五位の官人の嫡子は正八位下、従四位の庶子は従七位下である。つまり、いくら大学で学び最高の成績で卒業しても、従四位の庶子と正五位の嫡子に自動的に与えられる位階の中間にしか叙位されない。当然のことながら、貴族は大学コースを避けることになる。これら貴族クラスにとり、蔭位制がきわめて有利だったからである。いわば貴族の官人社会を再生産できるシステムが、この蔭位制にほかならない。こうした蔭位制を藤原氏が最大限に利用できる環境にあったことは、いうまでもない。

太政官制と氏族

この蔭位制を利用して、藤原氏からは多くの公卿《くぎょう》が輩出した。しかも、不比等の代以降の藤原氏の場合は四家《しけ》(房前の北家《ほっけ》・武智麻呂の南家《なん》・宇合《うまかい》の式家《しき》・麻呂の京家《きょう》)にわかれ、各家から公卿になることが可能となった。その歴史的背景について考えてみたい。

古代の官司機構は、律令に規定された二官八省である。太政官《だいじょうかん》と神祇官《じんぎかん》の二官と、太政官の管轄下にある中務《なかつかさ》・式部・治部・民部・兵部・刑部・大蔵・宮内省の八省となる(**図5－3**)。ただし、神祇官も命令系統では太政官の管轄下にある。そのなかで、太政大臣から参議(令に規定されていない令外官《りょうげ》)までの議政官《ぎせい》(天皇のもとで重要事項を審議し、政務を担当する組織)と三位以上の官人が、太政官(狭義)を構成し、そのメンバーは「公卿」と呼ばれる。ちなみに官司機構総体をさすのが、広義の太政官となる。

太政官
- 神祇官
- 中務省 —— 中宮職，左・右大舎人寮，図書寮，内蔵寮，縫殿寮，陰陽寮，画工司，内薬司，内礼司
- 式部省 —— 大学寮，散位寮
- 治部省 —— 雅楽寮，玄蕃寮，諸陵司，喪儀司
- 民部省 —— 主計寮，主税寮
- 兵部省 —— 兵馬司，造兵司，鼓吹司，主船司，主鷹司
- 刑部省 —— 贓贖司，囚獄司
- 大蔵省 —— 典鋳司，掃部司，漆部司，縫部司，織部司
- 宮内省 —— 大膳職，木工寮，大炊寮，主殿寮，典薬寮，正親司，内膳司，造酒司，鍛冶司，官奴司，園池司，土工司，采女司，主水司，主油司，内掃部司，筥陶司，内染司

図 5-3　二官八省職図

この太政官制（狭義）は、七世紀代前半の群臣（大臣・大連・大夫）の合議制を受け継いでいる組織である（一五六頁）。このうち大夫となる氏族としては、蘇我臣のほか、蘇我氏の傍系氏族として高向臣・田中臣・小墾田臣・田口臣氏ら、そして阿倍臣・巨勢臣・紀臣・坂本臣・平群臣・葛城臣・羽田臣・春日臣・穂積臣・采女臣・膳《かしわで》臣氏の臣系氏族、さらに物部連・大伴連・佐伯連・中臣連・阿曇《あずみ》連の連系氏族と三輪君などの氏があげられる。これらの氏のなかから、各時期によって数名が大夫となり、大臣・大連を支えていた。いうまでもなく、中臣氏も含まれる。このように、大夫はいわば有力氏族の代表者的性格をもっていた。

大宝令の官制が施行された七〇一年（大宝元）三月の公卿は、左大臣が多治比嶋《たじひのしま》（七月没）、右大臣が阿倍御主人《みうし》（三月任）、大納言が石上麻呂（三月任）・藤原不比等（同）・紀麻呂（同）であり、多治比・阿倍・石上（物部氏の後裔）・藤原・

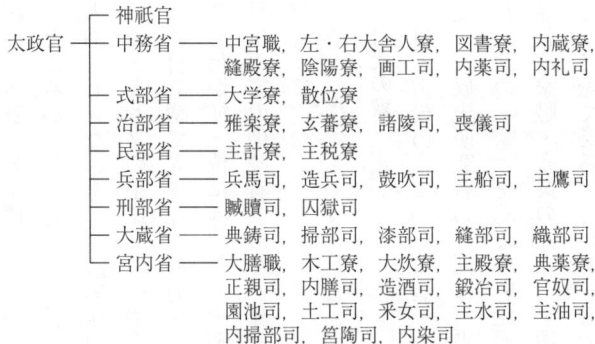

紀氏から各一名が選ばれていた。

ところが、七一七年（養老元）三月に石上麻呂が没すると、大臣は右大臣の不比等一人となる。大納言もいないという政治状況のもと、一〇月には、早くも房前（不比等第二子）を参議にしている。トップの不比等の政治力であろう。房前によって、藤原氏からは議政官が二名となり、太政官会議で大きな主導力を発揮できる態勢になった。しかも七二一年（養老五）正月には、武智麻呂が従三位に昇位して中納言となり、三人目のメンバーに加わった。房前は北家、武智麻呂は南家の創設者であり、藤原四家の成立と関係してくる。次に、この「家」について取りあげる。

古代の家

日本古代の「家」について、じつは古代史の学界では必ずしも一致した見解がない。女性史・家族史研究者の一部に、平安末期・院政期に成立する「中世的家」を「家」と定義し、それ以前の「家」を認めない見解が存在するからである。この場合の中世的家とは、子孫に継承される家職・家業の成立、家領・家産などの財産の形成、家名・家門の名誉意識の生成を前提とする家である。しかし、この考え方は、歴史的な家の存在を承認しない立場であり、正しくない（中村英重『古代氏族と宗教祭祀』）。

なぜなら各時代には、時代に見合う家と家意識が存在するからである。特定の家（中世的家）を規準にして、その成熟の有無から家の歴史を理解することは、その時代特有の「家」がもつ要素を見誤ることになる。歴史の方法としては、「古代の家から中世の家へ」という歴史的プロセスとして議論すべきである。

さて、『万葉集』には家に関する多くの歌がある。「雄略御製歌」とする、巻頭の一番歌を取りあげよう。

籠《こ》もよ　み籠持ち　ふくしもよ　みぶくし持ち　この岡に　菜摘《なつ》ます児　家告《いえの》らな　名告らさね
そらみつ　大和の国は　おしなべて　我こそ居《お》れ　しきなべて　我こそいませ　我こそば　告らめ　家をも名をも
（新日本古典文学大系本）

ここに歌われた「家告らな　名告らさね」（「家」と「名」は原文も同表記）の「家」を検討してみたい。この家を「家系・身分」と解釈する説もあるが誤解であり、文字どおりの家、住居である。家には門・垣があり、屋《や》・妻屋《つまや》などの建物のほか庭や池が設置される場合もあった。そして、梅・橘・黄葉《もみじ》などが植えられていた。これが古文書にみられる「家一区」の景観であろう（拙稿「古代の恋愛と顔・名・家」）。こうした居宅の大きなものが、すでに述べた蘇我氏の小墾田家や向原家である。

日本の律令では、家令職員令（大宝令では家令官員令か）が設けられ、品階《ほんかい》・位階をもつ親王と三位以上の職事《しきじ》官が家政機関をもつことができた。また、七一九年（養老三）一二月には、五位以上の家にも家政機関を設置し、家務に従う家政職員（事業・防閤《ぼうこう》・仗身《じょうしん》という）を置くことができた。いずれも貴族に限るとはいえ、居宅を拠点とする家政機関が法令として承認されたのである。

以上が、古代的な家のイメージである。こうした家の用法から発展して、「家を起こして、少判事に補《ぶ》せられ」（『続日本紀』天平宝字六年〈七六二〉九月条）のように、初めて出仕・任官することを「起家《きけ》（家を起こす）」と表現する。中国的表現を受け継いだものだが、官人への出身に使用された。ついで左大臣藤原永手《ながて》の場合、「累世《るいせい》の相門《しょうもん》（代々受け継ぐ家柄）なるを以て家を起こし」（宝亀二年〈七七一〉二月条）というように記されている。ここではすでに、官人として継承する「家」が意識されていたのである。また、永手が左大臣に任じられたときは、「此の寺は朕《わ》が外祖父先の太政大臣藤原大臣（不比等）の家に在り。今其の家の名を継ぎて明らかに浄《きよ》き心を以て朝庭《みかど》を助け奉り仕へ奉る右大臣藤原朝臣（永手）をば左大臣の位授け賜ひ治め賜ふ」（天平神護《じんご》二年〈七六六〉一〇月条）とみえる。ここには、家の名を継いで職務に従事する意識が明白に読みとれる（中村前掲書）。

また、郡司《ぐんじ》クラスについても「郡を立てしより以来の譜第《ふだい》重大の家」（天平勝宝元年〈七四九〉二月条）など、代々の郡司（元は評督《ひょうとく》などの官職）の「家」についての表記がみえる。したがって、「家主《いえぬし》・家麻呂《いえまろ》・家刀自《いえとじ》・家継《いえつぐ》」などの名前が登場してくるのも、古代的な家の成立と無関係ではないだろう。たとえこうした名前につけられた言葉が観念的な意味であっても、貴族には家政機関が存在しているので、古代的家の成立は承認しなければなるまい。

一般の百姓の場合、「貧乏《まず》しき百姓をして各家業存《あ》らしめむこと」「無知の伯姓《ひゃくしょう》、（略）その家業散失せるに縁《よ》りて存済《そんせい》に由無し」（養老四年〈七二〇〉三月条）のように「家業」の言葉がみられる。家業は生業《なりわい》の意味であろうが、確かな百姓として生業に励むことが求められていた。こうした家業は、当時の魚酒型労働を営む個別経営と関係しているだろう（一八一頁）。

3　奈良時代と藤原氏

最後に、藤原氏が政治的安定化をとげた奈良時代前半まで、以後の歴史を振りかえっておきたい。

不比等の子――宮子と光明子

まず六九七年（文武元）、軽皇子が立太子。そして、八月には持統天皇から譲位されて即位する（文武）。軽皇子は、草壁の第二子として、六八三年（天武一二）に生まれた。母は阿閇《あへ》皇女（後の元明天皇）であった。即位時、文武の年齢は一五歳。こうして文武と持統太上天皇の政治体制ができあがる。この時、不比等の子宮子は夫人として入内《じゅだい》する。当時、皇后となるのは内親王に限られていたため、宮子は皇后となれない。しかし他に皇后を立てることもしていない。ここに不比等の意向を読み取ることは、まちがいではなかろう。

七〇一年（大宝元）、首皇子（後の聖武）が生まれた。出産後、宮子は体調を崩したようで、「幽《ゆう》憂《ゆう》に沈み久しく人事を廃《や》むるが為に、天皇（聖武）を誕《あ》れましてより曽《かつ》て相見《まみ》えず」（天平九年〈七三七〉一二月条)とある。抑圧されたストレス状態で(幽憂に沈み。鬱《うつ》状態か)、人としての活動もうまくいかず(人事を廃むるが為に)、聖武とは会わなかったと記されている。この精神状態が、七三七年に玄昉《げんぼう》の治療によって完治するまで続いた。

その後、文武は七〇七年(慶雲四)六月に没する。享年二五歳。あとをうけて、母親の元明天皇が即位した。翌年、不比等は右大臣となり、七一〇年(和銅三)には藤原宮から平城宮に遷都した。奈良時代の開始である。七一四年(和銅七)六月、首皇子が一四歳で立太子。七一五年(霊《れい》亀《き》元)、元明は娘で文武の姉にあたる元正天皇に譲位。こうして、二人の女性天皇が続いた。

そして七一六年(霊亀二)、首皇太子の妃として、不比等の娘安宿媛《あすかべ》(光明子)が入内する。不比等は、文武に続き首皇太子への入内にも成功した。このように不比等は、天皇の外戚として政治的影響力を行使していくが、これは蘇我氏の行為を踏襲する手法である。

七一八年(養老二)、天皇は不比等らに命じて養老律令を選定する。大宝律令に続く、律令編纂になる。しかし、七二〇年(養老四)八月三日、不比等は六二歳の生涯を閉じた。政界には大きな波紋が起こったようで、翌日、天武の子である舎人《とねり》親王が知太政官事、新田部親王が知五《ちご》衛《え》及授刀舎人事《じゅとうしゃにんじ》に任じられている。太政官の安定化をはかり、武官の五衛府(衛門府《えもんふ》・左右衛士《えじ》府・左右兵衛《ひょうえ》府)および授刀舎人寮の動揺を抑えようとしたアクションである。

光明立后と聖武天皇

七二四年(神亀《じんき》元)、元正天皇が首皇子に譲位し、聖武天皇が即位した。七二七年(神亀四)閏九月、光明子は皇子を出産する。二人の間には、すでに七一八年(養老二)に子が生まれていた。阿倍《あべ》内親王である。しかし、今回は待望の皇子であった。その二カ月後の一一月、皇子は立太子する。異例な出来事であるが、どうしても藤原系の天皇を誕生させたかったのだろう。しかし、翌年九月、その皇太子が亡くなってしまう。藤原氏にとって、貴重な皇子がいなくなってしまった。

しかもこの年に、聖武のもう一人の夫人である県犬養広刀自《あがたいぬかいのひろとじ》に男子が誕生した。安積《あさか》親王である。そのため、藤原氏は男子の出産を待つことをあきらめ、光明立后の路線を選んだという。しかしながら、皇后は内親王から立てられる規定がある。天皇は、必ずしも律令法に拘束されないとはいえ、律令の規定から反対する勢力がいる。それが、皇親勢力の代表格である長屋《ながや》王であった(岸俊男「光明立后の史的意義」)。

こうした結果、七二九年(天平元)、長屋王を謀反の疑いで自殺に追い込む事件が発生した。そして、その半年後に、光明子が立后する。立后の宣命には、いくつかの興味深い言葉がみえる。聖武は皇太子が夭折したにもかかわらず、「皇《すめら》朕《われ》高御座《たかみくら》に坐《いま》し初《そ》めしゆり今年に至《いた》るまで六年に成りぬ(即位して六年)。此の間に、天つ位に嗣《つ》ぎ坐《ま》すべき次《つぎて》と為《し》て皇太子侍《はべ》りつ」と述べている。つまり、すでに亡くなった皇太子を生んだことが立后の理由となっている。皇太子がいないのに、母親を立后させる理由は本来何もないにもかかわらず、である。

また、古く仁徳天皇の故事を引き、「此の皇后の位を授け賜ふ。然《しか》るも、朕《わ》が時のみには有らず。難波《なにわ》の高津宮に　御宇《あめのしたしらしめしし》　大鷦鷯《おおさざき》天皇(仁徳)、葛城曽豆比古《そつひこ》が女子伊波乃比売《いわのひめ》命(磐之媛)皇后と御相坐《みあいま》して、食国《おすくに》天下の政を治め賜ひ行ひ賜ひけり」と、葛城氏の子女が立后した事例を持ちだして、説明する。屁理屈とは言わないまでも、苦しい弁明である。

日本の後宮制度を確認しておくと、後宮職員令には、妃二名(四品以上)、夫人三名(三位以上)、嬪四名(五位以上)と記されている。この規定には皇后について書かれていないが、妃のあり方からみて、皇后は、内親王であることが求められたことはまちがいなかろう。

このように、明らかに問題のあった光明子の立后に、長屋王の存在は大きな壁であった。長屋王の死は、陰謀によるものである。七三八年(天平一〇)、長屋王に仕えていた大伴子虫《こむし》が、囲碁の最中に長屋王を訴えた中臣宮処東人《みやこのあずまひと》を斬り殺す事件が発生した。『続日本紀』の記事には、東人を「長屋王の事を誣告《ぶこく》せし人」と記述している(天平一〇年七月条)。「誣告」とあるので、無実である。早くからこの事実は知れ渡っていたと思われる。

だがこの後、光明皇后の存在が、藤原氏の政治勢力の拡大に大きな力となったことは、その後の歴史が示している。また光明子は、鎌足への想いも強かった。かつて鎌足が病気で、天智天皇が見舞った折、鎌足の功績を讃え、「天道仁《めぐみ》を輔《たす》くること、何ぞすなはち虚説《いつわりこと》ならむ。善《ほまれ》を積みて余《あまり》の慶《よろこび》あること、なほ是徴《しるし》なからむや」と詔した（天智八年〈六六九〉一〇月条）。光明子は、この「積善《せきぜん》（善を積む）」の言葉を大切にし、「積善藤家」の印を用いた（高島正人『藤原不比等』）。このように光明子は、鎌足に与えられた天皇の言葉を大事に継承したのである。

藤原四家の成立

さて、藤原氏が活躍できた条件に、先述した蔭位制があった。不比等は律令の作成に積極的であったので、貴族の子弟の昇進をかなり有利にする日本的な蔭位制の導入にも関与しただろう。

不比等と蔭位の活用については、興味深い例がある。子の叙位にあたっては、不比等の蔭位ではなく、さらに有利な蔭孫の仕組みを活用しているのである。不比等の父鎌足は、六六九年（天智八）に没したが、直前に大織冠を与えられた。後の正一位に相当する。この鎌足の地位を利用し、不比等の子には、蔭孫を適用したのである。「狡猾な」という言葉が妥当であろう。

具体的に説明しておこう。不比等の子武智麻呂は、七〇一年（大宝元）、正六位上の右舎人として出仕する。時に不比等は正三位大納言であった。正三位の嫡子の蔭位は、従六位上。つまり武智麻呂の位階は不比等の蔭位には相当しない。しかし鎌足の正一位相当を適用すると、嫡孫は正六位上、庶孫には正六位下である。武智麻呂は鎌足の嫡孫の蔭位によって、正六位上を叙位された。その後、房前・宇合・麻呂の兄弟も、鎌足の庶孫の扱いで正六位下の位階を授けられた（野村忠夫『律令官人制の研究　増訂版』）。

ところで、七一七年（養老元）一〇月に房前が参議となり、不比等没年の翌七二一年（養老五）正月に武智麻呂が中納言として、太政官（狭義）のメンバーとなったことはすでに述べた（二二八頁）。武智麻呂任命時には、長屋王が右大臣に昇格する。長屋王の父は高市皇子であるが、不比等は娘の長娥子《ながこ》を長屋王の室に入れている。用意周到といわざるをえない。

また、宇合（式家）は、七二四年（神亀元）にはすでに式部卿であり、七三一年（天平三）に麻呂（京家）とともに参議となる。なお、麻呂は七二一年（養老五）に左右京大夫（左右京職の長官）に任じられている。七三一年には、武智麻呂が大納言、房前・宇合・麻呂が参議として太政官に名を連ねたのである。太政官には各有力な氏族からそれぞれ一名選出される慣例だが、藤原氏はみずから四家にわかれることによって四名が太政官に参画することに成功したのである。これもまた、ある意味狡猾な仕業といえるのではないか。

しかしながら、順調にみえた藤原氏にも、運命の季が訪れる。七三七年（天平九）、天然痘《てんねんとう》が流行し、四月に房前（五七歳）、七月に麻呂（四三歳）と武智麻呂（五八歳）、八月に宇合（四四歳）と、あいついで死亡した。太政官メンバーとして、藤原氏は結束が強く、日常的にまとまっていて、罹病したのであろうか。

七三一年から七三七年の間、藤原氏は四名が議政官の太政官メンバーに名を連ねた。その大きな理由が、鎌足の蔭孫であったことはまちがいない。また、不比等没後は、光明子の積極的関与も考えねばなるまい。四子没後は、武智麻呂の長子である豊成が急遽、参議に任命されている。しかし、藤原氏の隆盛は、ここでいったん閉じることになる。

七三八年（天平一〇）、阿倍内親王が立太子する。女性皇太子の誕生である。ただし、一部の貴族に不満があった。七四五年（天平一七）、聖武天皇の病気が悪化したとき、左大臣橘諸兄《もろえ》の子奈良麻呂《ならまろ》は「陛下、枕席《しんせき》安からず。ほとんど大漸《だいぜん》に至らむとす。然《しか》もなほ、皇嗣《こうし》立つること無し」と述べたという（天平宝字元年七月条）。女性皇太子がそのまま即位するとは思われない政界の空気があった。しかし、こうした藤原四子の死亡以降の政治情勢と藤原氏については、別の政治的視点からの歴史叙述が必要となる。

古代の王・天皇と群臣

最後に、蘇我氏と藤原氏との違いについて、理論的に補足しておこう。古代国家が形成される時、支配階級は二重の形態で結集するといわれる(石母田正『日本古代国家論』第一部)。

(1)　機構や制度を媒介とする結合
(2)　人格的、身分的従属関係を媒介とする結集

である。このメルクマールは、律令制国家の成立前後を比較する際、参考になる。(1)の機構や制度の成立が、国家成立の指標になることはいうまでもない。ただ、(1)を律令制、(2)を氏族制の原理とは簡単におきかえられない。

確かに律令制は、二官八省という官僚機構の設置をともない、国家的支配のための各種制度から成り立つ。しかし日本の律令法は、天皇の大権(①官制大権・官吏任命権・刑罰権など国家的支配の大権、②外交と戦争に関係する大権、③王位継承に関する大権)を制限することはなく、天皇

は律令法を超越して存在する。その天皇に人格的に依存ないし従属するのが、(2)「人格的、身分的従属関係を媒介とする結集」となる。この方式が、個人や氏(氏族)の存在と関わっているのは事実である。

日本古代では、氏に関係する改・賜姓にとどまらず、冠位・位階の授与も天皇の権限であり、個人・氏の地位は、基本的に(2)の、天皇への従属関係から成立している。これは、官人らの支配階級にとどまらず、一般の百姓までが天皇と「仕え奉る(仕奉)」関係にあるからである。日本古代の特徴は、こうした人格的結合、仕奉という臣従関係を前提に位階や官職が与えられることにある。これは蘇我氏も藤原氏も同じである。

しかし、蘇我氏の時期には、まだ律令制が施行されていないので、(1)の関係が弱い。そのため機構・制度が整備された藤原氏の時代とは顕著に違うことになる。この点で蔭位制の有無が、象徴的な差異となった。蘇我氏には外戚の立場の確保を含め、政治力の維持が日常的な課題であった。藤原氏は蔭位制の利用によって、子孫への継承を確保できたとみることができる。

エピローグ——蘇我氏とは何であったのか

蘇我氏の力とは

蘇我氏とは、何であったのか。どのような政治力を持っていたのか。
本書でも何度か引用したが、『日本書紀』にある、

蘇我大臣蝦夷、病に縁《よ》りて朝《つかえまつ》らず。私に紫冠を子入鹿に授けて、大臣の位に擬《なずら》ふ。
（皇極二年一〇月条）

という文に、結局、蘇我氏の政治力のあり方が凝縮されている。
蘇我氏の政治力とは、まず何よりも、大臣という地位に裏打ちされたものであった。五八七年（用明二）に物部氏本宗が滅び、大連がいなくなってから、蘇我一族は乙巳の変まで大臣位を独占した。

そもそも冠位や大臣の職位は、王(天皇)が授与するはずのものである。しかし蝦夷は、冠位十二階制に基づく冠位ではないが、大臣位に伴っていた紫冠を勝手に息子の入鹿に与え、大臣位に擬えた。私的な授与とはいえ、大臣位と関係する冠位である。明らかに古代の天皇大権を侵害している。あえて侵害したといわねばなるまい。蘇我氏は、制度的にではなく実質的に、ここまでの政治力を持っていたのである。これは王権内部の力関係からもたらされたものであった。

しかも、蘇我氏は外戚として政治力を発揮した。天皇家の直系ではないにもかかわらず、王権の構成員として権力を維持していくには、(1)息子を大臣などの群臣に就任させるとともに、(2)娘を天皇・皇太子に嫁がせ、自ら外戚の立場を利用して力を行使することが必要であり、蘇我氏はこの立場を最大限利用した。こうした権力のあり方は、以後の貴族たちにもひきつがれていくことになる。

しかしながら、こうした専横のため蘇我氏本宗家は、中大兄・中臣鎌足らの皇族・貴族によって打倒された。この乙巳の変における本宗家の滅亡が、蘇我氏の衰退の始まりであった。以後の列島の政権は、大化改新によって国造制から畿内国・評制、部民制から公民制へと転換し、官司制の途へと向かうことになる。その中で、左右大臣制は続き、近江朝では傍系の蘇我赤兄らが、左大臣を務めている。しかしその傍系の蘇我氏も、壬申の乱で滅ぼされることになる。このように蘇我氏の衰退には、政治の舞台において二つの峰があった。その後、蘇我の氏名で活躍する場はなくなった。ところが、蘇我から改姓された石川氏が、律令制国家のもとで活躍するようになる。あくまで石川氏であって、蘇我の氏名は名のらない。

蘇我氏が活躍した時代は、律令法がまだ施行されていない時期であった。改新以前はヤマト王権の時代であり、蘇我氏は群臣の一員として隆盛していたとみることができる。この時期の王権は、前帝が没すると群臣によって新帝が推挙され、即位した新帝が新たな群臣を任命した（再任を含む）。つまり群臣は、王権を構成する重要なメンバーであった。蘇我氏は改新以降の天智朝まで、こうした政事システムの中で、大臣として政治力を発揮したのである。

蘇我氏と藤原氏

この蘇我氏のあり方の特徴をつかむには、ほかの氏族との比較も必要である。比較の対象としては、蘇我氏以降に活躍した藤原氏がふさわしい。主にヤマト王権のもとで大臣として仕えた蘇我氏本宗と、律令制国家の成立とともに発展した藤原氏である。時代背景が異なる一方で、外戚の立場を利用したことなどの共通性もある。

藤原氏は、大化前代の中臣氏から出自した。中臣氏は、連(伴造)系の神祇祭祀を掌る名負いの氏。一方の蘇我氏は、地名を名のる氏である。その違いにもかかわらず、ともにヤマト王権のもとで活躍した氏族である。氏族としては、それぞれ各地の蘇我氏や中臣氏と擬制的同族関係を保っていただろう。

この中臣氏は、鎌足が藤原の氏名を賜姓された後、いったん一族のいとこ程度までこぞって藤原氏を名のった。しかしその後、不比等の時代に神祇祭祀を掌る一族を藤原の氏から切り離した。そのため不比等系の藤原氏と、もとの名負いの氏の中臣氏に分かれることになった。すでに鎌足は、神祇祭祀の職務から離れる傾向があり、周公・孔子の教えを学んでいた。また斉明が病気の折には、神祇に祈ると同時に三宝、つまり仏教に依ったという。そして、長男定恵を出家させている。こうしたことからみると、天智天皇による藤原賜姓には、鎌足を神祇祭祀から切り離そうとした意図を読みとれるだろう。その後、藤原氏は不比等からの血縁関係を継承し、純粋な官僚氏族として振る舞っていった。新しい氏(氏族)の誕生といってもいい。

蘇我氏は、大連の物部・大伴氏らとは違い、新興氏族として歴史に登場した。開明的氏族として渡来系移住民と密接な関係を持つとともに、仏教を含む文化に対し進取的な態度をとった。ただし、開明的な氏族であったとはいえ、必ずしも古い守旧的な殻を打ち破れなかった面もある。

一方の藤原氏は、不比等以降、律令法の成立に積極的に関与し、有利な蔭位制を立法することで、律令の仕組みの中で子孫を貴族として継続させることの制度化に成功した。この蔭位制の運用は、貴族の再生産を確実に実現したことで、歴史的な意味がある。その意味で、一族の権勢を維持する戦略において、蘇我氏は敗れて歴史の表舞台から去り、藤原氏が残ったといえるかもしれない。蘇我氏には、律令制支配は構想できなかったのである。

付言すれば、蘇我氏と藤原氏とで共通する外戚の立場は、女子が生まれるかどうかという偶然に左右されるものであった。王権のメンバー入りには必須のことではあったが、それだけで強固な立場を必ずしも維持できるとはかぎらない危うさをあわせもつ。そこで安定した地位の確保を支えたのが律令制だったのである。

あらためて蘇我氏へ

蘇我氏は、壬申の乱以降、蘇我氏の名で活躍することはなかった。しかし、蘇我氏の足取りを振り返ったとき、日本の古代社会が、律令制国家の成立によって「東夷の小帝国」を完成させる直前まで、蝦夷や入鹿の横暴さにもかかわらず、日本列島の文明化に果たした役割は大きいものがあった。とりわけ渡来系移住民との強いつながりと進取の気勢、それが仏教受容への姿勢に強くあらわれたと思われる。

蘇我氏の本宗家が滅亡した改新後は、傍系が政権の大臣として相応の働きをしたが、旧来の氏族の殻を破ることはできなかった。その点で、律令法の導入により、新たな官僚的氏族として羽ばたいた藤原氏とは、顕著な違いがでてしまった。

その藤原氏の生き方を、蘇我氏から改姓した石川氏が歩んでいくことになる。新生の石川氏は、歴史の教訓を学んだと思われる。「奢れる人も久しからず」とは『平家物語』のモチーフであるが、古代の蘇我氏の来し方には、まだ物語として文学化する歴史的条件はなかった。

蘇我氏の時代は、日本の国のかたちを整えていく上で、人の一生における青年期の初期にたとえることができるだろうか。

あとがき

大学の研究室にたまたまいた時、TBSラジオの関係者から電話があった。ロザンのお二人が出演している受験生向きのラジオ番組「GAKU-Shock」に出てもらえないか、という依頼であった。当時、日本中世の成立時期をめぐり、高校教科書では一一九二年説(鎌倉幕府の成立)より一一八五年説(守護・地頭の設置)が有力となり、マスメディアで話題となっていた。その説明をして欲しいということである。テレビやラジオでは、いうまでもなく人名や地名の読みをはじめ、歴史的事実を正確に話さなければならない。けっこう緊張を強いられるので、性格上、おいそれとは引き受けられない。

出演者については気にしないほうであるが(正直にいえば、よくわからない)、ロザンについては、どこか頭の片隅に名前が残っていた。iPS細胞の山中伸弥さんのおかげで取りあげられた、『エコノミスト』の「名門高校の校風と人脈」に書かれていたことを思い出したからである。高校の後輩ということであり、出演することにした。

番組収録の場所で、正確な人名は忘れてしまったが、「藤原道長」は「ふじわらのみちなが」と呼ぶが、「徳川家康」はなぜ「とくがわのいえやす」と呼ばないのかというような質問が受験生から来ているので答えて欲しいといわれた。本書でも述べたように、藤原は「氏」の名であるが、徳川は「名字」だからと答えたが、話した後で、これで良いのかやや心細くなった。オンエアされなかったが、結果的にはこれでよかった。

その後、高大(高校と大学)連携講座で、明治高校の授業を二コマ担当した時、この「の」の区別を質問してみたが、ほとんどの生徒は答えられなかった。どうも教科書には説明がなく、また教員も意識して教えていないようである。

このように氏と名字の区別も、必ずしも判別されていない。中学・高校の教育では、それ以上に難しいのが、「氏とは何か」という氏の本質や、その成立時期の問題という。また、今日の天皇一族に氏の名がないことも、意外に理解されていない。

古代の日本については、蘇我氏や藤原氏の動向を除いて、歴史の流れを語ることはできない。本書は蘇我氏を対象にしているが、こうした事情から、第一章で氏についてやや詳しく述べた。古代の氏について、少しは理解を深めていただけたであろうか。現在では、名字が流布しているが、なかにはかつての「氏」の名を尊重している方もおられるだろう。氏が古代に成立した、歴史的な存在であり、日本独自のものであることを知っていただければ幸いである。

ある日、いったい蘇我氏の名前が、今日までどの程度残っているのか気になった。インターネットで調べてみると、「全国の苗字」では、三五、一七八位、「姓名分布&ランキング」には、三四、四六四位となっている。ほぼ同じような順位である。古代の蘇我氏とつながりがあるかどうか、むしろそうした関係はないと思われるが、確かに低い順位である。蘇我氏の名が広く知られているのは、教科書を通じてだということがわかる。

本書の準備の途次で、大学における講義だけではなく、明治大学と中国社会科学院や高麗大学校との学術交流会において、その一部を報告することがあった。東アジアのなかで日本の氏を考える良い機会であったが、韓国や中国の姓氏とはかなり違うことを、否応なく認識せざるをえなかった。

中国や韓国では、「李・江・習・朴」という一字の単姓がほとんどである。日本の名字は地名に基づく二字の姓が多く、七一三年(和銅六)五月に出された行政地名の改定方針の施行細則、「凡そ諸国部内の郡・里等の名は、みな二字を用い、必ず嘉《よ》き名を取れ」(『延喜式』民部省式上)によるところが大きい。こうした違いをはじめ、「同姓不婚」など氏族制のあり方が違うからである。

最後になるが、今回も企画から執筆にかけて、新書編集部の古川義子さんにたいへんお世話になった。ずいぶんと読みやすくなったと思う。また、明治大学大学院文学研究科院生の坂口彩夏さんからも、有益なアドバイスをいただいた。ともに感謝して、御礼を述べておきたい。

二〇一五年一一月

吉村武彦

考古史料原文

埼玉県行田市・稲荷山古墳出土、金錯銘鉄剣（傍線が人名、以下同じ）

辛亥年七月中記乎獲居臣上祖名意富比垝其児〔「名」脱カ〕多加利足尼其児名弖已加利獲居其児名多加披次獲居其児名多沙鬼獲居其児名半弖比其児名加差披余其児名乎獲居臣世々為杖刀人首奉事来至今獲加多支鹵大王寺在斯鬼宮時吾左治天下令作此百練利刀記吾奉事根原也

（本書第一章）

熊本県和水町・江田船山古墳出土、銀錯銘大刀

治天下獲□□□鹵大王世奉事典曹人名无利弖八月中用大鉄釜并四尺廷刀八十練九十振三寸上好刊刀服此刀者長寿子孫洋々得□恩也不失其所統作刀者名伊太和書者張安也

（本書第一章）

和歌山県橋本市・隅田八幡神社所蔵人物画像鏡

癸未年八月日十大王年男弟王在意柴沙加宮時斯麻念長寿遣開中費直穢人今州利二人等取白上同二百旱作此竟

（本書第二章）

大阪府高槻市・荒神山出土、石川朝臣年足墓誌銘（大阪歴史博物館所蔵）

武内宿禰命子宗我石川宿禰命十世孫従三位行左大弁石川石足朝臣長子御史大夫正三位兼行神祇伯年
足朝臣当平成宮御宇天皇（淳仁天皇）之世天平宝字六年歳次壬寅九月丙子朔乙巳春秋七十有五薨于京
宅以十二月乙巳朔壬申葬于摂津国嶋上郡白髪郷酒垂山墓礼也儀形百代冠蓋千年夜台荒寂松柏含煙嗚
呼哀哉

（本書第四章）

参考文献

相原嘉之「蘇我三代の遺跡を掘る」『蘇我三代と二つの飛鳥』新泉社、二〇〇九
青木和夫『日本律令国家論攷』岩波書店、一九九二
阿部武彦『氏姓』至文堂、一九六〇
阿部武彦『日本古代の氏族と祭祀』吉川弘文館、一九八四
石尾芳久『日本古代天皇制の研究』法律文化社、一九六九
石尾芳久『古代の法と大王と神話』木鐸社、一九七七
石母田正『日本古代国家論 第一部』岩波書店、一九七三
市 大樹「右大殿付札考」『飛鳥藤原木簡の研究』塙書房、二〇一〇
井上光貞「帝紀からみた葛城氏」『日本古代国家の研究』岩波書店、一九六五
井上光貞「雄略朝における王権と東アジア」『井上光貞著作集 五』岩波書店、一九八六
井上光貞『天皇と古代王権』岩波現代文庫、二〇〇〇
大脇 潔「蘇我氏の氏寺からみたその本拠」『堅田直先生古希記念論文集』一九九七

大脇　潔「聖徳太子関係の遺跡と遺物」『聖徳太子事典』柏書房、一九九七
岡村秀典「考古学からみた漢と倭」『日本の時代史　1』吉川弘文館、二〇〇二
加藤謙吉『蘇我氏と大和王権』吉川弘文館、一九八三
加藤謙吉『大和政権と古代氏族』吉川弘文館、一九九一
門脇禎二『新版　飛鳥』日本放送出版協会、一九七七
門脇禎二『葛城と古代国家』教育社、一九八四
亀田　博『日韓古代宮都の研究』学生社、二〇〇〇
河上邦彦「御所市水泥塚穴古墳」『奈良県古墳発掘調査集報　II』奈良県教育委員会、一九七八
河上邦彦『大和葛城の大古墳群』新泉社、二〇〇六
川尻秋生「仏教の伝来と受容」『古墳時代の日本列島』青木書店、二〇〇三
川尻秋生「飛鳥・白鳳文化」『岩波講座　日本歴史　2』岩波書店、二〇一四
岸　俊男「光明立后の史的意義」『日本古代政治史研究』塙書房、一九六六
岸　俊男『藤原仲麻呂』吉川弘文館、一九六九
岸　俊男『日本の古代宮都』岩波書店、一九九三
喜田貞吉「国史と仏教史」『喜田貞吉著作集　3』平凡社、一九八一
木本好信『藤原四子』ミネルヴァ書房、二〇一三

熊谷公男「蘇我氏の登場」『継体・欽明朝と仏教伝来』吉川弘文館、一九九九
倉住靖彦「那津官家の修造」『大宰府古文化論叢 上』吉川弘文館、一九八三
倉本一宏『日本古代国家成立期の政権構造』吉川弘文館、一九九七
倉本一宏「大王の朝廷と推古朝」『岩波講座 日本歴史 2』岩波書店、二〇一四
黒田達也『朝鮮・中国と日本古代大臣制』京都大学学術出版会、二〇〇七
酒井芳司「那津官家修造記事の再検討」『日本歴史』七二五、二〇〇八
坂上康俊『平城京の時代』岩波新書、二〇一一
坂元義種『古代東アジアの日本と朝鮮』吉川弘文館、一九七八
志田諄一『古代氏族の性格と伝承』雄山閣、一九八五
篠川　賢『物部氏の研究』雄山閣、二〇〇九
白石太一郎「葛城地域における大型古墳の動向」『古墳と古墳群の研究』塙書房、二〇〇〇
白石太一郎「葛城周辺の古墳からみた蘇我氏の本拠地」『大阪府立近つ飛鳥博物館 館報』一七、二〇一三
末松保和『任那興亡史』吉川弘文館、一九七一
鈴木靖民「宣化紀私考」『国学院雑誌』七一－一一、一九七〇
鈴木靖民編『古代東アジアの仏教と王権』勉誠出版、二〇一〇

須原祥二『古代地方制度形成過程の研究』吉川弘文館、二〇一一
関　晃「大化前後の大夫について」『関晃著作集 二』吉川弘文館、一九九六
薗田香融「護り刀考」『日本古代の貴族と地方豪族』塙書房、一九九二(九一は誤植)
高島正人『奈良時代諸氏族の研究』吉川弘文館、一九八三
高島正人『藤原不比等』吉川弘文館、一九九七
高島正人『奈良時代の藤原氏と朝政』吉川弘文館、一九九九
田中　卓「『紀氏家牒』の逸文」『田中卓著作集 2』国書刊行会、一九八六
塚口義信「葛城県と蘇我氏 上・下」『続日本紀研究』二三一・二三二、一九八四
塚口義信「馬見古墳群と葛城氏」『古代を考える』五九、古代を考える会、二〇〇一
塚口義信「小山田遺跡についての二、三の憶測」『つどい』三二六、二〇一五
土橋　寛『古代歌謡全注釈 日本書紀編』角川書店、一九七六
角田文衞「首皇子の立太子」「律令国家の展開」『角田文衞著作集 3』法蔵館、一九八五
寺沢知子「王権中枢部の実像 ―大伴氏を中心に―」『古代学研究』一八〇、二〇〇八
東野治之「『続日本紀』所載の漢文作品」『日本古代木簡の研究』塙書房、一九八三
東野治之「藤原不比等伝再考」『史料学探訪』岩波書店、二〇一五
遠山美都男『蘇我氏四代』ミネルヴァ書房、二〇〇六

直木孝次郎『日本古代国家の構造』青木書店、一九五八
中田興吉『倭政権の構造 支配構造篇 上・下』岩田書院、二〇一四
中村英重『古代氏族と宗教祭祀』吉川弘文館、二〇〇四
布目順郎『絹と布の考古学』雄山閣、一九八八
野村忠夫『古代官僚の世界』塙新書、一九六九
野村忠夫『律令官人制の研究 増訂版』吉川弘文館、一九七〇
花谷 浩「京内廿四寺について」『研究論集 XI』奈良国立文化財研究所、二〇〇〇
林屋辰三郎『古代国家の解体』東京大学出版会、一九五五
坂靖・青柳泰介『葛城の王都 南郷遺跡群』新泉社、二〇一一
日野 昭『日本古代氏族伝承の研究』永田文昌堂、一九七一。続編、一九八二
福山敏男『日本建築史研究』墨水書房、一九六八
松原弘宣『日本古代水上交通史の研究』吉川弘文館、一九八五
黛 弘道『律令国家成立史の研究』吉川弘文館、一九八二
宮崎市定「日本の官員令と唐の官品令」『古代大和朝廷』筑摩叢書、一九八八
森 浩一「日本の文字文化を銅鏡にさぐる」『日本の古代 別巻』中央公論社、一九八八
八木 充「いわゆる那津官家について」『日本古代政治組織の研究』塙書房、一九八六

義江明子『県犬養橘三千代』吉川弘文館、二〇〇九
吉川真司『律令官僚制の研究』塙書房、一九九八
吉川真司『飛鳥の都』岩波新書、二〇一一
吉川敏子『氏と家の古代史』塙書房、二〇一三
吉村武彦「大化改新詔に関する覚書」『千葉史学』一、一九八二
吉村武彦『日本古代の社会と国家』岩波書店、一九九六
吉村武彦「古代の恋愛と顔・名・家」『日本古代の国家と村落』塙書房、一九九八
吉村武彦『ヤマト王権』岩波新書、二〇一〇
和田　萃「紀路と曽我川　―建内宿祢後裔同族系譜の成立基盤―」『古代の地方史　三』朝倉書店、一九七九

『岩波古語辞典　補訂版』岩波書店、一九九〇
『角川世界史辞典』角川書店、二〇〇一
『角川日本地名大辞典　29』「奈良県」角川書店、一九九〇
『古語大辞典』小学館、一九八三
『古代地名大辞典』角川書店、一九九九

『時代別国語大辞典　上代編』三省堂、一九六七
『日本考古学事典』三省堂、二〇〇二
『日本古代氏族人名辞典』吉川弘文館、一九九〇
『年中行事大辞典』吉川弘文館、二〇〇九

飛鳥資料館『山田寺展』一九八一
飛鳥資料館カタログ第11冊『山田寺』一九九六
明日香村『続　明日香村史』二〇〇六
明日香村教育委員会『牽牛子塚古墳発掘調査報告書』二〇一三
石川県埋蔵文化財センター編『石川県加茂遺跡出土加賀郡牓示札』大修館書店、二〇〇一
大阪府立近つ飛鳥博物館『河内湖周辺に定着した渡来人』二〇〇六
橿原考古学研究所『飛鳥京跡 Ⅲ』二〇〇八
橿原考古学研究所「小山田遺跡第5・6次調査」(現地説明会資料)、二〇一五
橿原考古学研究所附属博物館『葛城氏の実像』二〇〇六
橿原市教育委員会「菖蒲池古墳の発掘調査」(記者発表資料)、二〇一三
宮内庁書陵部『書陵部紀要』四五、一九九四

仙台市教育委員会『郡山遺跡発掘調査報告書　総括編(1)(2)』二〇〇五
奈良国立文化財研究所『飛鳥寺　発掘調査報告』真陽社、一九五八
奈良文化財研究所『大和　吉備池廃寺』吉川弘文館、二〇〇三

※本書では、特に断らなかったが、『日本書紀』は日本古典文学大系、『続日本紀』『万葉集』は新日本古典文学大系、『古事記』は日本思想大系、律令も日本思想大系を利用した（いずれも岩波書店刊）。史料の引用は、読みやすさを考え、新字・旧仮名、そしてルビは新仮名を用いた。一部、変更した箇所もある。ご了承願いたい。

岩波新書より

岩波新書新赤版一〇〇〇点に際して

ひとつの時代が終わったと言われて久しい。だが、その先にいかなる時代を展望するのか、私たちはその輪郭すら描きえていない。二〇世紀から持ち越した課題の多くは、未だ解決の緒を見つけることのできないままであり、二一世紀が新たに招きよせた問題も少なくない。グローバル資本主義の浸透、憎悪の連鎖、暴力の応酬——世界は混沌として深い不安の只中にある。

現代社会においては変化が常態となり、速さと新しさに絶対的な価値が与えられた。消費社会の深化と情報技術の革命は、種々の境界を無くし、人々の生活やコミュニケーションの様式を根底から変容させてきた。ライフスタイルは多様化し、一面では個人の生き方をそれぞれが選びとる時代が始まっている。同時に、新たな格差が生まれ、様々な次元での亀裂や分断が深まっている。社会や歴史に対する意識が揺らぎ、普遍的な理念に対する根本的な懐疑や、現実を変えることへの無力感がひそかに根を張りつつある。そして生きることに誰もが困難を覚える時代が到来している。

しかし、日常生活のそれぞれの場で、自由と民主主義を獲得し実践することを通じて、私たち自身がそうした閉塞を乗り超え、希望の時代の幕開けを告げてゆくことは不可能ではあるまい。そのために、いま求められていること——それは、個と個の間で開かれた対話を積み重ねながら、人間らしく生きることの条件について一人ひとりが粘り強く思考することではないか。その営みの糧となるものが、教養に外ならないと私たちは考える。歴史とは何か、よく生きるとはいかなることか、世界そして人間はどこへ向かうべきなのか——こうした根源的な問いとの格闘が、文化と知の厚みを作り出し、個人と社会を支える基盤としての教養となった。まさにそのような教養への道案内こそ、岩波新書が創刊以来、追求してきたことである。

岩波新書は、日中戦争下の一九三八年一一月に赤版として創刊された。創刊の辞は、道義の精神に則らない日本の行動を憂慮し、批判的精神と良心的行動の欠如を戒めつつ、現代人の現代的教養を刊行の目的とする、と謳っている。以後、青版、黄版、新赤版と装いを改めながら、合計二五〇〇点余りを世に問うてきた。そして、いままた新赤版が一〇〇〇点を迎えたのを機に、人間の理性と良心への信頼を再確認し、それに裏打ちされた文化を培っていく決意を込めて、新しい装丁のもとに再出発したいと思う。一冊一冊から吹き出す新風が一人でも多くの読者の許に届くこと、そして希望ある時代への想像力を豊かにかき立てることを切に願う。

（二〇〇六年四月）

吉村武彦

1945年朝鮮大邱生まれ．京都・大阪育ち
1968年東京大学文学部国史学科卒業，同大大学院
　　人文科学研究科博士課程国史学専修中退
現在－明治大学文学部教授
専攻－日本古代史
著書－『日本古代の社会と国家』(岩波書店)
　　『日本社会の誕生』(岩波ジュニア新書)
　　『聖徳太子』『シリーズ日本古代史② ヤマト
　　王権』『女帝の古代日本』(岩波新書)
　　『日本の歴史3 古代王権の展開』(集英社)
　　『古代天皇の誕生』(角川選書)
　　『列島の古代史』(共編著，全8巻，岩波書店)ほか

蘇我氏の古代　　岩波新書(新赤版)1576

2015年12月18日　第1刷発行

著　者　吉村武彦《よしむらたけひこ》

発行者　岡本　厚

発行所　株式会社 岩波書店
〒101-8002 東京都千代田区一ツ橋2-5-5
案内 03-5210-4000　販売部 03-5210-4111
http://www.iwanami.co.jp/

新書編集部 03-5210-4054
http://www.iwanamishinsho.com/

印刷製本・法令印刷　カバー・半七印刷

ISBN 978-4-00-431576-6　　Printed in Japan

索　引

原則として，新仮名遣の五十音順とする．人名については「臣」「連」他のカバネを省く．その他字遣など，本文中の表記と若干異なることがある．

あ　行

か　行

さ　行

た　行

ま　行

や　行

ら　行・わ　行

年　表

西暦	記　事
57	倭の奴国王，後漢に朝貢(『後漢書』)．「漢委奴国王」印(金印)を授与される
107	「倭国王の帥升」ら，「生口百六十人」等を後漢に献じる
146	桓帝(146-167)から霊帝(167-189)の間，倭国大乱という
239	倭の女王卑弥呼，魏に遣使して「親魏倭王」とされる
248	この頃，卑弥呼没．壱与が即位
382	葛城襲津彦(沙至比跪)，新羅征討のため半島に派遣されたという(「百済記」)
391	倭が百済・新羅を破り，臣民にしたという(広開土王碑文)
421	倭讃，宋に入貢(倭の五王の時代)
425	倭讃，外交使節として司馬曹達を宋に派遣
438	宋，珍を安東将軍・倭国王に任命．また倭隋ら13人に平西将軍号他を認める
443	済，宋に朝貢し，安東将軍・倭国王に任命される
462	宋，興を安東将軍・倭国王に任命
471	「辛亥年」の銘をもつ稲荷山古墳出土の金錯銘鉄剣
478	武が宋に上表し，「使持節，都督倭・新羅・任那・加羅・秦韓・慕韓六国諸軍事，安東大将軍，倭王」に任命される
503	「癸未年」の銘をもつ隅田八幡神社所蔵人物画像鏡

西暦	和暦	記　事
507	継体 1	継体天皇，越から来て，河内で即位
526	20	継体，大和の磐余に遷都(異伝に7年)
531	25	継体没(『書紀』，「百済本記」)
534	安閑 1	武蔵国造の地位をめぐる争いが起きる
535	2	安閑天皇没．檜隈高田皇子即位(宣化天皇)
536	宣化 1	大伴金村・物部麁鹿火が大連に再任．蘇我稲目，大臣に就任．筑紫の那津に官家を建てる
538	3	百済から仏教が伝わる(仏教公伝，『上宮聖徳法王帝説』等)
539	4	宣化没．欽明天皇即位．大連に大伴金村・物部尾輿が

		再任，大臣に蘇我稲目が再任
540	欽明 1	大伴金村，任那問題で失脚する
552	13	百済から仏教が伝わる(仏教公伝，『日本書紀』)．蘇我稲目，仏教受容の意思を表明し，百済聖明王から贈られた釈迦仏金銅像を受けとる
555	16	蘇我稲目らを遣わし，吉備に白猪屯倉を設置する
571	32	欽明没
572	敏達 1	敏達天皇即位．物部守屋を大連に再任し，蘇我馬子を大臣に任じる
576	5	額田部皇女立后
585	14	敏達没．用明天皇即位．敏達への誄で，蘇我馬子と物部守屋の対立が公然化
586	用明 1	穴穂部皇子，物部守屋に三輪逆を斬殺させる
587	2	用明，仏教受容の審議を群臣に求める．用明没．蘇我馬子，穴穂部皇子・宅部皇子を殺す．ついで，蘇我馬子，物部守屋を滅ぼし，物部氏本宗滅亡．泊瀬部皇子即位(崇峻天皇)
588	崇峻 1	飛鳥寺の建設開始
589	2	・隋が中国を統一
592	5	蘇我馬子，崇峻を暗殺．額田部皇女が豊浦宮で即位(推古天皇)
593	推古 1	厩戸皇子(聖徳太子)が立太子
594	2	推古，仏教興隆の詔
600	8	第1次遣隋使
603	11	小墾田宮に遷都．冠位十二階制を制定(翌年施行)
604	12	厩戸皇子，憲法十七条を作る
605	13	厩戸皇子，斑鳩宮に移住．この頃，斑鳩寺(法隆寺)着工か
607	15	壬生部を設置．小野妹子を隋に遣わす
612	20	蘇我馬子，推古に酒杯を献上し歌を詠む
618	26	高句麗が隋の滅亡を伝える
620	28	厩戸皇子・蘇我馬子，「天皇記」「国記」を編纂する
622	30	厩戸皇子，斑鳩宮で没
624	32	蘇我馬子，推古に葛城県を要求するも許されず
626	34	蘇我馬子没．子の蝦夷，大臣に任命されたか(『扶桑略記』)

628	36	推古没．蘇我蝦夷が一族の境部摩理勢を殺害 ・唐が中国を統一
629	舒明 1	田村皇子即位(舒明天皇)
630	2	宝皇女立后．犬上三田鍬・恵日らを遣唐使として派遣．飛鳥岡本宮に遷宮
639	11	百済宮・百済大寺の建設開始
641	13	舒明没
642	皇極 1	宝皇女即位(皇極天皇)．蘇我蝦夷が大臣に再任される．蝦夷の子人鹿，自ら国の政を執るという．蘇我蝦夷，祖廟を葛城の高宮に建て，八佾の儛をする．また，今来の双墓を造る
643	2	飛鳥板蓋宮に遷宮．蘇我蝦夷，入鹿に「紫冠」を私的に与え，大臣の位に擬する．入鹿，斑鳩の山背大兄を襲撃し自尽に追い込む
644	3	蘇我蝦夷・入鹿，家を甘樫岡に並べ建て，戦備を整える
645	大化 1	乙巳の変．蘇我入鹿暗殺され，翌日，蝦夷自尽．皇極が譲位し，軽皇子即位(孝徳天皇)．中大兄が皇太子，阿倍内麻呂が左大臣，蘇我倉山田石川麻呂が右大臣に任じられる．「東国国司の詔」が出される．古人大兄，殺害される．難波遷都
646	2	改新の詔を発布．続いて薄葬令ほか，社会風俗の改革に関する詔を発布．品部の廃止
647	3	七色十三階の冠制制定．越に渟足柵を造る
648	4	古冠(冠位十二階制)をやめ，新冠制施行．越に磐舟柵を造る
649	5	冠位十九階制定．阿倍内麻呂没．蘇我倉山田石川麻呂，「謀反」の疑いから自尽．蘇我日向，左遷される．評制の実施(『常陸国風土記』)
650	白雉 1	「白雉」改元
652	3	難波長柄豊碕宮が完成する
653	4	中大兄，孝徳と不和となり，皇后らを率いて飛鳥に戻る
654	5	孝徳没
655	斉明 1	皇極天皇重祚(斉明天皇)
656	2	後飛鳥岡本宮に遷宮．斉明，「狂心の渠」など土木工

		事を推進
658	4	有間皇子,「斉明の三失政」を語った蘇我赤兄に挑発され,殺害される
660	6	中大兄,漏剋を造る.新羅・唐連合軍の攻撃による百済の滅亡が伝わる
661	7	斉明,百済救援のため,筑紫の朝倉宮に移る.斉明,朝倉宮で没
662	天智 1	中大兄,皇太子として執政
663	2	倭・百済連合軍,白村江の戦いで,新羅・唐軍に大敗
664	3	甲子の宣.大臣の蘇我連子没
667	6	近江大津宮に遷都.大和高安城・讃岐屋嶋城・対馬金田城を築く
668	7	中大兄,正式に即位儀式(天智天皇).倭姫立后.蘇我倉山田石川麻呂・蘇我赤兄の娘が嬪に
669	8	天智,中臣鎌足に大織冠を授け,「藤原」を賜姓.翌日,鎌足没
670	9	全国的戸籍の庚午年籍をつくる
671	10	大友皇子を太政大臣,蘇我赤兄を左大臣,中臣金を右大臣に任命.天智,病重篤に.大海人皇子,吉野へ.天智没,大友皇子が政務を執る
672	天武 1	壬申の乱.近江軍大敗し,大友皇子自殺.左大臣蘇我赤兄ら配流.大海人皇子,飛鳥岡本宮を経て飛鳥浄御原宮へ
673	2	大海人皇子,浄御原宮で即位(天武天皇).鸕野皇女立后
675	4	部曲の廃止
679	8	天武・皇后,吉野宮で諸皇子と誓約
681	10	律令の編纂開始.草壁皇子,立太子
683	12	大津皇子が朝政に参画.軽皇子(後の文武天皇)誕生
684	13	八色の姓制定,新身分秩序定まる(蘇我系の石川臣,石川朝臣へ改姓)
686	朱鳥 1	天武の病気で,政務を皇后・皇太子に委ねる.天武没.鸕野皇后が称制.大津皇子,「謀叛」を理由に自害させられる
687	持統 1	
689	3	藤原不比等,判事に任命される.草壁皇子没.撰善言

		司の設置．浄御原令を頒布
690	4	鸕野皇后，即位儀式(持統天皇)．戸令により，庚寅年籍を作成
694	8	藤原宮に遷都
697	文武 1	軽皇子が立太子．持統が譲位し，軽皇子即位(文武天皇)．藤原不比等の子宮子が入内
698	2	「藤原」姓を不比等系に限る詔が出される
700	4	大宝令が完成し(翌年施行)，刑部皇子・藤原不比等らに賜禄．
701	大宝 1	「大宝」に改元．律が完成し(翌年施行)，律令が揃う．藤原不比等の子武智麻呂が出仕．文武と藤原宮子に，首皇子誕生
702	2	持統太上天皇没
704	慶雲 1	「慶雲」に改元
707	4	文武，藤原不比等の歴代天皇への仕奉を顕彰する宣命を出す．文武没．母の阿閇皇女即位(元明天皇)．授刀舎人寮を設置
708	和銅 1	「和銅」に改元．平城遷都の詔．不比等を右大臣に任命．和同開珎を発行
710	3	平城遷都
712	5	『古事記』撰上される
714	7	首皇子，立太子
715	霊亀 1	元明が譲位し，氷高内親王即位(元正天皇)．「霊亀」に改元
716	2	藤原不比等の子安宿媛(光明子)，首皇子に入内
717	養老 1	左大臣の石上麻呂没．不比等の子房前，参議となる．「養老」に改元
718	2	首皇子と光明子に阿倍皇女誕生．元正，藤原不比等らに養老律令の選定を命じる
719	3	5位以上の貴族の家に家政機関の設置を許可
720	4	『日本書紀』撰上される．藤原不比等没
721	5	元明太上天皇没．藤原武智麻呂，中納言に
724	神亀 1	元正天皇が譲位し，首皇子即位(聖武天皇)．「神亀」に改元
727	4	光明子，皇子を出産．皇子が立太子
728	5	皇太子没．聖武の夫人県犬養広刀自，安積親王を生む

729	天平 1	長屋王が「謀反」の疑いから自尽．藤原武智麻呂，大納言に．光明子立后．「天平」に改元
731	3	藤原宇合，麻呂とも参議となる
736	8	葛城王に，母姓橘宿禰を賜与する
737	9	藤原四兄弟，天然痘で没
738	10	阿倍内親王，立太子
740	12	藤原広嗣の乱
741	13	国分寺建立の詔を発布
743	15	墾田永年私財法．大仏造立の発願
744	16	安積親王，脚病で没という
748	20	石川年足，参議．元正太上天皇没
749	天平勝宝 1	「天平感宝」に改元．聖武，阿倍皇太子に譲位(孝謙天皇)．「天平勝宝」に改元．紫微中台を設置
752	4	大仏開眼供養
756	8	聖武太上天皇没．道祖王が立太子
757	天平宝字 1	道祖王が廃太子．大炊王が立太子．橘奈良麻呂の乱．「天平宝字」に改元
758	2	孝謙譲位し，大炊王即位(淳仁天皇)．藤原仲麻呂を太保(右大臣)に任命
760	4	藤原仲麻呂を太師(太政大臣)に任命

図版原版出典，資料所蔵元一覧

（図版作成にあたって参考にしたもの，一部改変を加えたものも含む．記載のないものは作製図）

図 0-1：岸俊男『日本の古代宮都』岩波書店，1993，15 頁
図 1-1：坂靖・青柳泰介『葛城の王都 南郷遺跡群』新泉社，2011，15 頁
図 2-1：白石太一郎『古墳と古墳群の研究』塙書房，2000，144 頁
図 2-3：作製＝白石太一郎，大阪府立近つ飛鳥博物館『百舌鳥・古市古墳群 出現前夜』2013，11 頁
図 2-4：白石太一郎『古墳からみた倭国の形成と展開』敬文舎，2013，241 頁
図 2-5：新訂増補国史大系『尊卑分脉』第 4 編，吉川弘文館，1967，239 頁
表 2-2：吉村武彦『シリーズ日本古代史② ヤマト王権』岩波新書，2010，137 頁
図 2-8：酒井龍一他『奈良大学ブックレット 03　飛鳥と斑鳩』ナカニシヤ出版，2013，66 頁
図 2-9：礪波護・武田幸男『世界の歴史 6　隋唐帝国と古代朝鮮』中央公論社，1997，350 頁
図 2-10：『書陵部紀要』第 45 号，1994，90 頁
図 3-1：（上）大脇潔「飛鳥・藤原京の寺院」，木下正史・佐藤信編『古代の都 1　飛鳥から藤原京へ』吉川弘文館，2010，199 頁／（下）前掲『飛鳥と斑鳩』24 頁
図 3-2：吉村武彦『聖徳太子』岩波新書，2002，68 頁
図 3-3：吉村武彦『女帝の古代日本』岩波新書，2012，85 頁
図 3-4：写真提供＝明日香村教育委員会
図 3-5：小澤毅『日本古代宮都構造の研究』青木書店，2003，37 頁
図 3-6：前掲『飛鳥と斑鳩』46 頁
図 3-7：前掲『飛鳥から藤原京へ』207 頁

図版原版出典，資料所蔵元一覧

図 4-1：新潟市歴史博物館『西暦 647 年にいがた』2007，15 頁
図 4-2：所蔵＝大阪歴史博物館，大阪歴史博物館『特別展 大阪遺産 難波宮』2014，11 頁
図 4-3：飛鳥資料館カタログ第 11 冊『山田寺』1996，25 頁
図 4-4：所蔵＝奈良文化財研究所，飛鳥資料館カタログ第 13 冊『飛鳥のイメージ』2001，16 頁
図 5-3：『新日本古典文学大系 12　続日本紀 一』岩波書店，1989，455 頁